Español:
Ampliación y repaso

Español:
Ampliación y repaso
SECOND EDITION

CARLOS A. SOLÉ
YOLANDA R. SOLÉ
THE UNIVERSITY OF TEXAS AT AUSTIN

Prentice Hall, Upper Saddle River, New Jersey 07458

PHOTO CREDITS

Cover art: Contemporary tapestry of wool with natural dyes, by the Sulca brothers, Ayacucho, Peru. Courtesy: Pavo Real, South Street Seaport, New York, N.Y.
Repaso 1: David Kupferschmid, Washington, DC.
Repaso 2: Jil Robbins, New York, NY.
Repaso 3: Stuart Cohen, New York, NY.
Repaso 4: Organization of American States, Washington, DC.
Repaso 5: Stock, Boston, Inc., Boston, MA. Peter Menzel, photographer.
Repaso 6: Picasso, Pablo. *Les Demoiselles d'Avignon*. 1907. Oil on canvas, 8' × 7'8". Collection, The Museum of Modern Art, New York. Acquired through the Lillie P. Bliss Bequest.
Repaso 7: American Airlines, New York, NY. Bob Takis, photographer.
Repaso 8: Stuart Cohen, New York, NY.
Repaso 9: The Granger Collection, New York, NY.
Repaso 10: Spanish International Network, New York, NY.
Repaso 11: Harry Ransom Humanities Research Center, The University of Texas at Austin, Edward Larocque Tinker Collection.
Repaso 12: Wilson Brydon/Window on the World, Woodland Hills, CA.
Repaso 13: Stock, Boston, Inc., Boston, MA. Peter Menzel, photographer.
Repaso 14: Monkmeyer Press, New York, NY. Lanks, photographer.
Repaso 15: National Aeronautics and Space Administration, Washington, DC.
Repaso 16: Colombian Government Tourist Office, New York, NY.
Repaso 17: Secretaria de Turismo de México, New York, NY.
Repaso 18: Secretaria de Turismo de México, New York, NY.
Repaso 19: The National Tourist Office of Spain, New York, NY.
Repaso 20: Intercam, Brooklyn, NY. Carl Frank.
Repaso 21: Stock, Boston, Inc., Boston, MA. Peter Menzel, photographer.

LIBRARY OF CONGRESS CATALOGING-IN-PUBLICATION DATA

Solé, Carlos A.
   Español ampliación y repaso.
   English and Spanish.
   Includes index.
   1. Spanish language—Text-books for foreigners—
English. 2. Spanish language—Grammar—1950–
I. Solé, Yolanda R. II. Title.
PC4129.E5S65 1987   468.2'421   86-16408
ISBN 0-13-034059-6

© 1987 by Prentice-Hall, Inc.
A Pearson Education Company
Upper Saddle River, NJ 07458

All rights reserved. No part of this book may
be reproduced, in any form or by any means,
without permission in writing from the publisher.

Printed in the United States of America
10 9 8 7 6 5 4 3 2 1

ISBN 0-13-034059-6

Prentice-Hall International (UK) Limited, London
Prentice-Hall of Australia Pty. Limited, Sydney
Prentice-Hall Canada Inc., Toronto
Prentice-Hall Hispanoamericana, S.A., Mexico
Prentice-Hall of India Private Limited, New Delhi
Prentice-Hall of Japan, Inc., Tokyo
Pearson Education Asia Pte. Ltd., Singapore
Editora Prentice-Hall do Brasil, Ltda., Rio de Janeiro

A Carlos III,

*a quien este libro le hace
ilusión por el interés que
ha tenido por conservar
el español*

Preface

Español: Ampliación y repaso, Second Edition, is an integrated second-year program that consists of a grammar text, a workbook/laboratory manual, and a tape program. Its aim is to facilitate the attainment of global proficiency through the teaching and reinforcing of all four language skills: listening comprehension, speaking, reading, and writing. It provides students with a thorough review of the fundamentals and offers a comprehensive and contextual presentation of Spanish grammar and vocabulary in thematically cohesive units.

In this edition of *Español: Ampliación y repaso,* the grammar remains in a separate textbook, intended as a reference for classroom activities. These activities center around the *Cuaderno de práctica.* Usage in context rather than the teaching of grammar *per se* is the essence of the program. Each unit in the *Cuaderno* revolves around a theme that provides the basis for vocabulary expansion, grammatical illustration, conversation, reading, and writing exercises. The vocabulary section rests upon high frequency Spanish/English items used by educated native speakers when dealing with cultural themes and present-day topics of general interest. The sequence of grammatical materials responds to simplicity, learning ease, and facility of recall. Spanish grammar is presented throughout as a coherent system in itself. Reference to English is made to expedite learning and eliminate unnecessary trial and error.

The twenty-one *Repasos* that appear in the grammar text are generally divided into four parts: (1) review of verb forms; (2) grammar review; (3) lexical usage; and (4) *lectura.* The readings, revolving around cultural themes or topics of general interest, have been specifically written to illustrate the grammatical and lexical structures taught in each *Repaso* and *Cuaderno* unit. Structures not previously taught have been avoided. Although the grammatical and lexical range in each *Lectura* is highly specific, the language is never restricted, exemplifying the writing of an educated speaker. The vocabulary load of each reading passage is introduced in the *Expansión léxica y vocabulario* section of its corresponding *Cuaderno de práctica* unit. When not contained therein, it is glossed. Each *Lectura* is followed by two questionnaires and a *Temas para comentar* section. The *Preguntas de comprensión* focus on reading comprehension and retention development. The *Preguntas para conversar* and *Temas para comentar* focus on creativity related to the topics presented. Both sets of questions have been designed to aid the expansion of conversational skills and to recall the structural and lexical items introduced in each *Repaso* and the corresponding *Práctica*. Thus, the readings and subsequent questions should be dealt with after the students have been exposed to the vocabulary and oral exercises appearing in the *Cuaderno*, which teach these structures gradually and contextually. Each *Repaso* ends with a *Temas para comentar* section. The latter offers additional challenges to creativity in the area of self-expression.

A Spanish/English vocabulary intended to facilitate understanding of the reading passages has been included in the grammar text. A cross-referenced index on grammatical problems and usage follows. The use of selected slides, films, filmstrips, magazines, and supplementary reading materials will allow the teacher to enhance the students' understanding of things Hispanic—language and culture—as well as to provide further opportunities for meaningful communicative exchanges.

The twenty-one units in the *Cuaderno de práctica* provide a contextual presentation of the grammatical materials illustrated in the corresponding *Repasos*. Each *Práctica* offers a variety of integrated language exercises intended to maximize the students' speaking, reading, writing, and comprehension competence. In this edition, each *Práctica* contains a section on *Expansión léxica y vocabulario* and is followed by a listening comprehension exercise, a variety of oral drills (oral substitution drills, guided response drills, question/answer drills), and free oral responses, which allow for the creative use of language. Many of these exercises have been revised; others have been replaced by new ones. In addition, each *Práctica* includes writing, word usage, and translation exercises geared to the development of writing skills. Each *Práctica* ends with a *Recapitulación,* which consists of two self-testing units. The first self-testing set covers grammar rules. The second unit, a Paragraph Reconstruction, integrates reading comprehension with the testing of the lexical and grammatical materials covered up to that point. The difficulty level of these reconstruction exercises increases as the material accumulates. A brief Reading Comprehension exercise (that can be done orally or in writing) has been added to this section. In this edition, a short vocabulary of items introduced in each *Práctica* appears after each *Recapitulación*. These items are grouped according to grammatical and lexical categories to encourage contextual recall.

The *Cuaderno de práctica* also contains a Spanish/English and English/Spanish vocabulary to aid students whenever necessary. The vocabulary in *Español: Ampliación y repaso* reflects the usage of educated native speakers in the contexts depicted. The total has been kept under 2,000 words. A large percentage of these items appear in first-year texts; many others are cognates.

The laboratory recordings covers the following materials from the *Cuaderno de práctica:* the *Expansión léxica y vocabulario*, the Listening Comprehension exercises, the oral drills in their entirety, and the Reading Comprehension exercises that appear after the Paragraph Reconstruction. The reading passages as well as the comprehension questions contained in the grammar text are included as well. The cassettes may be borrowed free from the publisher or purchased at modest cost. A tapescript that includes the full

Preface

script and timings for the materials recorded accompanies the program. The *Instructor's Manual* offers teachers a discussion of the program, suggestions for lesson planning and curriculum adaptation, sample tests, and answers to the exercises in the *Cuaderno de práctica*.

We know from linguistic theory and language teaching that communication presupposes a fusion of grammatical ability and lexical appropriateness according to context. We also know that linguistic competence is a unitary skill that can be divided only arbitrarily into different subparts or components. It is for these reasons that we have developed a second-year program along the lines described in the hope that the very students and teachers who have inspired us might achieve better results with less effort and more pleasure. We would like to thank all of them for the inspiration they have provided.

C. A. S.

Y. R. S.

Contents

Repaso 1   1

Review of verb forms: present indicative   1
    Regular **-ar, -er,** and **-ir** verbs in the present indicative   1
    Stem-changing verbs   3
        A. *Stem vowel change* **e → ie**/B. *Stem vowel change* **o → ue**/
        C. *Stem vowel change* **e → i**

Grammar review   5
    Subject pronouns   5
        Forms/Use of subject pronouns
    Uses of the present tense   7
    Gender of nouns   8
    Plural of nouns   10
    Interrogative words   11
        Interrogatives as adverbs/Interrogatives as adjectives/Interrogatives as pronouns

Lexical usage   13
    Equivalents of *to ask*   13
    Equivalents of *to play*   14
    False cognates   14
    Spanish verbs with more than one English equivalent   14

Lectura: Dos modos de estudiar   15

Repaso 2   21

Review of verb forms: present indicative   21
    Present tense of **ser** and **estar**   21
    Present tense of **haber**   22

Grammar Review   22
    Uses of **ser** and **estar**   22

Estar + *adverbials of place*/*Estar* + *adverbials of manner*/*Ser* + *noun phrase*

Estar, haber, and ser with adverbials of place   23
Estar and haber + *adverbials of place*/*Ser* + *adverbials of place*/

Ser and estar with adjectives   25
Estar + *adjectives*/*Ser* + *adjectives*/*Ser and estar* + *adjectives contrasted*

Compound interrogatives: interrogative words introduced by prepositions   28

Lexical usage   30

Other Spanish equivalents for ser and estar   30
Idiomatic expressions with estar   31

Lectura: Modos de ser diferentes   32

Repaso 3   37

Review of verb forms: present indicative   37

Verbs with a change in the first-person singular   37
A. Verbs with a g in the yo-form/*B. Verbs with a g in the yo-form with other changes*/*C. Verbs with a y in the yo-form*

Grammar review   39

Other uses of the present tense with future meaning   39
The definite article   40
Forms of the definite article/*Uses of the definite article*
Prepositions de and en   42
Meanings of de/*Meanings of en*

Lexical usage   45

The useful verb hacer   45
Hacer as the equivalent of "to do" and "to make"/*Hacer as a substitute verb*/*Hacer* + *noun to express climate and weather conditions*/*Hacer in temporal expressions*
Idiomatic expressions with tener   47
Set phrases with de   47

Lectura: La vida social en Hispanoamérica   48

Repaso 4   53

Review of verb forms: present indicative   53

More verbs with a change in the first-person singular   53
A. Verbs ending in -cer, -cir/*B. Spelling change g → j*/*C. Spelling change c → z*/*D. Saber and caber*
Verbs ending in -uir   55
The irregular verbs reír, oír, ver   55

Grammar review   56

Use of the present tense for past actions   56

Other uses of the definite article 56
The definite article with time expressions/The definite article instead of the possessive
Numbers 58
*Cardinal numbers/Multiples of one hundred and compound hundreds/Multiples of one thousand and compound thousands/**Millón** and **billón**/Ordinal numbers/Position of cardinal and ordinal numbers/Numbers as noun substitutes*

Lexical usage 62

Equivalents of *to know*: **saber** and **conocer** 62
False cognates 63
Spanish verbs with more than one English equivalent 63

Lectura: La expansión demográfica en la América Latina 64

Repaso 5   69

Review of verb forms: preterit indicative 69

Regular **-ar, -er,** and **-ir** verbs in the preterit 69
Regular verbs with spelling changes in the preterit 70
*A. Verbs ending in **-car, -gar, -zar**/B. Verbs ending in **-guar**/C. Verbs whose stems end in a vowel*

Grammar review 72

Direct object pronouns 72
Forms of the direct object pronouns/Uses of direct object pronouns
The personal **a** 73
Indirect object pronouns 74
Forms of the indirect object pronouns/Uses of indirect object pronouns
Indirect object pronouns with nouns and pronouns as indirect objects 76
Lo as a neuter pronoun 77
Position of object pronouns 78

Lexical usage 79

English equivalents of **llevar** and **tomar** 79
Equivalents of *to introduce*: **introducir** and **presentar** 79

Lectura: La presencia hispánica en los Estados Unidos 80

Repaso 6   87

Review of verb forms: preterit indicative 87

Preterit of **dar, ir, ser,** and **ver** 87
Stem-changing verbs in the preterit 88
Verbs with very irregular stems in the preterit 88
*A. Verbs with **u** in the stem/B. Verbs with **i** in the stem/C. Verbs with **j** in the stem*

Grammar review 90

    Uses of the preterit 90
    Prepositional pronouns 91
        Forms/Use of prepositional pronouns/Prepositions + prepositional pronouns
    Verbs of the **gustar** class 93
    Other interrogative words 95
        *Interrogative ¿**qué**? versus ¿**cuál(es)**?/Spanish equivalents of "whose?"*

Lexical usage 97

    False cognates 97
    Spanish verbs with more than one English equivalent 98
    The expression **cumplir ... años** 99

Lectura: ¿Quiénes fueron Picasso y Dalí? 100

Repaso 7   105

Review of verb forms: imperfect indicative 105

    Regular **-ar, -er,** and **-ir** verbs in the imperfect 105
    Three verbs that are irregular in the imperfect 106

Grammar review 106

    Uses of the imperfect indicative 106
    The imperfect and preterit tenses contrasted 108
    The Spanish preterit and imperfect *versus* English tenses 110

Lexical usage 112

    Verbs with different meanings in the preterit and imperfect 112
    The useful verb **hacer** 113
        *More on **hacer** in temporal expressions*

Lectura: ¿Existió la isla California o era sólo fantasía? 114

Repaso 8   119

Grammar review 119

    The indefinite article 119
        Forms of the indefinite article/Uses of the indefinite article
    Possessives 121
        Unstressed possessives/Stressed possessives/Ambiguous possessive forms/Possessives as noun substitutes
    Demonstratives 124
        Forms of demonstratives/Uses of demonstratives/Other uses of demonstratives/Neuter demonstratives: **esto, eso, aquello**
    Indefinite words and their negative counterparts 125
        Reference to persons and things/Reference to time and choice/Double negatives

Lexical usage 128

> Other indefinite expressions and their negative counterparts 128
> English verbs with more than one Spanish equivalent 129
> *Equivalents of "to find"/Equivalents of "to meet"*

Lectura: La moda siempre pasa 130

Repaso 9 — 135

Review of forms: adjectives 135

> Gender of adjectives 135
> Number of adjectives 136
> Shortening of adjectives 137

Grammar review 138

> The position of descriptive adjectives 138
> *Word order: noun + adjective/Word order: adjective + noun/ Position of more than one descriptive adjective*
> Adjective-noun agreement 140
> Descriptive adjectives as nouns: noun deletion 141
> *Nominalization of adjectival clauses*
> Reflexive pronouns 142
> *Forms/True reflexive constructions/Reflexives as direct objects/ Reflexives as indirect objects/Reflexives as reciprocal pronouns*

Lexical usage 146

> Adjective position and meaning change 146

Lectura: Cabeza de Vaca y Peter Jenkins: Dos valientes exploradores 147

Repaso 10 — 153

Grammar review 153

> Indefinites 153
> *Indefinites expressing quantity/Indefinites that describe distribution/Indefinites that express selection*
> More reflexive constructions 157
> *Inherent reflexives/Verbs of inner processes in reflexive constructions/Verbs of movement with the reflexive* **se**

Lexical usage 162

> Spanish equivalents of *to learn* 162
> False cognates 163

Lectura: La TV: Objeto omnipresente en todo hogar moderno 163

Repaso 11   *169*

Review of verb forms: the present participle   169

    Regular **-ndo** forms   169
    Stem-changing **-ndo** forms: **e → i; o → u**   170
    Orthographic changes: **-iendo** → **-yendo**   170
    Two verbs with special **-ndo** forms   170
    Estar in progressive construction forms   171

Grammar review   171

    Use of progressive constructions   171
        The present and imperfect progressives/The preterit progressive
    Other progressive constructions   173
        *The Spanish equivalents of "to keep on + ing"/***Ir, venir, andar** + *-ndo form*
    Other uses of the **-ndo** form   175
        Spanish -ndo form as an adverbial
    Spanish equivalents for the English *-ing*   176

Lexical usage   177

    English verbs with more than one Spanish equivalent   177
        Equivalents of "to enjoy"

Lectura: El vaquero y el gaucho: Dos figuras míticas   178

Repaso 12   *183*

Grammar review   183

    Uses of the infinitive   183
        The infinitive as object of a verb/The infinitive as modifier/The infinitive as subject of a sentence/The infinitive in predicate noun position
    More reflexive constructions   188
        Reflexive construction for unplanned events/Reflexive **se** *to signal an indefinite subject*
    More on position of object pronouns and reflexives   189

Lexical usage   190

    English verbs with more than one Spanish equivalent   190
    Volver a + *inf.* and **ponerse a** + *inf.*   191

Lectura: El despertar de una tradición   192

Repaso 13   *197*

Review of forms: the past participle: *-do* form   197

    Regular past participles   197
    Irregular past participles   198
    Compound tenses: **haber** + past participle   198
    Compound tense progressive constructions   199

Contents

Grammar review 200

    The present perfect indicative 200
    The past perfect indicative 201
    The present and past perfect progressives 201
    Estar + past participle for resultant conditions 202
    Other uses of the past participle 203
        Past participles as adverbials/Past participles as nouns

Lexical usage 204

    English verbs with more than one Spanish equivalent 204
        Equivalents of "to become"

Lectura: El gran almacén: Una idea comercial que ha hecho historia   205

Repaso 14   211

Grammar review 211

    Reflexives with inanimate subjects: passive reflexives 211
        *Use of passive reflexives/**Ser** + past participle to form the passive voice/More on reflexive **se** to signal an indefinite subject/Tense restrictions in **ser** passive constructions*
    Ser + past participle *versus* **estar** + past participle 217

Lexical usage 217

    English equivalents of **despedir** 217
    English verbs with more than one Spanish equivalent 218
        Equivalents of "to fail"/Equivalents of "to burn"

Lectura: Panamá La Vieja: Ciudad que fue saqueada y destruida   219

Repaso 15   223

Review of verb forms: future and conditional tenses   223

    Future tense 223
        Verbs with regular future stems/Verbs with irregular future stems
    Conditional tense 225
        Verbs with regular conditional stems/Verbs with irregular conditional stems
    Future and conditional compound tenses 226
        Future perfect tense/Conditional perfect tense
    Future and conditional progressive constructions 227
        Future progressive/Conditional progressive

Grammar review 228

    Use of the future and conditional tenses 228
        The future tense/The conditional tense/The future perfect tense/The conditional perfect tense/Future and conditional progressive constructions

Lexical usage 235

    English verbs with more than one Spanish equivalent 235
        Equivalents of "to raise"/Equivalents of "to reach"

Lectura: ¿Cómo nos comunicaremos en el siglo XXI? 236

Repaso 16   241

Review of verb forms: direct commands 241

    Formal direct commands 241
        Affirmative and negative commands: **usted, ustedes***/Formal direct commands of* **ir, saber,** *and* **ser**
    Informal direct commands 244
        Affirmative commands: **tú, ustedes***/Negative commands:* **tú, ustedes**

Grammar review 245

    Position of object pronouns and reflexives with direct commands 245
    Prepositional reflexive pronouns 246
    The nominalizer **lo** 248
        Nominalization of adjectives and adjectival phrases with **lo***/Nominalization of verb phrases with* **lo**
    Prepositions **por** and **para** 250
        Meanings of **por***/Meanings of* **para**

Lexical usage 254

    English verbs with more than one Spanish equivalent 254
        Equivalents of "to hurry"/Equivalents of "to waste"
    Idiomatic expressions with the neuter **lo** 255
    Set phrases with **por** 256

Lectura: Decisiones: Hágalas con calma pero no las posponga 256

Repaso 17   261

Review of verb forms: present subjunctive 261

    Regular **-ar, -er,** and **-ir** verbs in the present subjunctive 261
    Verbs with stem-vowel changes 262
    Verbs with spelling changes in the stem 263
    Other verbs with stem-consonant changes 263
    Verbs with special stem forms 264

Grammar review 264

    Clauses *versus* verb + inf. constructions 264
    Subjunctive *versus* indicative in noun clauses 265
        Indirect command → subjunctive/Attitudinal reaction → subjunctive/Conjecture, doubt, denial → subjunctive
    Use of the present tense of the subjunctive 270
        Temporal dimension and perspective/Tense sequence and agreement

Lexical usage 272

  English verbs with more than one Spanish equivalent 272
   Equivalents of "to go" and "to leave"

Lectura: ¿Es posible que exista un ejemplar hispanoamericano típico? 273

Repaso 18   279

Review of verb forms: imperfect subjunctive and simple progressives in the subjunctive 279

  Regular -ar, -er, and -ir verbs in the imperfect subjunctive 279
  Stem-changing and irregular verbs in the imperfect subjunctive 280
  Simple progressives of the subjunctive 281
   Present progressive of the subjunctive/Imperfect progressive of the subjunctive

Grammar review 282

  Subjunctive *versus* indicative in adverbial clauses of time and purpose 282
  Use of the imperfect subjunctive tense 284
   Temporal dimension and perspective/Tense sequence and agreement
  Use of present and imperfect progressives of the subjunctive 287
  Comparisons of equivalence 288
   El mismo que/Igual que/Igual que as an adverbial of manner

Lexical usage 290

  Idiomatic expressions with **dar** and **quitar** 290

Lectura: ¿Hay educación sin que haya preparación intelectual? 291

Repaso 19   297

Review of verb forms: compound tenses of the subjunctive 297

  Present perfect subjunctive 297
  Past perfect subjunctive 298
  Compound progressives of the subjunctive 298
   Present perfect progressive of the subjunctive/Past perfect progressive of the subjunctive

Grammar review 299

  Subjunctive *versus* indicative in condition-result sentences 299
   As if-clauses/Clauses expressing concession/If-clauses
  Use of compound tenses of the subjunctive 303
   The present perfect subjunctive/The past perfect subjunctive

Use of compound progressive constructions of the subjunctive 306
Present perfect progressive of the subjunctive/Past perfect progressive of the subjunctive
Prepositions **a, desde** and **hasta, con** and **sin** 307
*Meanings of **a**/Meanings of **desde** and **hasta**/Meanings of **con** and **sin***
More prepositions 309

Lexical usage 310

Equivalents of *to release* 310
Set phrases with **a, desde, hasta, con,** and **sin** 311
*Set phrases with **a**/Set phrases with **desde**/Set phrases with **hasta**/Set phrases with **con**/Set phrases with **sin***

Lectura: Si no existiera el océano no habría vida terrestre 313

Repaso 20 317

Grammar review 317

Relative pronouns and clauses 317
Relative clauses: restrictive versus nonrestrictive/Relative pronouns with specific antecedents: previously identified/Relative pronouns with nonspecific antecedents: not yet determined/Neuter relative pronouns
Subjunctive *versus* indicative in relative clauses 326
Exclamative words and expressions 329

Lexical usage 330

Equivalents of *because* 330
The useful verb **hacer:** idiomatic expressions with **hacer** 330

Lectura: Latinoamérica: Donde uno vaya, habrá mucho que ver 332

Repaso 21 339

Review of verb forms: other command forms 339

Indirect commands 339
Nosotros commands: *let's* + verb 340
Impersonal commands 341

Grammar review 342

The subjunctive in independent clauses 342
Comparisons: adjectives, nouns, and pronouns 342
Comparisons of equality/Comparisons of inequality/Irregular adjective comparative forms/Equivalents of "than"/Superlative constructions: adjectives
Adverbs 349
Adverbs ending in **-mente**/*Adverbs of time/Adverbs of place/Adverbs of manner/Adverbs of extent*

Comparison of adverbs 354
Comparison of equality/Comparison of inequality/Comparative forms of irregular adverbs/Superlative constructions: adverbs
Pero and **sino** 356

Lexical usage 357

Telling time 357
Other useful expressions with numbers 358
Basic arithmetic/Weight/Distance/Area/Volume/Speed/Temperature

Lectura: La contemplación es tan importante como la acción 360

Vocabulary 363

Index 371

Universidad de Salamanca, Salamanca, España.

Repaso 1

Review of verb forms: present indicative
    Regular -ar, -er, and -ir verbs in the present indicative
    Stem-changing verbs

Grammar review
    Subject pronouns
    Uses of the present tense
    Gender of nouns
    Plural of nouns
    Interrogative words

Lexical usage
    Equivalents of *to ask*
    Equivalents of *to play*
    False cognates
    Spanish verbs with more than one English equivalent

Lectura: Dos modos de estudiar

Review of Verb Forms: Present Indicative

Regular **-ar, er,** *and* **-ir** *verbs in the present indicative*

	hablar (to speak, talk)	leer (to read)	escribir (to write)
yo	habl o	le o	escrib o
tú	habl as	le es	escrib es
él ella Usted (Ud.) }	habl a	le e	escrib e

	hablar (to speak, talk)	leer (to read)	escribir (to write)
nosotros, -as	habl amos	le emos	escrib imos
vosotros, -as	habl áis	le éis	escrib ís
ellos ellas Ustedes (Uds.)	habl an	le en	escrib en

1. The infinitive endings **-ar, -er, -ir** are dropped and the person markers are added to the stem;
2. The stress always falls on the stem except in the first- and second- person plural: **habl<u>a</u>mos, escrib<u>í</u>s;**
3. Some regular verbs that follow this pattern of conjugation are:

1ST CONJUGATION: -AR ENDING

apagar	to turn off	**ganar**	to win; to earn
buscar	to look for	**llegar**	to arrive
cambiar	to change, exchange	**llevar**	to carry; to take
caminar	to walk	**mandar**	to send
cenar	to have dinner	**necesitar**	to need
comprar	to buy	**pagar**	to pay (for)
contestar	to answer	**preguntar**	to ask (for, about)
dedicar	to dedicate	**preparar**	to prepare
desayunar	to have breakfast	**terminar**	to finish, end
enseñar	to teach, show	**tocar**	to touch; to play an instrument
estudiar	to study	**trabajar**	to work
explicar	to explain	**viajar**	to travel

2ND CONJUGATION: -ER ENDING

aprender	to learn	**deber**	to owe; must
beber	to drink	**poseer**	to own
comer	to eat	**prometer**	to promise
comprender	to understand	**responder**	to answer
correr	to run	**romper**	to break
creer	to believe	**vender**	to sell

3RD CONJUGATION: -IR ENDING

abrir	to open	**cubrir**	to cover	**dividir**	to divide
añadir	to add	**decidir**	to decide	**insistir**	to insist
aplaudir	to applaud	**describir**	to describe	**recibir**	to receive
asistir	to attend	**descubrir**	to discover	**vivir**	to live

Repaso 1

Stem-changing verbs

A. STEM VOWEL CHANGE E → IE

pensar (to think)	querer (to want; to love)	sentir (to feel; to hear; to regret)
pienso	quiero	siento
piensas	quieres	sientes
piensa	quiere	siente
pensamos	queremos	sentimos
pensáis	queréis	sentís
piensan	quieren	sienten

B. STEM VOWEL CHANGE O → UE

recordar (to remember)	poder (to be able, can)	dormir (to sleep)
recuerdo	puedo	duermo
recuerdas	puedes	duermes
recuerda	puede	duerme
recordamos	podemos	dormimos
recordáis	podéis	dormís
recuerdan	pueden	duermen

1. All three conjugations have some verbs with the stem vowel **e** or **o** that changes to a diphthong: **e → ie** and **o → ue**;
2. These changes occur in all forms except in the first- and second-person plural: p**e**nsamos, p**o**demos;
3. The stress falls on the stem except in the first- and second-person plural;
4. Some verbs that follow this pattern of conjugation are:

e → ie			
cerrar	to close	encender	to turn on; to set on fire
comenzar	to begin, start	perder	to lose; to miss
empezar	to begin, start	atender	to take care of
negar	to deny	preferir	to prefer
entender	to understand	mentir	to lie

o → -ue				
almorzar	to eat lunch		probar	to prove; to try
colgar	to hang		soñar	to dream
contar	to tell; to count		devolver	to take back, to return
costar	to cost		llover[1]	to rain
demostrar	to demonstrate		oler	to smell
encontrar	to find, to meet		volver	to return, to come back
mostrar	to show		morir	to die

1. **Llover**, *to rain*, is an impersonal verb and is only conjugated in the third-person singular: **Llueve**, *It rains, It is raining*.

5. **Adquirir** and **jugar** follow the same pattern, except that the stem vowels are **i** and **u** respectively: i → ie and u → ue.

adquirir (to acquire)		jugar (to play)	
adquiero	adquirimos	juego	jugamos
adquieres	adquirís	juegas	jugáis
adquiere	adquieren	juega	juegan

C. STEM VOWEL CHANGE E → I

pedir (to ask for)		seguir (to follow; to continue)	
pido	pedimos	sigo	seguimos
pides	pedís	sigues	seguís
pide	piden	sigue	siguen

1. The third conjugation (**-ir** ending) has some verbs with a vowel **e** in the stem that changes to **i**;
2. Those verbs ending in **-guir**, like **seguir**, also have a change in spelling in the first-person singular since the **u** of **gu** would be pronounced before **o** or **a**. The **u** of **gu-** has no sound value before **e** or **i**;
3. Some verbs that follow these patterns of conjugation are:

e → i

competir	to compete
despedir	to see off; to dismiss
repetir	to repeat
servir	to serve

e → i, with spelling change

conseguir	to get, obtain
distinguir	to distinguish
perseguir	to pursue, chase; to harass

Repaso 1

Grammar Review

Subject pronouns

FORMS

yo	I	nosotros, -as	we
tú }	you	vosotros, -as }	you
usted		ustedes	
él	he	ellos }	they
ella	she	ellas	

USE OF SUBJECT PRONOUNS

In Spanish it is usually possible to tell from the ending of the verb and the context who the subject is. Therefore, subject pronouns usually are omitted. They are used, however:

1. To avoid ambiguity:

Él cree que ella es estudiante.	He thinks she is a student.
Ella cree que él es estudiante.	She thinks he is a student.
Es mejor que ella estudie.	It is better that she study.
Es mejor que él estudie.	It is better that he study.
Es mejor que Ud. estudie.	It is better that you study.

2. For emphasis or contrast:

| **Él habla el inglés bien.** | He speaks English well. |
| **Tú no vives aquí, pero yo sí.** | You don't live here, but I do. |

3. After the verb **ser** when answering a question:

¿Eres tú, José Luis?	Is that you, José Luis?
—Sí, soy yo.	—Yes, it is I.
¿Es aquélla la profesora de español?	Is that one the Spanish teacher?
—Sí, es ella.	—Yes, it is she.

4. For politeness with **usted (Ud.)** and **ustedes (Uds.)** constructions:

| **Dispénseme Ud., por favor.** | Excuse me, please. |
| **Vengan Uds. conmigo, por favor.** | Come with me, please. |

SPANISH EQUIVALENT OF *IT* AS A SUBJECT PRONOUN

Spanish has no inanimate subject pronoun equivalent to the English *it* or its plural form *they*. Therefore, in Spanish, the subject noun is either omitted or repeated:

La universidad norteamericana le ofrece al estudiante toda clase de actividades y estímulos. (La universidad) no sólo es un centro de instrucción profesional sino un lugar de mucho contacto social.	American universities offer the student all kinds of activities and stimuli. They are not only a center for professional instruction but a place for a great deal of social contact.

NOSOTROS AND VOSOTROS

Nosotros los estudiantes norteamericanos.	We the American students.
Vosotros los estudiantes extranjeros.	You the foreign students (refers to only males or both males and females).
Vosotras las mujeres	You women
Ustedes las mujeres	

1. The masculine forms **nosotros** and **vosotros** have feminine counterparts: **nosotras** and **vosotras;**
2. **Nosotros** and **vosotros** may refer to males only or to mixed company;
3. In Castilian Spanish **vosotros/vosotras** is the plural form of **tú;**
4. The Spanish-American plural form of **tú** is **ustedes,** which is the form taught in this textbook.

TÚ AND USTED

Tú and **usted** cover a wide range of semantic possibilities. **Usted** may denote formality, courtesy, deference, social or psychological distance, and respect. More often than not, **usted** is the conventional address form used in all exchanges involving strangers or acquaintances: physician/patient; salesperson/customer; teacher/student; waiter/customer; lawyer/client; boss/subordinate.

Tú may express familiarity, affection, or intimacy. However, among children and adolescents **tú** is the conventional address form. A reciprocal **tú** also occurs between those adults who are related by blood or marriage or tied by personal friendship.

Tú and **usted** may be used symmetrically or asymmetrically. That is, the same address form is not necessarily used by all parties. Adults address children and young adolescents with **tú.** The latter, however, respond with an asymmetrical **usted.** An asymmetrical **tú** in relation to one's subordinates or social inferiors is considered distasteful and should not be used.

The choice between **tú** and **usted** may further be conditioned by the context of the interaction. A formal context demands a reciprocal **usted** among its participants regardless of their personal relationship. Court sessions, governmental proceedings, and large business meetings demand a reciprocal **usted.** High school and college classes normally demand **usted** also. If two or more people are on a **tú** basis, a temporary switch to **usted** occurs under those circumstances. A permanent switch from **usted** to **tú,** on the other hand, occurs when a relationship is restructured from more distant to more intimate or personal. Generally the person who is older or has greater authority initiates the **tuteo.**

Nominal address form—first names, last names, and titles—are not used interchangeably with **tú** and **usted. Tú** may occur with first and last names, whereas **usted** can occur with all three: first names, last names, and titles. Among friends who are equals, **tú** occurs with the first name. Among friends separated by generational or social distance, **usted** may occur with the first name.

Nominal titles, such as **señor, señora,** and **señorita,** and occupational titles, such as **doctor, profesor, ingeniero,** and **licenciado,** occur only with **usted**. Polite discourse in Spanish requires use of a title in affirmations (**sí, señor**), denials (**no, señorita**), requests for information (**podría darme la cita, doctor**), and offering thanks (**gracias, profesor**). Spanish titles may be used with or without the last name. They can be used regardless of whether the person is a stranger or an acquaintance. When addressing an adolescent male, **joven** is used instead of **señor**. In addressing adolescent females, **joven** alternates with **señorita,** although the latter form denotes courtesy.

Uses of the present tense

The present tense is used in both Spanish and English as follows:

1. To describe repeated or habitual events:

Siempre asiste a clases.	He always attends classes.
Juegan deportes todas las tardes.	They play sports every afternoon.

2. To describe the existence of states and conditions of short or long duration:

Vivimos en una residencia de estudiantes.	We live in a student's residence.
La universidad prevee las necesidades físicas y espirituales del estudiante.	The university forsees the physical and spiritual needs of the student.
Los estudiantes reciben mucha atención de los profesores.	The students receive a lot of attention from the professors.

The English present tense, however, is more restricted than the Spanish tense. English uses other tenses where Spanish may use the present to describe ongoing events. Specifically, Spanish uses the present tense:

1. To describe ongoing actions at the moment of speech:

¡Cuidado, viene el profesor!	Be careful! The professor is coming.
Conversan de sus experiencias diarias.	They are talking about their daily experiences.

    English uses the present progressive construction in these cases.[2]

2. To predict future events or the intent to act:

Jugamos la semana próxima.	We will play next week. We are playing next week.
Regreso esta noche.	I will return tonight. I am coming back tonight.
Viajo a Suramérica mañana.	I will travel to South America tomorrow I am travelling to South America tomorrow.

---

2. See Use of progressive constructions, Repaso 11.

English uses either the future tense or the present progressive in these cases. This use of the present tense in Spanish is quite common with verbs of motion: **volver,** *to return;* **viajar,** *to travel;* **ir,** *to go;* **venir,** *to come;* **salir,** *to leave;* **regresar,** *to return.* The present tense is also used in this way with other verbs in informal speech situations. Normally, adverbs of posteriority (**mañana,** *tomorrow;* **esta noche,** *tonight;* **el año que viene,** *next year,* for example) occur with the present in Spanish.

3. To express events that began in the past and are still going on:

Vive con nosotros desde el mes pasado.	He has been living with us since last month.
Estudio español desde hace años.	I have studied Spanish for years.
No escribe desde el mes pasado.	She hasn't written since last month.

Gender of nouns

The following nouns in Spanish usually are masculine in gender:

1. Nouns ending in **-o**:

    el camino the road
    el lago the lake
    el río the river

    Some common exceptions are:

    la foto the photo
    la mano the hand
    la soprano the soprano

2. Geographical names (rivers, seas, lakes, mountains, and deserts) and the names of many countries and cities:

    el Nilo, el Colorado, el Danubio
    el Caribe, el Báltico, el Mediterráneo
    el Titicaca
    el Everest, los Himalaya, el Monte Blanco, los Andes, los Alpes
    el Sahara, el Atacama
    el Madrid antiguo, el gran Buenos Aires
    el Perú moderno, el México colonial

3. Days of the week: **el lunes, el martes**
    Months of the year when modified: **el lluvioso octubre**
    Cardinal points: **el norte, el sur**
    Cardinal numbers: **el uno, el seis**
    Musical notes: **el si, el mi**

The following nouns usually are feminine in gender:

1. Nouns ending in **-a**:

    la avenida the avenue
    la pluma the pen
    la tienda the store

Repaso 1

Some common exceptions are many words of Greek origin, such as:

el clima	the climate	el planeta	the planet
el día	the day	el problema	the problem
el drama	the drama	el telegrama	the telegram
el mapa	the map	el tema	the theme, topic

2. Nouns ending in **-dad, -tad, -ción, -xión, -sión,** and **-sis**:

la ciudad	the city	la lección	the lesson
la conexión	the connection	la libertad	the liberty
la exposición	the exposition	la tesis	the thesis

Some common exceptions are words of Greek origin such as:

| el análisis | the analysis |
| el énfasis | the emphasis |

3. The names of countries and cities ending in **-a**:

la Argentina actual
la Lima colonial

4. The alphabet letters:

la a
la be
la erre

Nouns referring to occupations and professions and roles are either masculine or feminine depending on whether these have been carried out traditionally by males or by females:

el barbero	the barber	la masajista	the masseuse
el director	the director	la mecanógrafa	the typist
el mayordomo	the butler	la cocinera	the cook

As the same profession, occupation, or role comes to be carried out by both males and females, either a new noun is created:

el abogado	la abogada	the lawyer
el arquitecto	la arquitecta	the architect
el doctor	la doctora	the doctor
el ingeniero	la ingeniera	the engineer
el jefe	la jefa	the boss
el maestro	la maestra	the teacher
el pintor	la pintora	the painter
el secretario	la secretaria	the secretary

Or the masculine and feminine forms of the definite article are used with the same noun to indicate the gender:

el albañil/la albañil	the bricklayer
el artista/la artista	the artist
el estudiante/la estudiante	the student
el periodista/la periodista	the journalist
el testigo/la testigo	the witness
el turista/la turista	the tourist

Some nouns have different meanings according to their gender:

el capital	capital; money	**la capital**	capital city
el cometa	comet	**la cometa**	kite
el cura	priest	**la cura**	cure
el frente	front; battlefront	**la frente**	forehead
el orden	order (in a series)	**la orden**	order (command; religious or political organization)
el Papa	Pope		
		la papa	potato

As in English, many nouns referring to living beings have different forms for males and females:

yerno/nuera	son-in-law/daughter-in-law
rey/reina	king/queen
caballo/yegua	stallion/mare
toro/vaca	bull/cow

It is important to know a noun's gender because its modifiers must maintain gender agreement. Since the gender cannot always be guessed by meaning or form, the best way to find out a noun's gender is to consult a dictionary. Always learn the definite article with each noun.

Plural of nouns

The plural of Spanish nouns is formed by adding either **-s** or **-es** to the singular form according to the following rules:

1. **-s** is added to nouns ending with an unstressed vowel or a diphthong:

avenida	**avenidas**	avenues
lago	**lagos**	lakes
parque	**parques**	parks
reo	**reos**	defendants

If the diphthong is /ei/, written **ey**, the ending **-es** is added:

ley   leyes   laws   **rey   reyes**   kings

2. **-es** is added to nouns ending in a consonant other than **-s**:

avión	**aviones**	airplanes
libertad	**libertades**	liberties
flor	**flores**	flowers
ángel	**ángeles**	angels

One-syllable nouns ending in **-s** also take **-es**:

mes	**meses**	months
res	**reses**	heads of cattle
Dios	**Dioses**	Gods

Nouns ending with the letter **z** change it to **c** when adding **-es** to form the plural:

voz	**voces**	voices
luz	**luces**	lights

Repaso 1

3. **-s** or **-es** is added to nouns ending with a stressed vowel:

sofá	sofás	sofáes	sofas
rubí	rubís	rubíes	rubies
maravedí	maravedís	maravedíes	Arabic coin
menú	menús	menúes	menus
tabú	tabús	tabúes	taboos

4. Some nouns are invariable whether they refer to the singular or plural:

la *or* las dosis	doses
el *or* los análisis	analyses
la *or* las crisis	crises
el *or* los oásis	oases
el *or* los lunes, martes	Mondays, Tuesdays

Most family names, especially if they end with **s** or **z**, are also invariable:

los Martínez
los Cortés
los Alvarado

Interrogative words

Interrogative words are used to introduce information questions. Their function is quite similar in both Spanish and English. In Spanish the subject follows the verb in questions introduced by interrogatives. Interrogative words carry a written accent in Spanish. They fall into three categories:

INTERROGATIVES AS ADVERBS

¿cómo?[3]	how?	¿Cómo están Uds.? How are you?
¿cuándo?	when?	¿Cuándo regresas tú? When do you return?
¿cuánto?	how much?	¿Cuánto quieres? How much do you want?
¿dónde?	where?	¿Dónde trabaja Ud.? Where do you work?

1. An interrogative modifying a verb functions as an adverb;
2. These words are invariable in form when used as adverbs.

   3. **Cómo** is also used in other contexts where English uses *what:*
    —as a request for clarification:
  Viven en la Calle 24.   They live on 24th Street.
  —¿**Cómo?**   —What? (What did you say?)
  —to show surprise:
  Sólo quiero 25 dólares.   I only want 25 dollars.
  —¿**Cómo?**   —What? (That's too much!)

INTERROGATIVES AS ADJECTIVES

¿qué?	what?	¿Qué fecha es hoy? What is today's date?
¿cuál?	which?	¿Cuál es tu cuarto? Which is your room?
¿cuáles?	which?	¿Cuáles son tus amistades? Which are your friends?
¿cuánto?	how much?	¿Cuánto dinero quieres? How much money do you want?
¿cuánta?	how much?	¿Cuánta ropa necesitas? How much clothes do you need?
¿cuántos?	how many?	¿Cuántos estudiantes viven aquí? How many students live here?
¿cuántas?	how many?	¿Cuántas materias estudias? How many subjects are you studying?

1. An interrogative modifying a noun functions as an adjective;
2. **Qué** is invariable in form;
3. **Cuál** has a plural, **cuáles**, and both forms refer to masculine and feminine genders;
4. **Cuánto**, like all adjectives ending in **-o**, has four forms to designate gender and number: the endings are **-o, -a, -os, -as**.

INTERROGATIVES AS PRONOUNS

¿qué?	what?	¿Qué lees? (libro) What are you reading? (book)
¿cuál?	which (one)?	¿Cuál es? (tu cuarto) Which one is it? (your room)
¿cuáles?	which (ones)?	¿Cuáles son? (tus amistades) Which ones are they? (your friends)
¿quién?	who?	¿Quién juega? (José Luis?) Who is playing? (José Luis?)
¿quiénes?	who?	¿Quiénes llegan? (¿las estudiantes extranjeras?) Who is arriving? (the foreign students?)

¿cuánto?	how much?	¿Cuánto quieres? (dinero) How much do you want? (money)
¿cuánta?	how much?	¿Cuánta necesitas? (ropa) How much do you need? (clothes)
¿cuántos?	how many?	¿Cuántos viven aquí? (estudiantes) How many live here? (students, m.)
¿cuántas?	how many?	¿Cuántas estudias? (materias) How many are you studying? (subjects)

1. An interrogative used in place of a noun functions as a pronoun;
2. The forms of **qué, cuál,** and **cuánto** are the same as adjectives and as pronouns;
3. **Quién,** which can only function as a pronoun, has a plural form, **quiénes,** applied to both masculine and feminine genders.

Lexical Usage

Equivalents of to ask

1. **Pedir,** *to ask for:* to request something of someone, ask for something from someone:

Le pedimos una cita al profesor.	We are asking the teacher for an appointment.
Le pido permiso para hablar en inglés.	I am asking his permission to speak in English.
Los alumnos piden mejor servicio en la cafetería.	The students are asking for better service in the cafeteria.

   Note that **por** is not used as in the English equivalent *to ask for.* The indirect object pronoun is normally used with **pedir** to identify the person addressed.

2. **Preguntar por,** *to ask about, for:* to ask about someone, inquire about someone or something:

Este estudiante pregunta por el profesor Martínez.	This student is asking for Professor Martínez.
Llama y pregunta por la dirección.	Call and ask for the address.
Pregunta por José Luis, creo que llega hoy.	Ask about José Luis, I think he is arriving today.

3. **Preguntar,** *to ask:* to ask for information:

Pregunten qué hora es.	Ask what time it is.
Pregunta cuándo llega él.	Ask when he is arriving.
Pregunta dónde viven.	Ask where they live.

4. **Hacer (una) pregunta,** *to ask a question:*

Ella le hace una pregunta al profesor.	She is asking the professor a question.
¿Por qué no hacen Uds. (unas) preguntas también?	Why don't you ask (some) questions also?

The indirect object pronoun is also used with this idiom to identify the person addressed. **Preguntar una pregunta** is not used.

Equivalents of to play

1. **Jugar (a):** *to play (a sport or a game):*

Los estudiantes juegan toda clase de deportes.	The students play all kinds of sports.
Juegan al tenis todos los sábados.	They play tennis every Saturday.

2. **Tocar:** *to play a musical instrument:*

Ella toca la guitarra muy bien.	She plays the guitar very well.
Siempre tocan el piano después de la cena.	They always play the piano after dinner.

False cognates

atender, *to take care of*
asistir, *to attend*

Los consejeros atienden muy bien a los alumnos.	The advisers take very good care of the students.
La enfermería atiende a los estudiantes enfermos.	The infirmary takes care of sick students.
José Luis asiste a una universidad norteamericana.	José Luis is attending a Northamerican university.
Él y yo asistimos a muchas conferencias sobre toda clase de temas.	He and I attend many lectures about all kinds of topics.

Spanish verbs with more than one English equivalent

Enseñar: *to teach; to show:*

Nuestra profesora de español enseña muy bien. Siempre nos enseña fotos, películas, revistas y periódicos del mundo hispánico.	Our Spanish teacher teaches very well. She always shows us pictures, films, magazines, and newspapers from the Hispanic world.

Ganar: *to win; to earn:*

Argentina gana la copa mundial de fútbol.	Argentina wins the world cup for soccer.
Los jugadores argentinos ganan la admiración mundial.	The Argentinian players earn the world's admiration.

Querer: *to love; to want* (**desear,** in the sense of *to wish*):

Aunque quieren mucho a su único hijo, quieren (desean) una hija.	Although they love their only son very much, they want (wish for) a daughter.

Perder: *to lose; to miss:*

A veces nuestro profesor pierde la paciencia, especialmente si los alumnos pierden demasiadas clases.

Sometimes our teacher loses his patience, especially if the students miss too many classes.

Contar: *to count; to tell:*

Jorge cuenta cada centavo que su mujer gasta, pero él no le cuenta a ella lo que él gasta.

George counts every penny his wife spends, but he doesn't tell her what he spends.

Lectura

Reading, writing, and oral responses

Read the following passage and study the uses of the present tense. Be prepared to answer the questions that follow orally in class. Your instructor may ask you to write the answers to the questions.

Dos modos de estudiar

José Luis acaba de llegar a los Estados Unidos para comenzar sus estudios universitarios. Aunque habla el inglés bien, no conoce las costumbres ni la vida universitaria norteamericanas. Sus primeras semanas están llenas de sorpresas[1] ante las cosas nuevas que encuentra. La universidad está situada en un solo lugar, donde están los diferentes departamentos. El contacto con estudiantes de otras disciplinas es fácil y diario.[2] En los países hispánicos los diferentes departamentos están dispersos por[3] diferentes partes de la ciudad. Generalmente, los estudiantes sólo tienen contacto con aquellos que estudian la misma disciplina. Los contactos interdisciplinarios son más difíciles y menos frecuentes. Una universidad norteamericana es un lugar residencial donde los estudiantes pueden convivir[4] por varios años en residencias de la misma universidad, o en apartamentos cercanos a ella.

Por lo general, el estudiante norteamericano no va a la universidad únicamente para recibir instrucción en su especialización. El asiste a la universidad no sólo para recibir una formación general, que incluye experiencias educacionales en humanidades y ciencias, sino también para vivir experiencias personales. El estudiante norteamericano vive dentro de la universidad en un mundo donde él y sus compañeros comen, conversan,

---

1. *are full of surprises*
2. *daily*
3. *are spread out through*
4. *live together*

leen, estudian, se divierten[5] o juegan deportes juntos. Las universidades norteamericanas preveen [6] no sólo las necesidades académicas de los estudiantes, sino también sus necesidades sociales, culturales, deportivas, físicas y espirituales.

En los Estados Unidos la universidad le ofrece al estudiante toda clase de actividades y estímulos. Allí los individuos de medios económicos y regiones diferentes pueden enriquecer e igualar sus experiencias. La experiencia universitaria puede nivelar las diferencias que existen[7] entre los estudiantes. Hay todo tipo de actividades como conferencias sobre toda clase de temas[8] donde el estudiante puede ampliar sus conocimientos o adquirirlos. Hay oportunidades culturales como obras de teatro, exhibiciones de arte, y museos donde puede adquirir o cultivar sus inclinaciones artísticas. Hay oportunidades para practicar toda clase de deportes ya que las universidades tienen magníficos centros deportivos. Hay numerosas asociaciones estudiantiles donde puede fácilmente hacer amistades. Hay servicios médicos y enfermería en caso de enfermedad o para consultas profesionales. El estudiante también encuentra consejeros y sicólogos con quienes puede discutir sus problemas personales relacionados con los estudios y planes futuros.

Las relaciones entre profesor y estudiante también son diferentes. El estudiante norteamericano no sólo tiene mucho más contacto directo con sus compañeros sino con sus profesores. Esto ocurre dentro y fuera del aula de clase. En clase se debe al hecho de que el número de alumnos es mucho más reducido. Por lo tanto, el profesor puede prestar mucha más atención[9] a los estudiantes. El profesor norteamericano no sólo es más accesible en clase sino también fuera de ella. Por lo general, tiene horas de oficina semanales, durante las cuales cualquier estudiante puede discutir la materia más a fondo[10] o hablar de los problemas que encuentra en sus estudios. Esta atención personal no la reciben los estudiantes hispanoamericanos de sus profesores. Entre profesor y estudiante no hay esta relación directa, fácil y amistosa.

En Hispanoamérica el estudiante elige su carrera profesional al ingresar[11] a la universidad. Ni vive en la universidad ni puede vivir de ella. La experiencia universitaria del estudiante hispanoamericano gira principalmente alrededor de[12] la instrucción profesional que él recibe. El propósito de la universidad es brindarle al estudiante[13] la oportunidad de seguir una carrera y de obtener un título. La formación global del estudiante depende de él, de su familia y de su medio. La vida personal de un estudiante hispanoamericano no cambia al ingresar a la universidad. Sigue ligada[14] a su vida familiar, a su propio medio y a sus amigos de siempre. En Hispanoamérica, el estudiante no tiene la

---

5. *enjoy themselves*
6. *forsee*
7. *can level out existing differences*
8. *lectures on all kinds of topics*
9. *pay much more attention*
10. *can discuss the subject matter more thoroughly*
11. *selects his professional career upon entering*
12. *evolves mainly around*
13. *to offer the student*
14. *continues to be attached to*

oportunidad de enriquecer sus experiencias a través de una convivencia diaria más íntima[15] con otros estudiantes en residencias universitarias. Tampoco tiene la oportunidad de desarrollar nuevos intereses por medio de innumerables actividades universitarias como el estudiante norteamericano. El estudiante universitario en Hispanoamérica tiene que buscar estas oportunidades en su propio medio a través de su propia iniciativa. Su experiencia universitaria es más limitada, más dura y más solitaria. Quizás el estudiante hispanoamericano es más realista en términos de su futuro, ya que casi todo depende de su iniciativa individual y no de las facilidades que las instituciones o la familia pueden ofrecer.

Preguntas de comprensión

1. ¿Qué cosas diferentes encuentra José Luis cuando llega a la universidad?
2. Explique cómo es el contacto entre los estudiantes en las universidades hispanoamericanas.
3. ¿Por qué vive el estudiante norteamericano experiencias personales cuando asiste a la universidad?
4. ¿Qué tipo de actividades le ofrece al estudiante la universidad norteamericana?
5. ¿Qué servicios personales encuentra el estudiante en las universidades norteamericanas?
6. ¿Cómo es la relación entre profesor y estudiante en las universidades norteamericanas e hispanoamericanas? Explique.
7. ¿Cuál es el propósito principal de la universidad en Hispanoamérica? ¿De qué depende la formación global del estudiante allí?
8. ¿Por qué es dura y solitaria la experiencia universitaria del estudiante hispanoamericano?

Preguntas para conversar

Answer the following questions with complete statements when your instructor calls on you. You may organize your answers before coming to class.

1. ¿A qué universidad asiste Ud.? ¿Atienden bien a los estudiantes en la universidad? ¿Qué facilidades encuentra el estudiante en esta universidad?
2. ¿Cuánto cuesta una educación universitaria? ¿Cómo cubre Ud. los gastos de estudios? ¿Trabaja Ud.? ¿Dónde trabaja?
3. ¿Qué estudia Ud. en la universidad? ¿Qué materias sigue este semestre?
4. ¿Qué experiencias nuevas encuentra Ud. en esta universidad?
5. ¿Qué actividades deportivas practican los estudiantes aquí? ¿Qué deportes juega Ud.? ¿Toca Ud. algún instrumento musical?
6. ¿Cómo pasa Ud. los fines de semana? ¿Qué lugares visita? ¿Dónde ve Ud. a sus amigos?

---

15. *through a more intimate daily existence*

7. ¿Dónde almuerza y cena Ud. generalmente? ¿Cómo es la comida en la universidad? ¿Dónde vive Ud.?
8. ¿Habla Ud. mucho con los profesores? ¿Para qué clase de problemas ve Ud. a sus profesores?

Temas para comentar

Dénos su opinión...

1. Los problemas comunes que comparten los estudiantes universitarios.
2. Las dificultades que tienen los estudiantes que trabajan y estudian.
3. La orientación e información que necesitan los estudiantes extranjeros.
4. Las diferencias entre los estudios secundarios y los universitarios.

Estudiantes universitarios norteamericanos.

Repaso 2

Review of verb forms: present indicative
    Present tense of **ser** and **estar**
    Present tense of **haber**

Grammar review
    Uses of **ser** and **estar**
    Estar, haber, and **ser** with adverbials of place
    Ser and **estar** with adjectives
    Compound interrogatives: interrogative words introduced by prepositions

Lexical usage
    Other Spanish equivalents for **ser** and **estar**
    Idiomatic expressions with **estar**

Lectura: **Modos de ser diferentes**

Review of Verb Forms: Present Indicative

Present tense of ser and estar

ser		estar	
\multicolumn{4}{c}{(to be)}			
soy	somos	estoy	estamos
eres	sois	estás	estáis
es	son	está	están

1. **Ser** is a very irregular verb: it does not follow the pattern of regular **-er** verbs;
2. **Estar** is also irregular:
    a. The first-person singular ends in **-oy**, not **-o**, as in regular verbs;

b. The stress always falls on the first vowel of the ending, never on the stem;
   c. A written accent mark is required except in the first-person singular and plural.

Present tense of **haber**

he	hemos
has	habéis
ha	han

1. **Haber** is a very irregular verb in the present tense;
2. **Haber** functions as an auxiliary verb to form the compound tenses and is equivalent in these cases to the English verb *to have;*[1]
3. **Hay**, a special form of **haber** in the present tense corresponds to the English *there is, there are.*

Grammar Review

Uses of **ser** and **estar**

Ser and **estar**, which are equivalents of the English verb *to be*, do not alternate freely. Each has its own range of usage and meaning.

ESTAR + ADVERBIALS OF PLACE

Estar + adverbial of place describes the location or position of a definite subject.

Alberto no está en casa, está en la universidad.	Alberto is not at home; he is at the university.
Los libros están en la biblioteca.	The books are in the library.
California está al norte de México.	California is north of México.
Nueva York está a unas doscientas millas de Washington.	New York is some two hundred miles from Washington.
Carlos no está (en casa), está en Boston.	Carlos is not around (home); he is in Boston.
Estamos todos juntos (aquí).[2]	We are all together (here).

ESTAR + ADVERBIALS OF MANNER

Estar + adverbial of manner (**bien, mal, mejor, peor**, etc.), expresses the condition of animate or inanimate subjects.

---

1. See Compound tense forms, Repaso 13.
2. In the last two examples the adverbial of place is implied: **Carlos no está en casa** or **por aquí**. **Estamos todos juntos aquí** or **en la sala**.

Repaso 2

¿Cómo está Marta?	How is Martha?
—Está bien.	—She is well.
—Está mejor.	—She is better.
—Está peor.	—She is worse.

¿Cómo está la comida?	How is the food?
—No está mal.	—It is not bad.
—Está muy buena.	—It is very good.
—Está fría.	—It is cold.

SER + NOUN PHRASE

Ser is used with nouns and noun-like words; **estar** cannot be used in this context. The core meaning of **ser** is existence. **Ser** is used as follows:

1. To define or describe a subject:

La geografía es una ciencia.	Geography is a science.
Lima es la capital del Perú.	Lima is the capital of Perú.
Teresa es doctora y Raúl es abogado.	Teresa is a doctor and Raúl is a lawyer.

2. To make equational statements:

Dos y dos son cuatro.	Two and two are four.
Cuatro por dos son ocho.	Four times two are eight.
Yo soy Emilio y él es Eduardo.	I am Emilio and he is Eduardo.

3. To express the occurrence of events, dates, seasons, and time:

La conferencia va a ser (tener lugar), en la biblioteca.	The lecture will be (take place) in the library.
¿Qué fecha es?—Es viernes; es el 25 de agosto.	What is the date?—It is Friday, it is August 25.
Ahora es verano en la Argentina y es invierno en los Estados Unidos.	Now it is summer in Argentina and winter in the United States.

4. **Ser** is the linking verb when nouns or noun-like words are used as modifiers. These are introduced by prepositions:

El proyecto es de Juan.	It is Juan's project.
Las ideas son de Felipe.	The ideas are Felipe's.
Jaime es de Panamá.	Jaime is from Panamá.
Su padre es de origen francés.	His father is of French descent.
La carta es para mí.	The letter is for me.
Las vacaciones son para descansar.	Vacations are for resting.

Estar, haber, *and* ser *with adverbials of place*

ESTAR AND HABER + ADVERBIALS OF PLACE

Estar + adverbial of place assumes the existence of a definite subject whose location or position is being described. If the subject is an indefinite person or thing or if its existence is denied or uncertain, **hay**, *there is* or *there are*, (or **había, hubo, habrá,** etc.) is used instead of **estar**. In interrogative statements and other sentences containing indefinite noun phrases, **haber** is used instead of **estar**. The definite and indefinite character of a noun phrase is determined by the use of the definite/indefinite article or its omission.

estar	haber
Existence of subject certain; position/location described; noun phrase definite	*Existence of subject uncertain/denied; noun phrase indefinite*
¿Dónde está el correo? —**El correo está en la esquina.**[3] Where is the post office? —The post office is at the corner.	**¿Dónde hay un correo?** —**Aquí no hay correo.** Is there a post office? —There is no post office here.
¿Está el correo en la esquina? —**El correo no está en la esquina; está a media cuadra de la esquina.** Is the post office at the corner? —The post office is not at the corner; it is half a block from the corner.	**¿Hay un correo en la esquina?** —**No, no hay un correo en la esquina; hay uno a media cuadra de la esquina.** Is there a post office at the corner? —No, there is no post office at the corner; there is one half a block from the corner.
¿Dónde está la secretaria? —**La secretaria no está aquí; está en la otra oficina.** Where is the secretary? —The secretary is not here; she is in the other office.	**¿Dónde hay una secretaria?** —**No hay secretaria aquí; hay una en la otra oficina.** Is there a secretary? —There is no secretary here; there is one in the other office.
El médico no está en la isla. The doctor is not in the island.	**No hay un médico en la isla.** There isn't a doctor in the island.

3. In examples such as **El correo está** (or **no está**) **en la esquina**, **estar** describes the location of a definite subject. In examples such as **Hay un** (or **no hay**) **un correo en la esquina**, **haber** describes the existence/nonexistence of an indefinite subject.

SER + ADVERBIALS OF PLACE

Ser + adverbial of place expresses the existence of inanimate objects at a given point in space. It cannot be used with animate subjects. **Ser** occurs with definite noun phrases only.

estar	ser	haber
Location of animate/inanimate objects; noun phrase definite	*Existence of inanimate objects only; noun phrase definite*	*Location of animate/inanimate objects; noun phrase indefinite*
El correo está en la esquina. The post office is (located) at the corner.	**El correo es aquí mismo.** The post office is right here.	**Hay un correo aquí mismo.** There is a post office right here.

Repaso 2

estar	ser	haber
Location of animate/inanimate objects; noun phrase definite	*Existence of inanimate objects only; noun phrase definite*	*Location of animate/inanimate objects; noun phrase indefinite*
La secretaria está aquí. The secretary is here.		Hay una secretaria aquí. There is a secretary here.
José no está en casa. José is not at home.		
El perro está afuera. The dog is outside.		Hay un perro afuera. There is a dog outside.
Los alumnos están en clase. The students are in class.		Hay unos alumnos en clase. There are some students in class.

Ser *and* estar *with adjectives*

Adjectives and adjective-like words are linked to the nouns they modify by **ser** and **estar**. Some adjectives take only **ser**; other forms take only **estar**. Some adjectives change their meanings depending upon whether they are constructed with **ser** or with **estar**.

Estar + Adjectives

Estar + adjective describes the condition, situation, or position in which a given subject finds him- or herself at the time specified in the sentence. An actual or potential change in quantity or quality with the same or opposite condition is implied.

1. **Estar** takes adjectives that describe conditions and states of being:[4]

El día está húmedo, está nublado.	The day is humid; it is cloudy.
El conductor está borracho.	The driver is drunk.
El camino está helado.	The road is frozen.
Los estudiantes están enfermos.	The students are sick.
El auto está descompuesto.	The car is broken.
Estoy muy apurada.	I am in a great hurry.
Ellos están muy ocupados.	They are very busy.
Están vivos, no están muertos.	They are alive; they are not dead.

---

4. See **Estar** + past participle for resultant conditions, Repaso 13.

2. **Estar** + adjective has several equivalents in English. It may correspond to the verbs *to be, to look, to seem, to feel, to become,* or *to taste*:

¿Cómo está él?	How is he?
—Está contento.	—He is happy. —He looks very happy. —He seems very happy. —He feels very happy.
¡Estás tan elegante hoy!	You are so elegant today! You look so elegant today!
¡El aire está fresco!	The air is chilly! The air feels chilly!
Carmen está muy enferma.	Carmen is very sick. Carmen has become very sick.
Elena está amargada.	Ellen is bitter. Ellen seems bitter. Ellen has become very bitter.
La comida está muy rica.	The food is very good. The food tastes very good.

3. **Estar** + adjective may be equivalent to *to act* or *to be* in the progressive + adjective:

Está muy comprensivo.	He is being very understanding.
Está muy generoso.	He is being very generous.
Está muy exigente.	He is being (acting) very demanding.
Está muy desagradable.	He is being very unpleasant.

SER + ADJECTIVES

1. **Ser** + adjective or noun phrase as a modifier defines the characteristics of a subject:

¿Cómo es su marido? —Su marido es guapo, cariñoso y comprensivo. —¿Y ella cómo es? —Ella es inteligente, tranquila y paciente.	What is her husband like? —Her husband is handsome, affectionate, and understanding. —And what is she like? —She is intelligent, calm, and patient.
El día es frío pero (es) seco.	The day is cold but dry.
Tomás es republicano.	Tomás is a Republican.
Esta novela es excelente.	This novel is excellent.
El autor es colombiano.	The author is Colombian.

2. When nouns are used as modifiers, they must be introduced by the preposition **de**:

El reloj es de oro.	The watch is gold.
La corbata es de seda.	The tie is made out of silk.
La cartera es de cuero.	The handbag is made out of leather.
La casa es de madera.	The house is made out of wood.

Repaso 2

SER/ESTAR + ADJECTIVES CONTRASTED

The following adjectives may take either **ser** or **estar**. **Estar** describes the condition of the subject at the time in question. **Ser** describes defining characteristics or qualities. The meaning of the adjective may change depending on whether it is used with **ser** or **estar**.

estar	ser
Condition at a given time	*Defining characteristics, qualities*
¿Cómo está ella? —**Ella está muy triste.** How is she? —She is very sad.	**¿Cómo es ella?** —**Ella es muy sensible.** What is she like? —She is a very sensitive person.
Está listo. He is ready.	**Es listo.** He is clever.
Está muy nervioso en estos días. He is very nervous these days.	**Es muy nervioso de naturaleza.** He is a very nervous person by nature.
Mis alumnos están aburridos hoy. My students are (seem, look) bored today.	**¡Mis alumnos no son aburridos!** My students are not boring!
Está vivo. He is alive.	**Es vivo.** He is clever. He is lively.
Está muerto.[5] He is dead.	**Es una persona muerta.** He is not a lively person.
¿Por qué estás tan serio? Why are you so serious? Why do you look (seem) so serious?	**¿Por qué eres tan serio?** Why are you such a serious person?
Las manzanas están verdes. The apples are unripe. **La comida está muy rica.** The food is (tastes) very good.	**Estas manzanas son verdes.** These apples are green. **Carmen es muy rica.** Carmen is very rich.

5. To describe the condition of death, **estar** is always used: **está muerto** vs. **está vivo**. **Es una persona muerta** refers to a characteristic trait, "not a lively person." Within this context a noun like **persona** or **individuo** must be used with **muerto**.

estar	ser
Condition at a given time	*Defining characteristics, qualities*
¿Ya se casó Ud.? —No, aún no estoy casado. Todavía estoy soltero.[6] Did you get married already? —No, I am not married yet. I am still single.	¿Cuál es su estado civil, es Ud. casado? —No, no soy casado; soy soltero. What is your legal status, are you married? —No, I am not married; I am single.
¿Te divorciaste, verdad? —Sí, estoy divorciada desde enero. You got divorced didn't you? —Yes, I have been divorced since January.	¿Cuál es su estado civil, señora? —Soy divorciada. What is your legal status, madam? —I am divorced.
¿Cuándo enviudaste? —Estoy viuda desde el otoño pasado. When did you become a widow? —I have been a widow since last fall (became).	¿Cuál es su estado civil, señora? —Soy viuda. What is your legal status? —I am a widow.

6. **Estar casado, divorciado, viudo,** or **soltero** describe the resultant condition of an action: **se casó → está casado,** he got married → he is married; **se divorció → está divorciado;** he got divorced → he is divorced; **enviudó → está viudo;** he was widowed → he is a widower; **no se casó → está soltero;** he didn't marry → he is single. **Ser casado, divorciado, viudo,** or **soltero** defines a legal status.

Compound interrogatives: interrogative words introduced by prepositions

INTERROGATIVES	MEANING	ENGLISH EQUIVALENTS
¿para cuándo?	Approximate future date ¿Para cuándo terminará?	by when? By when will he finish?

¿a cuánto?	To ask for:
	  a. price
	  b. date
	¿A cuánto lo vendió?
	¿A cuánto lo pagó?
	¿A cuánto estamos hoy?
		
		a. how much...?
		b. (no equivalent)
		How much did she sell it for?
		How much did he pay for it?
		What is today's date?

<u>Directional preposition</u> + **dónde** ¿de dónde? ¿desde dónde?	To ask for directions as to: *origin* ¿De dónde viene? ¿Desde dónde viene?	 where... from? Where does he come from?

Repaso 2

INTERROGATIVES	MEANING	ENGLISH EQUIVALENTS
¿a dónde? ¿adónde? ¿para dónde?	*Goal, direction toward* ¿A dónde va? ¿Adónde...? ¿Para dónde...?	where... (to)? Where is he going?
¿por dónde? ¿hacia dónde?	*Direction, means, goal* ¿Por dónde viene? ¿Por dónde pasa? ¿Hacia dónde corren?	how (through where)...? whereabouts...? where to...? where for...? Where is he coming from? How does it get through? Where are they running to?
¿hasta dónde?	*Terminus of motion* ¿Hasta dónde fuiste? ¿Hasta dónde crece?	how far...? How far did you go? How tall does it grow?
¿en dónde?	*Exact location* ¿En dónde lo encontraste (exactamente)?	where exactly? Where (exactly) did you find it?
¿para qué? ¿por qué?	*Purpose* *Reason* ¿Para qué fuiste a verla? —Para llevarle unas medicinas. ¿Por qué fuiste tú? —Porque su familia no está en la ciudad.	why? why? Why did you go to see her? —To take her some medicines. Why did you go? —Because her family is not in town.
¿a ¿de } cuántos, -as? ¿en	*Specific quantities* ¿A cuántos invitaste? ¿De cuántos recibiste contestación? ¿En cuántos autos van a ir?	how many...? from how many...? in how many...? How many did you invite? From how many did you receive an answer? In how many cars will they go?
Preposition + **quién(es)** ¿a ¿para ¿por } quién(es)? ¿en ¿con	When **quién(es)** is the object of a verb it is preceded by a preposition ¿A quiénes viste? ¿Para quién es la camisa? ¿En quién confías? ¿Con quién vas?	 whom? prep. + whom? Whom did you see? For whom is this shirt? Whom do you trust? With whom are you going?

Lexical Usage

Other Spanish equivalents for **ser** and **estar**

1. **Resultar** = **ser**, to express result, outcome:

Cuando uno tiene experiencia todo es fácil.	Everything <u>is</u> easy when one is experienced.
Cuando uno tiene experiencia todo <u>resulta</u> fácil.	Everything <u>turns out to be</u> easy when one is experienced.
Después de un rato, ella <u>es</u> aburrida.	After a while she <u>is</u> boring. After a while she <u>seems</u> boring.
Después de un rato, ella <u>resulta</u> aburrida.	After a while she <u>ends up being</u> boring.
El examen va a <u>ser</u> fácil.	The exam is going <u>to be</u> easy.
El examen va a <u>resultar</u> fácil.	The exam is going <u>to turn out to be</u> easy.

2. **Tener lugar** = **ser**, to express the occurrence of an event:

La reunión <u>es</u> esta noche.	The meeting <u>is</u> tonight.
La reunión <u>tiene lugar</u> esta noche.	The meeting <u>takes place</u> tonight.
La conferencia <u>es</u> mañana.	The lecture <u>is</u> tomorrow.
La conferencia <u>tiene lugar</u> mañana.	The lecture <u>takes place</u> tomorrow.

3. **Encontrarse, hallarse** = **estar**, to express the state, condition, or location in which a subject finds him- or herself:

María <u>esta</u> enferma. María <u>se encuentra</u> enferma. María <u>se halla</u> enferma.	María <u>is</u> sick.
<u>Está</u> sola. <u>Se encuentra</u> sola. <u>Se halla</u> sola.	She <u>finds herself</u> alone.
Su familia no <u>está</u> en la ciudad. Su familia no <u>se encuentra</u> en la ciudad. Su familia no <u>se halla</u> en la ciudad.	Her family <u>is</u> not in town.

4. **Sentirse** = **estar**, to express state or condition:

María <u>está</u> bien. María <u>se siente</u> bien.	María <u>is</u> fine (<u>feels</u> fine).
María <u>está</u> muy contenta. María <u>se siente</u> muy contenta.	María <u>is</u> very happy (<u>feels</u> very happy).

5. **Quedar** = **estar**, to express location:

La librería <u>está</u> en ese edificio. La librería <u>queda</u> en ese edificio.	The bookstore <u>is</u> in that building.

Repaso 2

Está muy cerca de aquí. ⎫
Queda muy cerca de aquí. ⎭   It is very close to here.

6. **Quedar = estar**, to express reactions or results:

Usted va a <u>estar</u> muy satisfecho con esa solución.   You will <u>be</u> very satisfied with that solution.

Usted va a <u>quedar</u> muy satisfecho con esa solución.   You will <u>end up being</u> very satisfied with that solution.

Ustedes van a <u>estar</u> muy impresionados con ellos.   You will <u>be</u> very impressed with them.

Ustedes van a <u>quedar</u> muy impresionados con ellos.   You will <u>end up being</u> very impressed with them.

Idiomatic expressions with **estar**

estar de (última) moda
estar a la (última) moda
    to be   *fashionable / in fashion*

    El rojo está de última moda.   Red is the latest fashion.
    La falda angosta está de moda.   Narrow skirts are fashionable.
    Ella siempre está a la moda.   She is always dressed fashionably.

estar de (muy) buen / mal humor   *to be in (a very) good / bad mood*

    Están de muy buen humor.   They are in a very good mood.
    Ella está de mal humor.   She is in a bad mood.

estar de acuerdo   *to be in agreement, agree*

    Nunca están de acuerdo.   They never agree.
    Estoy de acuerdo contigo.   I agree with you.

estar con ganas de   *to be eager to*

    Estamos con ganas de ir a España.   We are eager to go to Spain.
    Está con ganas de trabajar.   He is eager to work.

estar de guardia / turno   *to be on call / duty*

    El médico está de guardia.   The doctor is on call.
    Las enfermeras también están de turno.   The nurses are also on duty.

estar de vacaciones / viaje   *to be on vacation / a trip*

    Están de vacaciones.   They are on vacation.
    Están de viaje por Suramérica.   They are traveling around South America.

Lectura

Reading, writing, and oral responses

Read the following passage and study the uses of **ser, estar, haber**. Be prepared to answer the questions that follow orally in class. Your instructor may ask you to write the answers to the questions.

Modos de ser diferentes

Es difícil hablar de diferencias o semejanzas culturales porque no hay dos hombres iguales. Tampoco hay sociedades estáticas ni estratos sociales homogéneos o únicos. Hacer generalizaciones sobre diferentes modos de ser es arriesgado[1] porque cada generación y hasta cierto punto[2] cada individuo recrea los valores culturales que hereda y los altera a medida que cambian los modos de vida.[3] El modo de ser de un pueblo está íntimamente vinculado con[4] su modo de vivir, y éste a su vez[5] está influido por el modo de ser o de querer ser de un pueblo o de un individuo en un momento dado. Aunque ninguna observación es válida para describir toda una sociedad, podemos señalar[6] algunas de las características que son valoradas en la sociedad norteamericana e hispanoamericana respectivamente.

El norteamericano vive en una sociedad caracterizada por la movilidad tanto en el sistema económico como en sus relaciones sociales y personales. La movilidad de la vida norteamericana está animada por la noción del progreso, de la cual deriva su fuerza y poder.[7] Apoyada por una larga tradición de grandes logros,[8] la movilidad del norteamericano crea grandes oportunidades para el individuo y para la sociedad en general: invita a la acción, incita a la competencia, y estimula el individualismo y la iniciativa personal. Como resultado, el norteamericano raramente echa raíces.[9] Animado por las posibilidades de mejorar[10] su condición personal, el norteamericano "goes places and does things". Para ello[11] busca el lugar más propicio para hacerlo. El desplazamiento geográfico[12] es común y corriente. El norteamericano no está apegado a un lugar,[13] sino a una oportunidad, la mejor

---

1. *is risky*
2. *to some extent*
3. *that life styles change*
4. *is intimately connected with*
5. *and this in turn*
6. *can point out*
7. *from which it derives its strength and power*
8. *Sustained by a long tradition of great accomplishments*
9. *takes roots*
10. *encouraged by the possibilities of improving*
11. *to this end*
12. *geographical displacement*
13. *is not attached to one place*

oportunidad posible. El norteamericano valora el éxito individual y para lograrlo fija metas a largo plazo.[14] Por lo tanto, está más influido por las promesas del futuro que por las lecciones del pasado o las experiencias del presente. El norteamericano no tiene miedo al futuro, ni a los cambios que el futuro trae. Cuando no está satisfecho con una situación determinada, busca forma de cambiarla. Cuando algo no funciona como debe,[15] comienza de nuevo sin mirar para atrás. El mejor de los mundos está por venir.[16]

Como resultado de las oportunidades que la movilidad social de la vida en los Estados Unidos permite, el norteamericano valora al hombre que es activo porque mantiene viva la tradición del progreso. Estima al hombre que puede competir porque asegura el éxito del porvenir.[17] Aprecia al hombre que es innovador porque de él depende el cambio. Estima al hombre que está abierto a nuevas posibilidades porque éste acepta el mundo del futuro. Aprecia al hombre que es responsable y trabajador porque sin trabajadores responsables no hay sociedad productiva. El progreso está asegurado si hay productividad continua, cambios y mejoras.

Para poder funcionar dentro de la movilidad que caracteriza la sociedad norteamericana en todos sus aspectos, el norteamericano tiene que ser tolerante. Raramente es dogmático. Cuando surgen conflictos[18] en la sociedad, el norteamericano trata de buscar soluciones sin rebeliones o disensiones serias. Hay que "jugar limpio" y saber "dar y tomar".[19] Hay que mantener el optimismo y la fe en el hombre. El norteamericano está regido por estas creencias.[20] Hay pocos principios que no son negociables. Uno de los principios que no es negociable es la creencia del norteamericano en el progreso y en el bienester material.[21] Está convencido de que éstos garantizan la felicidad colectiva y personal. Cuando un pueblo no comparte[22] esta orientación el norteamericano queda sorprendido. No concibe otro modo mejor de vivir o de ser.

El hispanoamericano no vive en una sociedad con tanta movilidad como la norteamericana. Por lo general, las sociedades hispánicas son sociedades en transición. Aunque comparten muchos aspectos de las sociedades modernas, aún retienen valores culturales de las sociedades tradicionales. No hay en la sociedad hispanoamericana las mismas grandes oportunidades de movilidad social y de cambio continuo que uno ve en los Estados Unidos. Una sociedad menos fluida y en estado de transición no invita a la acción sin reflexión previa. Una sociedad en transición favorece otros valores: invita a la reflexión, estimula el idealismo y el estudio de la tradición para saber como cambiarla. Como resultado, el hispanoamericano raramente está motivado por el pragmaticismo. El hispanoamericano es reflexivo porque quiere crear un tipo de sociedad con lo mejor del pasado y lo mejor que el porvenir promete. Por lo tanto, el hispanoamericano no mira primordialmente hacia el futuro,

---

14. *values individual success and to achieve it he sets himself long term goals*
15. *when something doesn't work as it should*
16. *is yet to come*
17. *time to come (future)*
18. *when conflicts arise*
19. *to play fair and know how to give and take*
20. *is ruled by these beliefs*
21. *material well being*
22. *share*

sino trata de entender las lecciones del pasado y quiere vivir las experiencias del presente. Como no siempre puede modificar sus circunstancias sociales o personales en corto plazo,[23] trata de ajustarse a ellas y aceptarlas.

Las sociedades hispanoamericanas están apoyadas desde hace siglos en el humanismo como fuente principal de sus valores. El culto al éxito personal no tiene la misma fuerza en Hispanoamérica que en Estados Unidos. El hispanoamericano valora al hombre ante todo por su humanismo. Estima más al hombre de pensamiento que al hombre de acción; al hombre de letras que al ejecutivo de empresa. Aprecia más al artista y al intelectual. El prestigio social no es necesariamente resultado del bienestar material. El prestigio social es producto de una contribución social, humanística, artística o científica. El hispanoamericano admira y respeta más al buen hombre que al hombre de poder. Estima más las virtudes personales del individuo que su posición social. Aprecia más al hombre colaborativo que al que sólo compite porque la colaboración es indicio[24] de generosidad. Admira más al hombre idealista que al pragmático porque el primero tiene visión de un mundo mejor. Estima al hombre que es honrado porque la honradez asegura la rectitud de conducta[25] y acción. Ante todo, valora el individualismo porque el hombre no es nunca un medio o un instrumento para fines superiores, sino un fin en sí mismo.[26]

El hispanoamericano está de acuerdo con el norteamericano en que el progreso y el bienestar material son deseables. Pero está en desacuerdo con la noción de que el progreso o el bienestar garantizan la felicidad humana. El hispanoamericano está convencido de que la felicidad reside en vivir una vida plena.[27] Con ese fin, trata de reconciliar lo mejor del pasado con lo mejor del futuro, el humanismo tradicional con la modernización social.

La problemática entre pasado, presente y futuro, crea dificultades sociales y tipos humanos aparentemente contradictorios. Por eso, en Hispanoamérica, hay hombres innovadores y hombres tradicionales; hombres autocráticos y hombres democráticos; hombres conformistas y hombres rebeldes; hombres idealistas y hombres pragmáticos. La coexistencia de estos dos modos de ser no es más que reflejo de las polaridades que existen. La resolución de estas polaridades depende de la creación de un modo de vida nuevo, más cohesivo e integral que el que caracteriza la sociedad tradicional o la industrial. El hispanoamericano, que está altamente consciente de esta problemática, está decidido a intentar resolverla. Lucha constantemente hacia ese fin[28] que muchas veces crea conflictos agudos entre individuos de puntos de vista diferentes. El individualismo acentuado del hispanoamericano crea a veces convicciones dogmáticas y principios absolutos, que no siempre son negociables. El concepto norteamericano de "give and take", que rige las disensiones norteamericanas, el "compromise", no tiene equivalente en espanol. Llegar a un acuerdo cuando están en juego[29] modos de vivir y modos de ser opuestos tampoco es fácil. Apoyado en el idealismo, el hispanoamericano está seguro de que con el tiempo logrará crear la sociedad cohesiva que busca.

---

23. *in a short term*
24. *is a sign of*
25. *appropriateness of behavior*
26. *an end in itself*
27. *a full life*
28. *he is constantly fighting towards that end*
29. *to come to an agreement when they are at play*

Repaso 2

Preguntas de comprensión

1. ¿Cómo es la sociedad norteamericana?
2. ¿Qué oportunidades crea la movilidad del norteamericano para el individuo y la sociedad en general?
3. ¿Por qué decimos que el norteamericano "goes places and does things"?
4. ¿Qué cualidades en el hombre estima y aprecia el norteamericano? Explique.
5. ¿Qué creencias rigen la vida del norteamericano?
6. ¿Qué piensa el norteamericano sobre el bienestar material?
7. ¿Por qué son las sociedades hispánicas, por lo general, sociedades en transición? ¿Qué valores favorecen estas sociedades?
8. ¿Qué tipo de hombres admira y respeta más el hispanoamericano? Explique.
9. ¿Qué piensa el hispanoamericano sobre el bienestar social, el prestigio social y la felicidad humana?
10. ¿Por qué no hay en español una expresión equivalente a "compromise"?

Preguntas para conversar

Answer the following questions with complete statements when your instructor calls on you. You may organize your answers before coming to class.

1. ¿Qué piensa Ud. de la movilidad social y geográfica de la vida norteamericana? ¿Cuáles son los aspectos positivos? ¿Qué aspectos negativos hay en la movilidad geográfica?
2. ¿Qué cualidades estima Ud. en un hombre? Explique su opinión.
3. ¿Qué cualidades estima Ud. en una mujer y por qué?
4. ¿Qué cualidades busca Ud. en sus amigos?
5. ¿Qué personas de la vida pública admira Ud. y por qué?
6. ¿Cuando surge un conflicto con una persona querida cómo lo resuelve Ud.?
7. ¿Qué aspiraciones tiene Ud. para el futuro? ¿Qué desea lograr Ud. en los próximos diez años?
8. ¿Cuáles son en su opinión las tres cosas más importantes de la vida y por qué?

Temas para comentar

Dénos su opinión...

1. Las aspiraciones que tienen hoy día los jóvenes en los Estados Unidos. Actitudes ante el trabajo, el dinero, la familia y la sociedad.
2. Las diferencias regionales que existen en los Estados Unidos sobre actitudes personales ante la vida y la sociedad, las costumbres y las oportunidades de trabajo.
3. Los estereotipos sexuales y las supuestas diferencias entre hombres y mujeres.
4. Las diferencias generacionales que existen entre jóvenes y personas mayores.

Cena familiar en Bogotá, Colombia.

Repaso 3

Review of verb forms: present indicative
    Verbs with a change in the first-person singular

Grammar review
    Other uses of the present tense with future meaning
    The definite article
    Prepositions **de** and **en**

Lexical usage
    The useful verb **hacer**
    Idiomatic expressions with **tener**
    Set phrases with **de**

Lectura: La vida social en Hispanoamérica

Review of Verb Forms: Present Indicative

Verbs with a change in the first-person singular

A. VERBS WITH A **G** IN THE **YO**-FORM

hacer (to do, make)	**poner** (to put, place)	**traer** (to bring)	**valer** (to cost, be worth)	**salir** (to go out, leave)
hago	pongo	traigo	valgo	salgo
haces	pones	traes	vales	sales
hace	pone	trae	vale	sale
hacemos	ponemos	traemos	valemos	salimos
hacéis	ponéis	traéis	valéis	salís
hacen	ponen	traen	valen	salen

1. Note the other change in the first-person singular of verbs like **traer**;
2. Other verbs that follow this pattern of conjugation are:

like **hacer:**	*like* **poner:**	*like* **traer:**	*like* **salir:**
deshacer (to undo)	**componer** (to compose)	**atraer** (to attract)	**sobresalir** (to stand out, excel)
	disponer (to dispose)	**caer** (to fall)	
	oponer (to oppose)	**distraer** (to distract)	
	proponer (to propose)		

B. VERBS WITH A **G** IN THE **YO**-FORM WITH OTHER CHANGES

decir (to say, tell)	**tener** (to have, possess)	**venir** (to come)
digo	tengo	vengo
dices	tienes	vienes
dice	tiene	viene
decimos	tenemos	venimos
decís	tenéis	venís
dicen	tienen	vienen

1. These three verbs have a **g** in the **yo**-form in addition to undergoing stem-vowel changes in all persons except the first- and second-person plural:
   a. In **decir** the vowel change is **e → i** as in **pedir**;
   b. In **tener** and **venir** the vowel changes is **e → ie** as in **querer**;
2. Other verbs that follow this pattern of conjugation are:

like **decir:**	*like* **tener:**	*like* **venir:**
contradecir (to contradict)	**contener** (to contain)	**convenir** (to be advantageous; to convene)
bendecir (to bless)	**detener** (to detain)	**intervenir** (to intervene)
maldecir (to curse, vilify)	**entretener** (to amuse; to distract)	**prevenir** (to prevent)
	obtener (to obtain)	

C. VERBS WITH A **Y** IN THE **YO**-FORM

dar (to give)		**ir** (to go)	
doy	damos	voy	vamos
das	dais	vas	vais
da	dan	va	van

Repaso 3

Grammar Review

Other uses of the present tense with future meaning

The present tense may also be used with future meaning in Spanish in the following constructions:

1. **Ir** + *inf.* = *to be going to* + *inf.*, describes the intent to act. In everyday speech this construction has practically replaced the use of the future tense:

   Vamos a dar una cena. We are going to give a dinner party.
   Vamos a invitar a unos amigos íntimos. We are going to invite some close friends.

2. **Deber** + *inf.* = *must* + *inf.*, and **tener que** + *inf.* = *to have to* + *inf.*, are used to describe obligation:

   Debemos poner la mesa bien. We must set the table well.
   Tenemos que preparar una buena comida. We have to prepare a good meal.

3. **Querer** in the present describes volition in reference to the moment of speech or the immediate future:

   ¿Quieres venir con nosotros? Will you come with us?
   ¿Quieres ir conmigo a la agencia de viajes? Will you go with me to the travel agency?

4. In informal commands in place of command forms:

   Vas (irás) y le explicas (explicarás) al agente que no tienes todo el dinero ahora. Les pagas (pagarás) por mes. You go (will go) and explain (will explain) to the agent that you don't have all of the money now. You pay (will pay) them monthly.

5. In interrogative sentences in which advice or consent is sought, equivalent to the use of *shall* in English:

   ¿Dónde consigo el dinero? Where shall I get the money?
   ¿Pido un préstamo? Shall I ask for a loan?
   ¿Voy a tu banco? Shall I go to your bank?

6. In *if*-clauses stating a condition, when the result is expected to be achieved the present tense may be used instead of the future:

   Si consigo un préstamo, voy (iré) con Uds. If I get a loan, I will go with you.
   Si no lo consigo, ahorro (ahorraré) más durante los próximos meses. If I don't get it, I will save more during the coming months.

The definite article

FORMS OF THE DEFINITE ARTICLE

the	el muchacho	los muchachos
	la muchacha	las muchachas

1. The definite article agrees in gender and number with the noun it specifies;
2. For phonetic reasons, **el**, not **la**, occurs before singular feminine nouns beginning with a stressed á sound: **el agua, el alma;**[1]
3. This usage of **el** with feminine nouns does not affect the noun's gender:

| **El agua está contaminada.** | The water is polluted. |
| **El alma humana es complicada.** | The human soul is complicated. |

4. A + **el** contract to **al**; de + **el** contract to **del**:[2]

| **Van al concierto.** | They are going to the concert. |
| **Vienen del cine.** | They are coming from the movies. |

USES OF THE DEFINITE ARTICLE

1. The definite article in Spanish is used to refer to a whole class or species in an abstract, general, or universal sense:

La amistad es importante en la vida.	Friendship is important in life.
La interacción humana es necesaria.	Human interaction is necessary.
Los americanos son gente amable.	Americans are kind people.
Prefiero el teatro al cine.	I prefer theater to movies.

In Spanish the definite article is omitted when *some, many, any* or *each* are implied:

La carne es muy cara.	Meat (in general) is very expensive.
Los niños deben comer carne todos los días.	Children must eat (some) meat every day.
Hoy día el petróleo es la base de la industria.	Today oil (in general) is the basis of industry.
¿Encontraron petróleo en esa región?	Did they find any oil in that region?

2. The definite article also specifies or particularizes. Therefore, the definite article is also used as follows:

---

1. This use of **el** does not apply to adjectives beginning with a stressed /á/: **la amplia avenida,** *the wide avenue;* **la alta estima que les tiene,** *the high esteem that he holds for them.* Singular feminine nouns beginning with an unstressed syllable take **la**: **la artista de cine,** *the movie star;* **la hacienda de Don Pedro,** *Don Pedro's hacienda.*
2. If the article is part of a title, it does not contract with **de** or **a**: **Busco una copia de** *El Contrato Social* **de Rousseau,** *I am looking for a copy of Rousseau's* Social Contract.

Repaso 3

a. With modified names of countries and cities and with the names of famous buildings, parks, streets, avenues, and ships:

La Italia moderna ...	Modern Italy ...
El elegante París ...	Elegant Paris ...
El Museo de Arte Moderno está en la calle 53.	The Museum of Modern Art is on 53rd Street.
La Catedral de San Patricio y el Centro Rockefeller están en la Quinta Avenida, no lejos del Parque Central.	St Patrick's Cathedral and Rockefeller Center are on Fifth Avenue, not far from Central Park.
El monumento de Bunker Hill y el túnel Callahan están en la ciudad de Boston.	Bunker Hill Monument and Callahan Tunnel are in the city of Boston.
Viajan siempre en el *Francia*.	They always travel on the *France*.

b. With all forms of address except **don, doña, san, santo,** or **santa** when a statement is being made about the subject:

El señor y la señora López son muy agradables.	Mr. and Mrs. López are very charming.
El doctor Alfaro es un excelente médico.	Dr. Alfaro is an excellent physician.
El profesor Fernández no está aquí.	Professor Fernández is not here.

BUT

Don Vicente no trabaja hoy.	Don Vicente is not working today.
Hoy es el día de San Patricio.	Today is Saint Patrick's Day.

In direct address, the article is always omitted:

Buenos días, señor López.	Good morning, Mr. López.
¿Cómo está, doctor Alfaro?	How are you, Dr. Alfaro?
Hasta luego, profesor Fernández.	So long, Professor Fernández.
Adiós, don Vicente.	Goodbye, don Vicente.

c. With the names of languages:

El chino es muy difícil.	Chinese is very difficult.
Marta prefiere el francés al italiano.	Martha prefers French to Italian.
Traduce del ruso.	He translates from Russian.

After certain verbs like **aprender, comprender, enseñar, escribir, estudiar, hablar, leer, oír,** and **saber**, the article is generally omitted:

¿Hablan Uds. árabe?	Do you speak Arabic?
Estudiamos griego y latín.	We study Greek and Latin.
¿Comprendes (el) portugués?	Do you understand Portuguese?

d. With nouns referring to a specific quantity:

Le pago diez dólares la hora.	I pay him ten dollars an hour.
La gasolina cuesta un dólar el litro.	Gasoline costs one dollar a liter.
El café cuesta tres dólares la libra.	Coffee costs three dollars a pound.
Compro los huevos a ochenta centavos la docena.	I buy the eggs at eighty cents a dozen.

The article is not used if an indefinite quantity is described:

Siempre le pagamos por hora. We always pay him by the hour.
En Europa la gasolina la venden por litro. In Europe, gasoline is sold by the liter.
El café lo venden por libra y los huevos por docena. Coffee is sold by the pound and eggs by the dozen.

e. With nouns referring to specific meals:

Siempre estamos juntos para el desayuno (el almuerzo, el café, el té, la cena, la merienda). We are always together for breakfast (lunch, coffee, tea, supper, a snack).

3. In a very few idiomatic expressions involving the prepositions **a, en,** and **de** with nouns referring to places, the definite article may be omitted:

Va a misa. He is going to Mass.
Está en misa. He is at Mass.
Viene de misa. He is coming from Mass.

Va a clase. He is going to class.
Está en clase. He is in class.
Viene de clase. He is coming from class.

Va a casa. He is going home.
Está en casa. He is at home.
Viene de casa. He is coming from home.

In most cases, however, Spanish uses the article:

Va a la universidad. He is going to college.
Va al trabajo. He is going to work.
Viene para la cena. He is coming for dinner.
Viene para el almuerzo. He is coming for lunch.

Prepositions de *and* en

MEANINGS OF DE

The preposition **de** introduces nouns and noun phrases used as modifiers. Since these have both adjectival and adverbial functions, **de** signals many different relationships.

RELATIONSHIP	ENGLISH EQUIVALENTS
origin *source* *point of departure*	*from*
¿De dónde eres? —**Soy de Santiago de Chile.** **Esta palabra viene del quechua.** **Vamos a partir de Bogotá.**	Where are you from? —I am from Santiago de Chile. This word comes from Quechua. We are going to leave from Bogotá.

Repaso 3

RELATIONSHIP	ENGLISH EQUIVALENTS
possession *belonging*	noun + 's in of
Es el marido de mi hermana. **El ambiente de ese restaurante es agradable.** **Es la anfitriona de la fiesta.**	He is my sister's husband. The atmosphere in that restaurant is pleasant. She is the hostess of the party.
characteristics *conditions*	of in with
Tiene un vestido de seda. **¿Quién es la rubia vestida de negro?** **Pedro está enamorado de ella.** **Es la chica de ojos azules.**	She has a silk dress. (made out of silk) Who is the blonde dressed in black? Pedro is in love with her. She is the girl with blue eyes.
contents	of
Toma una taza de café. **Quiero una copa de vino.**	He is drinking a cup of coffee. I want a glass of wine.

In Spanish, a noun cannot modify another noun without a connecting preposition. Whereas Spanish requires **de** to signal characteristic features, conditions, and contents, English relies on word order:

Tiene un reloj de oro.	She has a gold watch.
Tiene una máquina de coser.	She has a sewing machine.
Tiene una máquina de escribir.	She has a typewriter.
Tiene un perro de caza.	She has a hunting dog.
Tiene una caña de pescar.	She has a fishing rod.
Viven en una casa de huéspedes.	They are living in a guest house.
Está en un hotel de lujo.	He is in a luxury hotel.
Es dueña de un edificio de apartamentos.	She owns an apartment building.

RELATIONSHIP	ENGLISH EQUIVALENTS
manner	in by
Hace todo de buena fe. **Llega acompañado de su familia.** **Está rodeado de muchos amigos.**	He does everything in good faith. He is arriving in the company of his family. He is surrounded by many friends.
cause	of from
Estoy cansado de trabajar. **Mucha gente muere de ataques del corazón.**	I am tired of working. Lots of people die from heart attacks.

RELATIONSHIP	ENGLISH EQUIVALENTS
partitive	of about
Necesito un poco más de eso. **Sólo necesito seis de esos platos.** **No tiene nada de afectuoso.**	I need some more of that. I only need six of those dishes. There is nothing affectionate about him.
subject spoken of	of about
Habla muy bien de su clase. **Siempre habla de sus amigos.** **Este libro trata de reglas de etiqueta.**	She speaks very highly of your class. He always talks about his friends. This book is about etiquette manners.
occupation	as
Está de dependiente en una tienda. **Está de decano.** **No quiere trabajar de secretaria.**	He is working as a store clerk. He is acting dean. She doesn't want to work as a secretary.

MEANINGS OF **EN**

En signals a static (motionless, stationary) relationship between two entities:

RELATIONSHIP	ENGLISH EQUIVALENTS
location, literal of figurative	in on at
Carmen está en España. **Está en una universidad española.** **La loza está en la cocina.** **La cristalería está en el comedor.** **Puedo ver a Luis en la esquina.**	Carmen is in Spain. She is in a Spanish university. The china is in the kitchen. The crystal is in the dining room. I can see Luis at the corner.
manner	in on by
Van a viajar en el Concorde. **Siempre hablan en francés.** **Lo dice en serio.** **Siempre va en su bicicleta.** **Vamos a ir en barco.**	They are going to travel in the Concorde. They always speak in French. He is saying it in earnest. He always goes on his bike. We are going to go by boat.
extent of time	in within
Lo voy a tener en dos meses. **Regresan en dos semanas.**	I am going to have it in two months. They will come back within two weeks.

Repaso 3

Lexical Usage

The useful verb hacer

HACER AS THE EQUIVALENT OF "TO DO" AND "TO MAKE"

Voy a hacer mis tareas más tarde.	I am going to do my homework later.
Aquí hacen buena paella.	They make good paella here.

HACER AS A SUBSTITUTE VERB

Hacer is a substitute verb like its English equivalent *to do*. In other words, hacer is used in questions instead of another verb. Note that hacer is not repeated in the answer.

¿Qué hacen Uds. esta noche?	What are you doing tonight?
—Vamos al cine.	—We're going to the movies.
¿Qué haces, José?	What are you doing, José?
—Estudio.	—I am studying.

HACER + NOUN TO EXPRESS CLIMATE AND WEATHER CONDITIONS

¿Qué tiempo hace?	How is the weather?
Hace buen tiempo.	The weather is fine.
mal tiempo.	bad.

Hace calor.	It is hot.
frío.	cold.
fresco.	cool.
mucho viento.	very windy.
poco sol.	not very sunny.

Most of these weather expressions with **hacer** + *noun* are expressed in English with *to be* + *adj*.[3]

HACER IN TEMPORAL EXPRESSIONS

ELAPSED TIME SINCE EVENT HAS BEEN GOING ON: PRESENT TENSE

cuánto + temporal expression + hace que + main verb (present tense)	hace + temporal expression + que + main verb (present tense)
¿Cuánto tiempo hace que Uds. viven aquí?	—Hace ocho meses que vivimos aquí.
How long have you been living here?	—We have been living here for eight months.

---

3. **Estar** + *adj.* is also used for a few weather expressions: **está nublado**, *it is cloudy;* **está despejado**, *it is clear.*

cuánto + temporal expression + hace que + main verb (present tense)	hace + temporal expression + que + main verb (present tense)
¿Cuántos días hace que conoces a los estudiantes? How many days have you known the students?	—Hace pocos días que conozco a los estudiantes. —I have known the students for a few days.
¿Cuánto tiempo hace que Uds. estudian español? How long have you been studying Spanish?	—Hace dos años que estudiamos español. —We have been studying Spanish for two years.

1. The expression **hace ... que** is used to show the extent of time a given event *has been* going on;
2. The main verb and **hacer** are both in the present tense;
3. **Que** relates the temporal expression to the main verb.

desde cuándo + main verb (present tense)	main verb (present tense) + desde hace + temporal expression
¿Desde cuándo viven Uds. aquí? Since when have you been living here?	—Vivimos aquí desde hace meses. —We have been living here for months.
¿Desde cuándo conoces a los estudiantes? Since when have you known the students?	—Los conozco desde hace poco. —I have known them for a short time.
¿Desde cuándo estudian Uds. español? Since when have you been studying Spanish?	—Lo estudiamos desde hace dos años. —We have been studying it since two years ago.

1. If the verb phrase occurs at the beginning of the sentence, the temporal expression showing elapsed time is introduced by **desde hace;**
2. **Que** is dropped;
3. If the temporal expression refers to a definite, specific date (**ayer, el mes pasado, octubre, el año pasado,** 1955, etc.) or time frame (**la escuela secundaria, la niñez,** etc.), it is introduced by **desde** instead of **desde hace:**

Vivimos aquí desde octubre.	We have been living here since October.
Vivimos aquí desde hace meses.	We have been living here for months.
Somos amigos desde la escuela secundaria.	We have been friends since high school.
Somos amigos desde hace años.	We have been friends for years.

Idiomatic expressions with **tener**

In many cases where one uses *to be* + adjective in English, in Spanish one uses **tener** + noun. These expressions are used:

1. To refer to states of the body:

tener hambre	to be hungry	**tener frío**	to be cold
tener sed	to be thirsty	**tener calor**	to be hot
tener sueño	to be sleepy	**tener fuerza**	to be strong

2. To refer to states of mind:

tener miedo	to be afraid	**tener celos de**	to be jealous of
tener cuidado	to be careful	**tener gracia**	to be graceful
tener suerte	to be lucky	**tener razón**	to be right
tener paz	to be peaceful	**tener uso de razón**	to be in one's right mind
tener vergüenza	to be ashamed	**no tener uso de razón**	to be mad (insane)

3. To refer to haste, desire, or age:

tener prisa	to be in a hurry
tener ganas de + *inf.*	to feel like + —ing
tener deseos de + *inf.*	to feel like + —ing
tener ... años	to be ... years old

In all of these expressions, a limiting adjective, such as **mucho** (*much*), **demasiado** (*too much*), **poco** (*little*), **suficiente** (*sufficient*), or **bastante** (*enough*), may be used to modify the noun:

Tengo mucha hambre.	I am very hungry.
Su mujer tiene bastante suerte.	His wife is rather lucky.
Tienen poca prisa.	They are not in much of a hurry.
Ella tiene muchos celos de ti.	She is very jealous of you.

Set phrases with **de**

Gracias por tu amabilidad.	Thank you for your kindness.
—De nada.	—You're welcome.
¿De qué sirve este artefacto?	What is this gadget for?
Trabaja de noche y duerme de día.	He works at night and sleeps during the day.
¡De todas maneras quedan Uds. invitados!	By all means, you are invited!
Su punto de vista es muy conservador.	His point of view is very conservative.

Lectura

Reading, writing, and oral responses

Read the following passage and study the uses of the verbs in present indicative, other uses of the present tense with future meaning, the definite article and the prepositions *de* and *en*. Be prepared to answer the questions that follow in class. Your instructor may ask you to write the answers to the questions.

La vida social en Hispanoamérica

Nadie habla en los países hispanoamericanos de la necesidad de divertirse. Lo que el norteamericano llama divertirse, "to have fun", el hispanoamericano llama vivir. Así como la gente tiene necesidad de trabajar, y nadie lo discute,[1] la gente tiene también la necesidad de divertirse. Todo el mundo lo acepta como un hecho dado.[2]

Salir, pasear, ver, conocer, y alternar con la gente son formas de expansión típicas del hispanoamericano. Alternar con la gente, estar con los amigos y familiares son, quizás, las formas favoritas de pasar los momentos libres de diversión. Comer juntos, tomar unas copas,[3] tomar un café y conversar de todo con todos, son actividades de recreación que, por lo general, el hispanoamericano prefiere a otras posibles formas de diversión. La gente va al teatro, al cine, asiste a partidos de deportes u otros espectáculos cuando no tiene un compromiso social mejor.[4] Para el hispanoamericano no hay forma de recreación más grata[5] que la interacción con seres de su agrado,[6] sus amigos y familiares. Tanto ricos como pobres tienen una vida social activa si el concepto de la vida social se basa en la noción de casa abierta a los amigos y familiares, y en el número de reuniones[7] formales o informales que tienen lugar dentro del hogar. Abrirle la casa a alguien es la máxima señal de amistad[8] y de cordialidad. Ésta va regida por la simpatía y el afecto.[9]

El trato social que hay en los países hispanoamericanos con los amigos y familiares es espontáneo e informal. Nadie planea, por ejemplo, las reuniones y fiestas con semanas de anticipación excepto las ocasiones formales. La informalidad consiste en que la gente se reúne para almorzar o cenar de un

---

1. *no one talks about it*
2. *everybody takes it for granted*
3. *have a few drinks*
4. *a better social engagement*
5. *there is no more pleasant form of recreation*
6. *with people he likes*
7. *gatherings*
8. *the utmost sign of friendship*
9. *ruled by affinity and affection*

día para otro.[10] La informalidad también cubre otros aspectos. La gente va de visita espontáneamente, de tarde o de noche, sin llamar antes por teléfono o anunciar la visita. Desde luego que, esto sólo ocurre entre familiares y amigos, y no entre simples conocidos.[11] Sin embargo, cuando los hispanoamericanos invitan a comer a alguien, a un almuerzo o a una cena, ni la mesa ni la comida van a ser informales. La mesa va a estar bien puesta,[12] con la mejor loza y la mejor cristalería[13] que tienen. También es seguro que la comida va a ser lo mejor que pueden conseguir o preparar. No servir lo mejor y de la mejor manera a los seres que el hispanoamericano más aprecia, es considerado casi una ofensa hacia los invitados y una falta de atención. Una comida en casa de amigos o familiares no es nunca informal en el sentido del cuidado y esmero que ponen[14] para atender a los invitados. Los anfitriones no pierden de vista ningún[15] detalle porque es muy importante quedar bien.[16] Los invitados, por su parte, sienten la necesidad de apreciar la hospitalidad que el anfitrión les brinda. Aunque las invitaciones parecen informales por la espontaneidad, éstas no lo son. Una invitación es un compromiso social[17] con el que hay que cumplir para no ofender al anfitrión. La asistencia[18] a cenas, fiestas y reuniones es casi obligatoria, excepto si hay otro compromiso y si hay motivos de salud.

Los hispanoamericanos dan cenas, almuerzos y fiestas por cualquier motivo o sin motivo alguno. Como en otros países del mundo celebran las Navidades, la Pascua, los cumpleaños, la primera comunión de los niños, y los aniversarios de boda.[19] También celebran con los amigos y familiares cualquier otra ocasión de alegría común. No hay plato típico o una bebida típica para toda Hispanoamérica. La cocina varía de país a país, y es, por lo tanto, muy diversa. El único menú que podemos considerar casi universal es el arroz con pollo o la paella, que es de origen español, el flan de postre, el vino y el café.

Los almuerzos y cenas son mucho más comunes que los cocteles. Cuando alguien ofrece un coctel, no hay horario fijo,[20] de cinco a siete, por ejemplo. Por lo tanto, hasta en los cocteles hay suficiente comida porque, por lo general, los invitados no salen temprano. Ponerle límites de horario a una reunión social puede ser una falta de cortesía hacia los invitados. La hospitalidad, que tanto estiman y cultivan los hispanoamericanos no les permite fijar esos límites y por eso las reuniones muchas veces duran hasta tarde.

La vida social en Hispanoamérica gira alrededor de parientes y amigos de todas las edades.[21] Los jóvenes alternan con los mayores y viceversa. El trato

---

10. *gets together to lunch and dine without much notice*
11. *mere acquaintances*
12. *the table will be well set*
13. *the best china and crystal*
14. *care and effort they place in*
15. *the hosts do not neglect any*
16. *to please the guests*
17. *a social commitment*
18. *the attendance*
19. *Christmas, Easter, birthdays, christenings, wedding engagements, births, weddings, graduations, first communions, wedding anniversaries*
20. *no fixed schedule*
21. *revolves around relatives and friends of all ages*

entre las generaciones empieza desde temprana edad. Las amistades duran toda una vida. La amistad es muy importante en la vida del hispanoamericano, por eso la cuida y la cultiva. Siempre observa cierta etiqueta y cuida los modales para evitar cualquier fricción.[22] La amistad es un privilegio y a la vez un compromiso.[23] Es un privilegio porque el hispanoamericano únicamente la ofrece a aquellas personas que de verdad estima. Es un compromiso porque crea una serie de expectativas y obligaciones que los amigos deben observar para retenerla.

Preguntas de comprensión

1. ¿Cuáles son algunas formas de expansión típicas del hispanoamericano?
2. ¿En qué sentido es la vida social del hispanoamericano espontánea e informal?
3. ¿En qué sentido es la vida social del hispanoamericano formal?
4. ¿Cuáles son las ocasiones que la gente en Hispanoamérica comúnmente celebra?
5. ¿Cómo son los horarios en la vida social en los países hispanoamericanos?
6. ¿Por qué es la amistad para el hispanoamericano un privilegio y a la vez un compromiso? Explique.

Preguntas para conversar

Answer the following questions with complete statements when your instructor calls on you. You may organize your answers before coming to class.

1. ¿Cuáles son las formas de recreación favoritas del norteamericano? ¿Qué cosas hace Ud. para pasar los momentos libres?
2. ¿Cómo es la vida social del norteamericano? ¿Tiene Ud. mucha vida social?
3. ¿Cuáles son las ocasiones que celebramos comúnmente en los Estados Unidos? ¿Cuáles son las fiestas que Ud. más celebra? ¿Por qué?
4. ¿Cuáles son algunos de los platos que servimos en los Estados Unidos para las cenas en ocasiones informales? ¿Y qué servimos para ocasiones formales?
5. ¿Es Ud. una persona muy sociable? ¿Invita Ud. a amigos a casa? ¿Qué cosas hace cuando Ud. tiene una fiesta?
6. ¿Cómo trata Ud. a sus amigos? ¿Qué cosas hace Ud. por ellos?
7. Explique cuál es el sentido de la amistad en los Estados Unidos. ¿Es fácil o difícil hacer amistades aquí?
8. ¿Qué significan para Ud. sus amistades? ¿Tiene Ud. muchos amigos? ¿Quiénes son sus amigos? ¿Qué hacen ellos? ¿Dónde están sus mejores amigos?

---

22. *watch their manners to avoid any friction*
23. *and at the same time a commitment*

Temas para comentar

Dénos su opinión...

1. Las formas de entretenimiento saludables y cuestionables de los jóvenes.
2. Las ventajas y desventajas que ofrece la vida social universitaria.
3. La necesidad y la importancia que tienen las diversiones y la interacción social.
4. Las actividades sociales que un joven puede hacer para contribuir al bienestar de la sociedad.

Avenida 9 de julio, Buenos Aires, Argentina.

Repaso 4

Review of verb forms: present indicative
    More verbs with a change in the first-person singular
    Verbs ending in **-uir**
    The irregular verbs **reír, oír, ver**

Grammar review
    Use of the present tense for past actions
    Other uses of the definite article
    Numbers

Lexical usage
    Equivalents of *to know:* **saber** and **conocer**
    False cognates
    Spanish verbs with more than one English equivalent

Lectura: La expansión demográfica en la América Latina

Review of Verb Forms: Present Indicative

More verbs with a change in the first-person singular

A. VERBS ENDING IN -CER, -CIR

conocer (to know, be acquainted with)		traducir (to translate)	
conozco	conocemos	traduzco	traducimos
conoces	conocéis	traduces	traducís
conoce	conocen	traduce	traducen

1. Verbs ending in a vowel + **-cer** or **-cir** have **-zco** in the first-person singular;
2. Other verbs that follow this pattern of conjugation are:

	like **conocer:**		*like* **traducir:**
agradecer	to thank	**conducir**	to drive, conduct
aparecer	to appear	**lucir**	to display, put on
obedecer	to obey	**producir**	to produce
merecer	to deserve	**reproducir**	to reproduce
nacer	to be born		
ofrecer	to offer		
parecer	to seem; to look like		
perecer	to perish		
permanecer	to remain		
reconocer	to recognize		

B. SPELLING CHANGE G → J

proteger (to protect)		**dirigir** (to direct)	
protejo	protegemos	dirijo	dirigimos
proteges	protegéis	diriges	dirigís
protege	protegen	dirige	dirigen

1. Since the spelling **g** before vowels **a, o, u** sounds like the English **g** in *got*, verbs ending in **-ger, -gir** change the spelling **g** to **j** in the **yo-**form to represent the correct pronunciation;
2. **Recoger,** *to pick up, to collect,* and **sumergir,** *to submerge, to submerse,* are two other verbs that undergo these spelling changes: **recojo, sumerjo.**

C. SPELLING CHANGE C → Z

vencer (to overcome)	
venzo	vencemos
vences	vencéis
vence	vencen

1. Since the spelling **c** before vowels **a, o, u** sounds like the English **c** in *cot*, verbs ending in a consonant + **-cer** change the spelling **c** to **z** in the **yo-**form to represent the correct pronunciation;
2. **Convencer,** *to convince,* undergoes the same spelling change: **convenzo.**

D. SABER AND CABER

saber (to know, to taste)		caber (to fit)	
sé	sabemos	quepo	cabemos
sabes	sabéis	cabes	cabéis
sabe	saben	cabe	caben

Verbs ending in -uir

contribuir (to contribute)	
contribuyo	contribuimos
contribuyes	contribuís
contribuye	contribuyen

1. Verbs ending in **-uir** have **y** in all singular forms and in the third-person plural;
2. Other verbs that follow this pattern of conjugation are:

constituir	to constitute	**huir**	to flee, escape
construir	to construct	**influir**	to influence
destruir	to destroy		

The irregular verbs reír, oír, ver

reír (to laugh)	oír (to hear)	ver (to see)
río	oigo	veo
ríes	oyes	ves
ríe	oye	ve
reímos	oímos	vemos
reís	oís	véis
ríen	oyen	ven

1. **Reír, oír,** and **ver** are very irregular verbs;
2. **Sonreír,** *to smile,* follows the same pattern as **reír;**
3. Two regular verbs similar in meaning to **oír** and **ver** are **escuchar,** *to listen,* and **mirar,** *to look.*

Grammar Review

Use of the present tense for past actions

1. **Acabar de** in the present tense is used with the infinitive to express an action that has just occurred:

acabar de + inf. = *to have just* + past participle	
Ellos acaban de salir.	They have just left.
Juan acaba de llamar.	Juan has just called.
No, gracias, acabamos de comer.	No, thank you, we have just eaten.

2. The present tense may occur with **casi** and **por poco** to express past occurrences that were not completed:

casi / **por poco** + present tense = *nearly* / *almost* + past tense	
Casi pierden el juego.	They nearly lost the game.
Casi vengo a visitarte.	I almost came to visit you.
Por poco gana.	He almost won.

3. The present tense occurs with the indicator of continuity **desde** to express the ongoing nature of an event. In English the present perfect or the present perfect progressive is used:

desde = *since*	
Nos conocemos desde el verano pasado.	We have known each other since last summer.
No nos vemos desde el lunes.	We have not seen each other since Monday.
Salen juntos desde julio.	They have been dating since July.

Other uses of the definite article

THE DEFINITE ARTICLE WITH TIME EXPRESSIONS

Since the definite article in Spanish specifies and particularizes, it is used:

1. To specify the hours of the day (Spanish has no equivalent for the English

expression *o'clock*):

Llegamos ayer a las tres y media.	We arrived yesterday at three-thirty.
El examen terminó a las cinco.	The exam ended at five o'clock.

2. To introduce the idea of *last, next, following*:

Salieron la semana pasada.	They left last week.
Vienen de visita el próximo mes (el mes entrante).	They are coming for a visit next month (the coming month).
Van a volver al día siguiente.	They are going to return the following day.

3. To indicate the exact age at which someone did something:

Su padre le enseñó a escribir a los tres años.	Her father taught her how to write at three (when she was three).
Aprendió español a los cinco años (a la edad de cinco años).	He learned Spanish at five (at the age of five).

4. To introduce dates; here the definite article is optional:

Hoy es (el) 25 de diciembre.	Today is December 25th.
Era (el) 9 de septiembre.	It was September 9th.

In the expression **estar a** + date, equivalent to the English *it is* + date, the article is omitted:

Estamos a 25 de diciembre.	It is December 25th.
Estábamos a 9 de septiembre.	It was September 9th.

5. To introduce the days of the week, unless these are modified by **ayer** or **mañana**:

La fiesta fue el sábado.	The party was on Saturday.
La fiesta fue ayer sábado.	The party was yesterday (Saturday).
La reunión es el lunes.	The meeting is on Monday.
La reunión es mañana lunes.	The meeting is tomorrow (Monday).

6. With the seasons of the year, the definite article may or may not be omitted as in English:

El verano es caliente en Tejas.	(The) summer is hot in Texas.
Ahora es verano en Tejas.	Now it is summer in Texas.
El otoño es siempre más fresco.	(The) fall is always cooler.
Pronto va a ser otoño.	Soon it will be fall.

THE DEFINITE ARTICLE INSTEAD OF THE POSSESSIVE

Spanish uses the definite article instead of a possessive form with nouns referring to parts of the body and personal belongings:[1]

Tiene la garganta irritada.	His throat is sore.
Le puso la mano en el hombro.	He placed his hand on her shoulder.
Me quité los zapatos y las medias.	I took off my shoes and socks.

---

1. The possessive form is used only in cases of ambiguity. **No dejes el libro aquí** could refer to either **tu libro** or **su libro**, so a possessive form is preferred.

Numbers

CARDINAL NUMBERS

Numbers one to ninety			
0 cero	10 diez	20 veinte	
1 uno, -a; un	11 once	21 veintiuno, -a; -ún	
2 dos	12 doce	22 veintidós	
3 tres	13 trece	23 veintitrés	
4 cuatro	14 catorce		
5 cinco	15 quince	30 treinta	31 treinta y uno, -a; un
6 seis	16 dieciséis	40 cuarenta	43 cuarenta y tres
7 siete	17 diecisiete	50 cincuenta	57 cincuenta y siete
8 ocho	18 dieciocho	60 sesenta	64 sesenta y cuatro
9 nueve	19 diecinueve	70 setenta	76 setenta y seis
		80 ochenta	85 ochenta y cinco
		90 noventa	98 noventa y ocho

1. **Uno** and all other compound forms adding this numeral shorten to **un** (or **-ún**) before masculine singular nouns:

   Sólo hay un lápiz, necesitamos tres. There is only one pencil; we need three.
   Hay veintiún estudiantes. There are twenty-one students.
   Hay cuarenta y un hombres. There are forty-one men.

2. The feminine form **una** is used with feminine gender nouns:

   Sólo tengo una hermana. I only have one sister.
   Hay cuarenta y una mujeres. There are forty-one men.

3. Cardinal numbers sixteen to nineteen and all compounds of twenty are written as one word: **dieciséis, veintiuno.**

4. Compound numbers of thirty and above are always written as two words joined by the conjunction y: **treinta y tres, cincuenta y cinco, sesenta y ocho.**

MULTIPLES OF ONE HUNDRED AND COMPOUND HUNDREDS

	Compound hundreds		
Multiples of one hundred	Hundreds + units	Hundreds + tens	Hundreds + compound tens
100 cien, ciento	101 ciento uno	110 ciento diez	121 ciento veintiuno
200 doscientos	202 doscientos dos	220 doscientos veinte	232 doscientos treinta y dos
300 trescientos	303 trescientos tres	330 trescientos treinta	334 trescientos treinta y cuatro
400 cuatrocientos	404 cuatrocientos cuatro	440 cuatrocientos cuarenta	446 cuatrocientos cuarenta y seis

| | Compound hundreds |||
Multiples of one hundreds	Hundreds + units	Hundreds + tens	Hundreds + compound tens
500 quinientos	505 quinientos cinco	550 quinientos cincuenta	558 quinientos cincuenta y ocho
600 seiscientos			
700 setecientos			
800 ochocientos			
900 novecientos			

1. The equivalent of one hundred is **cien;**
2. **Cien** becomes **ciento** when it precedes a number smaller than one hundred: **ciento uno, ciento dos, ciento noventa y nueve;**
3. Multiples of one hundred are expressed in a single word by adding the ending **-cientos** to the unit (**doscientos, trescientos,** etc.), except for three irregular forms: **quinientos** (500), **setecientos** (700), and **novecientos** (900);
4. All multiples of 100 have a feminine form ending in **-as: doscientas mujeres, quinientas sillas;**
5. Compound hundreds are formed by adding the smaller numbers to the hundreds: **doscientos cincuenta y ocho,** *two hundred and fifty-eight;* [2]
6. **Cientos** in the plural functions as a collective noun:

Hay cientos de productos nuevos.   There are hundreds of new products.

MULTIPLES OF ONE THOUSAND AND COMPOUND THOUSANDS

Multiples of one thousand		Compound thousands Thousand(s) + units, tens, hundreds	
1.000	mil	1.005	mil cinco
5.000	cinco mil	5.015	cinco mil quince
50.000	cincuenta mil	50.500	cincuenta mil quinientos
100.000	cien mil	100.050	cien mil cincuenta
500.000	quinientos mil	550.000	quinientos cincuenta mil
900.000	novecientos mil	955.555	novecientos cincuenta y cinco mil quinientos cincuenta y cinco

1. To indicate the thousands, Spanish uses a period while English uses a comma. Thus the comma in Spanish indicates a decimal point ($2,50); this is the opposite of English usage;
2. The equivalent of one thousand is **mil;**
3. Multiples of one thousand are formed by adding the unit before **mil,** just as in English: **dos mil, veinte mil, doscientos mil;**

---

2. Note that Spanish uses the conjunction **y** when a unit is added to the tens—**cincuenta y ocho,** *fifty-eight*—but not to the hundreds: **doscientos cincuenta,** *two hundred and fifty.*

4. Compound thousands are formed by adding the units, tens, or hundreds (simple or compounds) to the thousands: 1.010 = **mil diez;** 1.100 = **mil cien;** 2.202 = **dos mil doscientos dos;**
5. Although English can express thousands by multiples of one hundred—thirteen hundred, for example—Spanish cannot. In Spanish, 1.300 can only be expressed as **mil trescientos,** *one thousand (and) three hundred;*
6. **Miles** in the plural functions as a collective noun:

Hay miles de productos.	There are thousands of products.

MILLÓN and BILLÓN

Hay un millón de personas.	There are a million people.
Hay un millón doscientas mil personas.	There are one million, two hundred thousand people.
Hay tres millones quinientos mil.	There are three million, five hundred thousand.
Mil millones de dólares	1 billion dollars
Un billón de dólares	1 million million dollars

1. **Millón** and **billón** always function as nouns and as such have plural forms: **millones, billones;**
2. **Un** *(a, one)* precedes the singular forms;
3. In the United States a billion corresponds to a thousand millions. In Spanish, **un billón** means a million of millions.
4. Multiples of **millón** and **billón** are indicated by their plural forms preceded by the required numeral: **once millones;**
5. To form compound numerals with **millón** and **billón,** any numeral can be added, as in English: **un millón diez mil;**
6. **Millón** and **billón** can also take another noun, but that noun must be introduced by the preposition **de: dos millones de mujeres,** *two million women.*

ORDINAL NUMBERS

1st	primero, primer	5th	quinto	9th	noveno
2nd	segundo	6th	sexto	10th	décimo
3rd	tercero, tercer	7th	séptimo		
4th	cuarto	8th	octavo		

1. Ordinal numbers are inflected for gender and number according to the noun they modify:

la primera sesión de verano	the first summer session
el segundo grupo	the second group
Daniel y Carmen fueron los terceros en llegar.	Daniel and Carmen were the third ones to arrive.

Repaso 4

2. The shortened forms **primer** and **tercer** are used before masculine singular nouns only:

   el $\begin{matrix}\text{primer}\\\text{tercer}\end{matrix}$ día del mes   the $\begin{matrix}\text{first}\\\text{third}\end{matrix}$ day of the month

3. The abbreviation for ordinal numbers in Spanish consists of the appropriate numeral plus the last syllable of the ordinal number inflected according to gender and number: **lro. de febrero, la 3ra conferencia, el 5to aniversario;**

4. Although there are special forms for ordinal numbers after *tenth,* cardinal numbers are more commonly used:[3] **el siglo diecinueve, Luis Catorce, el volumen veinte.**

POSITION OF CARDINAL AND ORDINAL NUMBERS

1. Cardinal numbers precede the noun they modify:

Tiene veinte años.	He is twenty years old.
Hay treinta personas.	There are thirty people.

2. Cardinal numbers used instead of ordinal numbers after *tenth* follow the noun:

Vivimos en el siglo veinte.	We live in the twentieth century.
el artículo treinta dice que	article thirty says that

3. Ordinal numbers normally precede the noun they modify:

durante su cuarto año de universidad	during his fourth year of college
Siempre llaman a casa el segundo domingo del mes.	They always call home the second Sunday of the month.

   When the numeral is part of a title or a specific period is referred to, ordinal numbers follow the noun:

Felipe Segundo de España	Philip the Second of Spain
El siglo quinto es muy importante en la historia de Europa.	The fifth century is very important in the history of Europe.

4. Cardinal numbers may go either before or after ordinal numbers:

los dos primeros capítulos **los primeros dos capítulos**	the first two chapters
las primeras ocho filas **las ocho primeras filas**	the first eight rows

NUMBERS AS NOUN SUBSTITUTES

Numbers may be nominalized by omitting the noun, in which case they function as noun substitutes.[4] When ordinal numbers are nominalized,

---

3. Only when referring to such nouns as **aniversario, reunión, conferencia,** or **asamblea** are ordinal numbers more common after *tenth:* **el vigésimo quinto aniversario,** *the twenty-fifth anniversary;* **la vigésima asamblea,** *the twentieth meeting.*

4. Ordinal numbers may also be nominalized by the neuter **lo: lo primero,** *the first thing;* **lo segundo,** *the second thing;* etc. See The nominalizer **lo,** Repaso 16.

Spanish does not add **uno** as English adds *one*:

¿Cuántos años tiene?	How old is he?
—Tiene veinte años.	—He is twenty years old.
—Tiene veinte.	—He is twenty.
¿Cuántas personas hay?	How many people are there?
—Hay treinta.	—There are thirty.
¿Es su primer año aquí?	Is it his first year here?
—Sí, es su primero.	—Yes, it is his first one.
El tercero en esta fila, por favor.	The third one in this row, please.
Leí los tres primeros.	I read the first three.

Cardinal numbers may also be nominalized when preceded by an article or a demonstrative:

El cuatro es un número de buena suerte.	Four is a lucky number.
Siempre le sale el seis.	He always draws number six.
Dame esas tres y yo te doy estas cinco.	Give me those three and I will give you these five.

Lexical Usage

Equivalents of to know: **saber** *and* **conocer**

1. **Saber** + clause or noun = *To know a fact*, in the sense of *having knowledge or information about someone or something*:

Sabe que no vivo en esta ciudad.	She knows that I don't live in this city.
Sabemos que él viene mañana.	We know he is coming tomorrow.
Saben que es un animal peligroso.	They know it is a dangerous animal.
Sé que es un buen libro.	I know it is a good book.
Saben español perfectamente.	They know Spanish perfectly.
Sabe muchas cosas.	She knows many things.

   The expression **saber de memoria** means *to know by heart*:

Sabemos los diálogos de memoria.	We know the dialogues by heart.
Sabe su dirección de memoria.	He knows her address by heart.

2. **Saber** + inf. = *To know how* + inf.:

Sabemos hablar francés.	We know how to speak French.
Saben vivir bien.	They know how to live well.
El niño todavía no sabe caminar.	The child doesn't know how to walk yet.

3. **Conocer** + noun or pronoun = *To know* in the sense of *being acquainted or familiar with a person, place, or thing*:

Conoce al nuevo gerente.	He knows the new manager.
Conocemos muy bien Madrid.	We know Madrid very well.

Conozco esta maquinaria.	I know (am familiar with) this machinery.
Conozco la gramática del inglés.	I know (am familiar with) English grammar.
Conoce esta técnica nueva.	He knows (is familiar with) this new technique.

Conocer cannot take an infinitive as its object.

False cognates

actualmente, *at present, nowadays* **en realidad,** *actually*	
Actualmente el costo de la vida es alto en todas partes del mundo.	At present the cost of living is high everywhere in the world.
En realidad, en los Estados Unidos vivimos muy bien comparado con otras partes.	Actually in the United States we live very well in comparison to other places.

posición, *position: posture, status, stance, attitude, condition* **cargo, puesto,** *position: job, post*	
La posición de los economistas en cuanto al problema de la inflación no es nada clara.	The stance of economists regarding the problem of inflation is not very clear.
Este señor es un economista muy respetado. Tiene un alto cargo en el gobierno. Además, su familia goza de muy buena posición social.	This man is a highly respected economist. He has a high position with the government. Furthermore, his family enjoys a very good social position.

calidad, *quality: characteristics or condition of inanimate objects* **cualidad,** *quality: moral characteristics*	
La calidad de la mercancía en esta tienda es siempre excelente.	The quality of the merchandise in this store is always excellent.
Es una persona con magníficas cualidades: es honrado, trabajador y generoso.	He is a person of great qualities: he is honest, hard-working, and generous.

Spanish verbs with more than one English equivalent

1. **Salir:** *to go out; to leave* (**partir** is used to mean *to depart*):

   | Salgo (parto) el lunes para Buenos Aires. | I leave (depart) on Monday for Buenos Aires. |
   | Salgo ahora a comprar el pasaje de avión. | I am going out now to buy the airplane ticket. |

2. **Valer:** *to be worth; to cost* (**costar** also means *to cost*):

Como obras de arte estos cuadros no valen gran cosa, aunque sí valen (cuestan) mucho dinero.	As works of art these paintings are not worth much, although they do cost a lot of money.

3. **Saber:** *to know; to taste* (in the sense of *to taste good, bad, salty, sweet, sour,* etc.):

No sé qué clase de bebida es ésta, aunque sabe muy bien.	I don't know what kind of drink this is, although it tastes very good.
¿A qué sabe?	What does it taste like?

To taste in the sense of *to try* is expressed in Spanish by **probar:**

Nunca prueba la comida antes de poner más sal. Por eso siempre sabe tan salada.	She never tastes (tries) the food before adding more salt. That's why it always tastes so salty.

4. **Decir:** *to say; to tell:*

Dice la secretaria que el jefe no está en su oficina. Pero ella nunca te dice a qué hora llega.	The secretary says that the boss is not in the office. But she never tells you at what time he arrives.

Lectura

Reading, writing, and oral responses

Read the following passage and study the irregular verbs in the present tense, present tense for past actions and numbers. Be prepared to answer the questions that follow orally in class. Your instructor may ask you to write the answers to the questions.

La expansión demográfica en la América Latina

Hoy día viven en la América Latina entre 275 y 300 millones de habitantes. Si la tasa de crecimiento actual continúa,[1] para el año 2.000 esta población va a alcanzar 600 millones, es decir, el diez por ciento de la población mundial. La América Latina tiene en la actualidad la tasa de crecimiento más alta del mundo. Mientras que la tasa de mortalidad ha disminuido[2] drásticamente, la tasa de nacimientos sigue constante.[3] Con excepción de Chile, Argentina, Uruguay, y Cuba, en todos los otros países el aumento de población es rápido, con un promedio[4] de cinco hijos por familia. Hasta mediados de este

---

1. *if the present growth rate continues*
2. *while the mortality rate has decreased*
3. *the birth rate remains constant*
4. *with an average of*

Repaso 4

siglo los gobiernos consideraban el aumento de la población como fenómeno necesario para el desarrollo del continente. Hoy en día, este crecimiento es una realidad que amenaza[5] el futuro de esos países en diversas formas.

La explosión demográfica en la América Latina crea un doble problema. Por un lado, surge la pregunta si las fuentes de riqueza natural[6] son suficientes para garantizar una vida decorosa.[7] Por otro lado, surge el problema de actitudes y creencias acerca de la libertad y el control que tienen el individuo y la sociedad para restringir o aumentar el crecimiento demográfico. ¿De quién depende el control de la natalidad? ¿Cuál es la responsabilidad moral del individuo? ¿Cuál es el deber de la sociedad? ¿Cómo influyen las creencias religiosas en estas decisiones? Qué papel juegan[8] las tradiciones culturales de estos pueblos? ¿Qué influencia tiene la Iglesia? La mayoría de los gobiernos desean ansiosamente encontrar una solución al problema de la explosión demográfica a través de la creación de agencias públicas o privadas para el control de la natalidad. Desgraciadamente, los sectores más necesitados no hacen uso de estas facilidades. Cuanto más bajo el nivel socioeconómico del individuo, mayor es su fecundidad. La Iglesia está en contra[9] de las medidas artificiales para el control de la natalidad y considera que limitar el número de hijos es la responsabilidad de la familia. Por otra parte, el ideal hispánico de la familia es de tener entre dos a cuatro hijos. Todo el mundo cree que hay que controlar el rápido crecimiento de la población, pero pocos están de acuerdo en cómo debe lograrse.[10]

El crecimiento demográfico no es un problema tan serio cuando ocurre en tierras poco pobladas en vías de desarrollo.[11] No hay duda que en la América Latina hay vastas regiones de baja densidad demográfica que pueden desarrollarse. Sin embargo, el crecimiento de la población ocurre principalmente en las ciudades, sobre todo en las capitales. El resultado es la congestión de grandes centros urbanos. En esos centros urbanos viven los grandes industriales y propietarios, además de una creciente clase media de profesionales y comerciantes. Estos sectores tienen un alto nivel de vida y conocen los últimos adelantos de la ciencia y la tecnología moderna. Pero en los suburbios de esos centros urbanos viven también grandes masas de personas que bajo la presión del crecimiento demográfico y la falta de empleo en las áreas rurales, emigran del campo a las ciudades en busca de trabajo y mejores condiciones de vida. Desgraciadamente, la urbanización excede a la industrialización. El resultado es el desempleo y la subocupación[12] de muchos.

El problema de la congestión urbana crea toda clase de dificultades: escasez de escuelas y viviendas, el costo ascendente de servicios urbanos, carreteras atestadas de vehículos,[13] transportes inadecuados, escasez de alimentos.[14] La falta de servicios sociales adecuados y de fuentes de trabajo contribuye al

---

5. *is a reality that threatens*
6. *the question arises as to whether the sources of natural wealth*
7. *a decorous (decent) life*
8. *what role do (...) play*
9. *is against*
10. *few agree on how to accomplish it*
11. *in developing underpopulated regions*
12. *unemployment and underemployment*
13. *congested highways*
14. *food shortage*

descontento social, que trae también la inestabilidad política en muchas regiones.

Los problemas no van a disminuir en el futuro inmediato. Por el contrario, para el año 2.000 una de cada cuatro personas va a tener de cinco a catorce años de edad y el setenta y cinco por ciento de la población va a vivir en centros urbanos. Esto significa que el costo de la educación pública va a aumentar y los problemas urbanos también van a ser mayores debido a la necesidad de integrar las masas de jóvenes a la esfera laboral.[15]

La producción económica en la América Latina varía de región a región. En algunas regiones es comparable a las sociedades industriales de occidente; en otras es comparable a los países en vías de desarrollo como[16] los de África y Asia. Por ejemplo, el empleo marginal de la población que recibe menos del salario mínimo varía. En Colombia llega a casi una tercera parte de la población total; en Perú a una cuarta parte; en Venezuela a una quinta parte, y en Chile a una décima parte.

El mundo del futuro, el mundo del año 2.000, requiere mayor productividad, mayores inversiones de capital, mayor racionalidad de gastos y mejor planificación. También requiere mayor producción de alimentos, a través de tecnologías apropiadas, orientación y asistencia técnica, depósitos y transportes adecuados. Para evitar la congestión urbana excesiva, la América Latina va a tener que modernizar el sector rural, ampliar los medios de comunicación y las fuentes de trabajo. Si esos países no logran desarrollar una economía fuerte y no modernizan el campo, para el año 2.000 los serios problemas que hoy día ya trae el aumento de la población van a afectar adversamente el nivel de vida en los centros urbanos y van a agravar la situación de las zonas rurales.

Preguntas de comprensión

1. ¿Cuántos habitantes viven hoy día en la América Latina? ¿Cuál va a ser la población para el año 2.000?
2. ¿Por qué ocurre este rápido crecimiento en esa región?
3. ¿Qué problemas crea la explosión demográfica en Latinoamérica?
4. ¿Cómo tratan de solucionar la explosión demográfica la mayoría de los gobiernos?
5. ¿Qué problemas existen con el control de la natalidad?
6. ¿Por qué es el crecimiento de la población un problema principalmente urbano?
7. ¿Qué dificultades crea la congestión urbana?
8. ¿Hay uniformidad en la producción económica en la América Latina? Explique.
9. ¿Qué requiere el mundo del futuro para responder al rápido aumento de la población? ¿Qué necesita hacer la América Latina para evitar la congestión urbana?

---

15. *the need of integrating the masses of young people to the labor sphere*
16. *to that of developing nations such as*

Preguntas para conversar

Answer the following questions with complete statements when your instructor calls on you. You may organize your answers before coming to class.

1. ¿Qué piensa Ud. del crecimiento demográfico de los países en vías de desarrollo? ¿Qué aspectos positivos y negativos tiene el aumento de población en esos países?
2. ¿Cómo pueden ayudar los países desarrollados a los países en vías de desarrollo? ¿Qué clase de asistencia pueden ofrecer?
3. ¿Cuáles son las ciudades más pobladas de los Estados Unidos? ¿Qué problemas tienen esas ciudades?
4. ¿Cuáles son los estados de mayor crecimiento en los Estados Unidos? ¿Por qué?
5. ¿Cuáles son los estados de menor crecimiento en los Estados Unidos? ¿Qué problemas tienen?
6. ¿Vive Ud. en una ciudad grande o una ciudad pequeña? Explique la diferencia entre la vida diaria en una ciudad pequeña y en una ciudad grande. (Piense, por ejemplo, en las distancias, el transporte, la vivienda, las compras, las diversiones.)

Temas para comentar

Dénos su opinión...

1. La posición de la Iglesia ante el control de la natalidad.
2. La influencia de la religión en las decisiones personales.
3. La posición del gobierno ante el control de la natalidad.
4. La intervención del gobierno en la restricción de los derechos individuales.

Café en Los Angeles, California.

Repaso 5

Review of verb forms: preterit indicative
    Regular **-ar, -er,** and **-ir** verbs in the preterit
    Regular verbs with spelling changes in the preterit

Grammar review
    Direct object pronouns
    The personal **a**
    Indirect object pronouns
    Indirect object pronouns with nouns and pronouns as indirect objects
    Lo as a neuter pronoun
    Position of object pronouns

Lexical usage
    English equivalents of **llevar** and **tomar**
    Equivalents of *to introduce:* **introducir** and **presentar**

Lectura: La presencia hispánica en los Estados Unidos

Review of Verb Forms: Preterit Indicative

Regular **-ar, -er,** *and* **-ir** *verbs in the preterit*

mandar	conocer	salir
mand é	conoc í	sal í
mand aste	conoc iste	sal iste
mand ó	conoc ió	sal ió
mand amos	conoc imos	sal imos
mand asteis	conoc isteis	sal isteis
mand aron	conoc ieron	sal ieron

1. The preterit indicative of regular **-ar, -er,** and **-ir** verbs is formed by adding the personal endings to the stem;
2. **-er** and **-ir** verbs take the same personal endings;
3. The stress falls on the endings as indicated: **mand_a_ron, sali_e_ron;**
4. The first- and third-person singular carry a written accent: **mand_é_, conoci_ó_;**
5. The first-person plural of **-ar** and **-ir** verbs coincides with the forms of the present indicative and only context determines the tense: **hoy mandamos la carta** vs. **ayer mandamos la carta;**
6. Certain **-ar** verbs that involve a stem vowel change in the present indicative (e → ie; o → ue) do not undergo this change in the preterit:

pensar	**recordar**
pensé	recordé
pensaste	recordaste
pensó	recordó
pensamos	recordamos
pensasteis	recordasteis
pensaron	recordaron

Regular verbs with spelling changes in the preterit

A. VERBS ENDING IN -CAR, -GAR, -ZAR

explicar	**llegar**	**almorzar**
expliqué	llegué	almorcé
explicaste, etc.	llegaste, etc.	almorzaste, etc.

1. In verbs ending in **-car, -gar,** the first-person singular undergoes a spelling change in order to maintain the same sound of the consonant preceding the **-ar** ending:

   c becomes **qu** before **e**
   g becomes **gu** before **e**

2. In verbs ending in **-zar,** the first-person singular changes **z** to **c** before **e** to conform to traditional Spanish orthography, which avoids **z** before **e;**
3. Other verbs that undergo similar orthographic changes are:

-car		**-gar**		**-zar**	
atacar	to attack	cargar	to load	alzar	to lift
buscar	to look for, search	entregar	to deliver; to hand in	cruzar	to cross
dedicar	to dedicate	jugar	to play (a game)	rezar	to pray
destacar	to emphasize, highlight; to stand out	negar	to deny		
		pagar	to pay		
sacar	to take out	pegar	to beat; to fasten, attach		
tocar	to feel; to touch; to play (an instrument)				

B. VERBS ENDING IN -GUAR

averiguar (to ascertain, find out)	
averigüé	averiguamos
averiguaste	averiguasteis
averiguó	averiguaron

1. In these verbs the first-person singular changes **-gu** to **-gü** (with a dieresis over the **u**) before **e** in order to maintain the vowel sound **u**: **averiguó**, but **averigüé**;
2. Other verbs with similar changes are:

   aguar   to water down
   apaciguar   to appease
   santiguar(se) to make the sign of the cross

C. VERBS WHOSE STEMS END IN A VOWEL

leer	construir	oír
leí	construí	oí
leíste	construiste	oíste
leyó	construyó	oyó
leímos	construimos	oímos
leísteis	construisteis	oísteis
leyeron	construyeron	oyeron

1. In a few **-er** and **-ir** verbs the stem ends in a vowel: **leer** → **le-**; **construir** → **constru-**. In these cases, the unaccented **i** of the third-person endings (singular and plural) becomes **y** in order to conform to Spanish orthography: **le-** + **-ió** → (el) **leyó**; **constru-** + **-ieron** → (ellos) **construyeron**;
2. All other forms have a stressed **i**;
3. A written accent shows that a diphthong is not formed;
4. In **-uir** ending verbs only the first- and third-person singulars have a written accent mark;
5. Other verbs that undergo similar orthographic changes are:

   constituir to constitute, establish
   contribuir to contribute
   destruir   to destroy
   huir   to flee, avoid
   influir   to influence

Grammar Review

Direct object pronouns

FORMS OF THE DIRECT OBJECT PRONOUNS

me	me	**nos**	us
te	you (fam.)	**os**	you (fam.)
lo (masc.)	you / him / it	**los**	you / them
la (fem.)	you / her / it	**las**	you / them

1. Direct object pronouns agree in gender and number with the nouns to which they refer;
2. **Lo, los** and **la, las** are used when referring to **a usted/a ustedes;**
3. However, Peninsular Spanish uses **le/les** instead of **lo/los** when referring to males: **Le esperé a Ud. ayer, José,** *I waited for you yesterday, José;* **Les esperé a Uds. ayer** (referring to two males);
4. **Os,** the corresponding direct object form for **vosotros,** is used only in Peninsular Spanish.

USES OF DIRECT OBJECT PRONOUNS

Direct object pronouns are used in Spanish as follows:

1. As substitutes for nouns functioning as direct objects:

¿**Necesitas este informe?**	Do you need this report?
—**Sí, lo necesito.**	—Yes, I need it.
¿**Llamaste a Carmen?**	Did you call Carmen?
—**Sí, la llamé ayer.**	—Yes, I called her yesterday.
¿**Recogiste a los invitados?**	Did you pick up the guests?
—**Sí, ya los recogí.**	—Yes, I already picked them up.

2. After a direct object noun that precedes the verb:

El informe lo necesito yo.	I need the report.
A Carmen la llamé ayer.	I called Carmen yesterday.
A los invitados ya los recogí.	I already picked the guests up.

3. With the prepositional direct object **a usted/-es, a él/ella/-s, a nosotros/-as:**

Lo esperé a Ud. (a él).	I waited for you (him).
La esperé a Ud. (a ella).	I waited for you (her).
Los llamé a Uds. (a ellos).	I called you (them, masc.).

Las llamé a Uds. (a ellas). — I called you (them, fem.).
Nos invitó a nosotros. — He invited us (masc.).
　　　　　a nosotras. — us (fem.).

4. With such transitive verbs as **haber, tener,** and **hacer** when their corresponding direct object nouns are omitted. In English a pronoun is not used:

¿Hay muchos extranjeros en esta ciudad?	Are there many foreigners in this city?
—Sí, los hay.	—Yes, there are.
¿Cuántos años tiene, 40?	How old is she, 40?
—No, no los tiene.	—No, she is not.
¿Haces la tarea?	Are you doing your homework?
—No, no la hago.	—No, I am not.
¿Compraste la comida?	Did you buy the food?
—Sí, ya la compré.	—Yes, I already did.

5. With the personal pronoun **uno** occurring as a direct object. The pronoun **lo** is used in this case:

No lo escuchan a uno por aquí.	They don't listen to you (one) around here.
¡No lo aprecian a uno!	One is not appreciated!

6. Direct object pronouns cannot be used to replace relative pronouns or the indefinites **algo, nada, alguien, nadie, cualquiera** when any of these forms occur as direct objects:

A quién busco es a Eduardo. — The one I am looking for is Eduardo.

BUT NOT: **A lo busco es Eduardo.**

¿Quieres algo (a alguien)?	Do you want something (someone)?
—No, no quiero nada (a nadie).	—No, I don't want anything (anybody).

BUT NOT: **No, no lo quiero.**

The personal *a*

The personal **a** is used in Spanish as follows:

1. To introduce direct object nouns that denote specific persons:

¿Llamaste al médico?	Did you call the doctor?
¿Escuchaste a la enfermera?	Did you listen to the nurse?
¿Por qué no esperaron a Diana?	Why didn't you wait for Diana?

Plural, collective, and indefinite nouns that refer to a general class rather than to particular individuals are normally not introduced by the personal **a**:

Necesitan médicos y abogados.	They need doctors and lawyers.
No encontraron estudiantes para la prueba.	They didn't find students for the test.
Buscan una secretaria bilingüe.	They are looking for a bilingual secretary.

2. To introduce the indefinite pronouns **alguien, alguno, nadie, ninguno,** and **cualquiera** and demonstratives, possessives, interrogatives, or relatives when these refer to persons:

¿Conoces a alguien aquí?	Do you know anyone here?
—No, ¡no conozco a nadie y tampoco quiero conocer a cualquiera!	—No, I don't know anybody and I don't want to meet just anyone!
¿Quieres invitar a esa chica?	Do you want to invite that girl?
—No, prefiero conocer a tu compañera de cuarto.	—No, I prefer to meet your roommate.
¿Y a cuántos otros quieres conocer?	And how many others do you want to meet?
—¡A quienes yo te diga!	—The ones I tell you!

3. To introduce personified nouns. Here the personal **a** is optional:

Admiro (a) México.	I admire México.
Respeto (a) ese país.	I respect that country.
No reconozco (a) mi patria.	I do not recognize my country.

Indirect object pronouns

FORMS OF THE INDIRECT OBJECT PRONOUNS

me	me	**nos**	us
te	you (fam.)	**os**	you (fam.)
le (→**se**)	you (= **Ud.**) / him / her / it	**les** (→**se**)	you (=**Uds.**) / them

1. The forms of the indirect object pronouns are the same as the forms of the direct object pronouns, except for the third-person singular and plural;
2. Indirect object pronouns agree in number with the nouns to which they refer, but there is no gender distinction;
3. **Le** and **les** become **se** when used with a third-person direct object pronoun: **Se lo mandé,** *I sent it to him (to her or to you);*
4. **Os,** the corresponding indirect object form for **vosotros,** is used only in Peninsular Spanish.

USES OF INDIRECT OBJECT PRONOUNS

In English, indirect object relationships, that is, those that signal the experiencer of an event, can be indicated in several different ways:

1. Through word order, with the indirect object noun immediately following the verb:

   I gave Mary the money.
   We sent the owner the check.

Repaso 5

2. Through prepositional phrases with *to, for, from,* and *off*:

   I gave the money *to Mary.*
   We sent the check *to the owner.*
   I didn't do it *to her.*
   I didn't do it *for her.*
   She bought it *from him.*
   She took it *off him.*

3. Through a possessive pronoun when the direct object is a personal possession:

   She cut his hair (for him).
   She cleaned his house (for him).

In Spanish, however, only indirect object pronouns signal these functions. Specifically, they are used to signal the individual:

1. *To whom* something is given or done:

Te doy mi habitación.	I give you my room.
Te presto mi auto.	I lend you my car.
Les expliqué mis razones.	I explained my reasons to them.
Les entregué la solicitud.	I delivered the application to them.
Me ordenó salir.	He asked me to leave.
Me invitó a entrar.	He invited me to come in.

2. *For whom* something is done:

Me extendió la prórroga.	He extended the deadline for me.
Me extendieron el carnet de identidad.	They extended my I.D. card.
Nos cambió el cheque.	He cashed the check for us.
Nos pagó los impuestos.	He paid the taxes for us.
Nos compró un auto.	He bought a car for us.

3. *From whom* something is bought or taken away:

Les compró un auto.[1]	He bought a car from them.
Me quitaron el pasaporte.	They took the passport away from me.
Nos quitaron las propiedades.	They took the properties away from us.
Nos suspendieron el permiso.	They revoked the permit from us.

4. *For whom* or *against whom* something is done: when the direct object is a personal possession: body parts, personal belongings, and clothing. English uses a possessive pronoun instead:

Me lavó el pelo.	She washed my hair (she washed it for me).
Me gastó todo el dinero.	She spent all of my money.
Le tomé la temperatura.	I took his temperature.
Les quitaron la tierra.	They took away their land.
Le pone la mano en la frente.	She puts her hand on his forehead.

---

1. Note that in Spanish the use of the indirect object with **comprar** could be ambiguous: **Les compró un auto** could be understood as *He bought a car for them* or *from them*. Usually, context or a preposition clarifies the ambiguity: *Les compró el auto para ellos* (= *for them*). **Nos compró el auto** may be understood as either *He bought the car for us* or *from us*.

The indirect object pronoun is also used in Spanish:

1. To signal the individual *who* has special interest in a given event. English has no equivalent structure, but the same meaning may be expressed lexically:

¡No me lo dejes solo!	Don't you leave him alone (for my sake)!
¡No me la trates mal!	Don't treat her badly (for my sake)!
¡No me la molestes tanto!	Don't you tease her so much (for my sake)!

2. To signal *who* the subject is in an impersonal sentence:

Nos es imposible llegar a tiempo.	It is impossible for us to arrive on time.
Le es difícil manejar de noche.	It is difficult for him to drive at night.
Me es más fácil hablar en inglés.	It is easier for me to speak in English.

   Note that while in English an indirect object noun or pronoun may be restructured into a prepositional phrase (*I gave her the money* becomes *I gave the money to her*), this is not the case in Spanish. Therefore, such sentences as **Di el dinero a ella** or **Mandé el cheque a él** are ungrammatical.

   In Spanish, a prepositional object form may occur with an indirect object pronoun, but it cannot serve as a substitute for the indirect object pronoun.

Le di el dinero a ella.	I gave her the money.
	I gave the money to her.
Le mandé el cheque a él.	I sent him the check.
	I sent the check to him.

Indirect object pronouns with nouns and pronouns as indirect objects

In Spanish, an indirect object pronoun is almost always used with an indirect object noun or an indefinite pronoun. The preposition **a** always introduces indirect object nouns. Indirect object pronouns occur with noun phrases:

1. When the indirect object noun refers to a specific person or group:

Le entregué la solicitud a la secretaria.	I gave the secretary the application.
Le devolví los exámenes a los estudiantes.	I returned the exams to the students.

2. When the indirect object noun phrase goes before the verb:

A Luis no le digas nada.	Don't tell Luis anything.
	Don't tell anything to Luis.
Al profesor le pides una cita.	Ask the professor for an appointment.

3. When **alguien, nadie, ninguno,** and **cualquiera** function as indirect objects:

Le voy a contar a alguien sobre mis planes.	I am going to tell someone about my plans.

Repaso 5

No le digo a nadie la verdad. I won't tell the truth to anyone.
No le voy a hablar a cualquiera. I am not going to talk to just anyone.

4. When relative pronouns function as indirect objects:

Es a tu profesor a quien le debes avisar. It is your professor whom you should notify.

Es a tus padres a quienes les debes escribir. It is your parents to whom you should write.

Lo *as a neuter pronoun*

Lo as a neuter pronoun is invariable in form and does not replace a direct object. Instead, it is used as follows:

1. To reproduce previously expressed clauses. In some cases English may use *it* or *so* in this context.

Dice que viene a visitarnos la primavera próxima, pero no lo cero.
(lo = que viene a visitarnos la primavera próxima)

She says she is coming to visit us next spring, but I don't believe it.
(it = that she is coming to visit us next spring)

¿No piensas que van a llamarnos antes?
—Lo dudo mucho.
(lo = que van a llamarnos antes)

Don't you think that they will call us before?
—I doubt it very much.
(it = that they will call us before)

¿Sabes que hablé con Carlos?
—Ya lo sospechaba.
(lo = que hablaste con Carlos)

Do you know that I spoke to Carlos?
—I suspected it.
(it = that you spoke to Carlos)

No voy a hacer nada; te lo prometo.

(lo = que no voy a hacer nada)

I am not going to do anything; I promise you so.
(so = that I am not going to do anything)

2. To reproduce the predicate noun or adjective when this is omitted after such verbs as **ser**, **estar**, and **parecer**. In English, *it* or *so* may be used or the predicate noun or adjective may be omitted after the verb *to be*.

¿Estás enfermo?
—Sí, lo estoy bastante.
(lo = enfermo)

Are you sick?
—Yes, very much so.

¿Son inteligentes tus alumnos?
—Sí, lo son.
(lo = inteligentes)

Are your students intelligent?
—Yes, they are.

¿Es Susana una buena amiga?
—Sí, lo es.
(lo = que es buena amiga)

Is Susana a good friend?
—Yes, she is.

Tiene 40 años.
—No lo parece; ¿verdad?
(lo = que tiene 40 años)

She is 40 years old.
—She doesn't look it, does she?

3. The neuter **lo** is also used when the quantifier **todo** is the direct object of a verb. There is no equivalent in English:

Todo lo sabe.	She knows everything.
Todo lo quiere.	He wants everything.

Position of object pronouns

Whereas in English object pronouns are almost always placed after the verb, in Spanish the preferred word order is governed by many factors:

1. With simple conjugated verbs, the compound tenses with **haber,** and with negative commands, object pronouns are placed immediately before the verb form:

La encontré.	I found her.
La he encontrado.	I have found her.
Les explico la lección.	I explain the lesson to them.
Les he explicado la lección.	I have explained the lesson to them.
No me pagues todavía.	Don't pay me yet.
No me pagues las cuentas.	Don't pay the bills for me.

2. With affirmative commands, simple infinitives, and present participles (**-ndo** form), object pronouns are placed after the verb form:

Llámala.	Call her.
Pregúntale.	Ask him.
¡De haberlo sabido!	If only I'd known it!
al reconocerte	when I recognized you
	upon recognizing you
aprendiéndolas de memoria	in learning them by heart

3. With verb + inf. constructions and progressive tenses, object pronouns may either precede or follow:

Quería verlas.	I wanted to see them.
Las quería ver.	
Voy a entregarles los documentos.	I am going to deliver the documents to them.
Les voy a entregar los documentos.	
Estoy esperándolos.	I am waiting for them.
Los estoy esperando	

4. Indirect object pronouns precede direct object pronouns when these two occur together:

Me lo dio.	She gave it to me.
Me lo ha dado.	She has given it to me.
Díselo.	Tell it to her.
No se lo digas.	Don't tell it to her.
Quiere dártelo.	He wants to give it to you.
Te lo quiere dar.	

Quería explicárnoslo.	She wanted to explain it to us.
Nos lo quería explicar.	

It should be kept in mind that English expresses indirect object relationships through prepositional forms. In Spanish, the indirect object pronouns must be used with the direct object forms. Therefore, such constructions as **lo dio a mí, dilo a ella,** and **quería explicarlo a nosotros** are ungrammatical.

Lexical Usage

English equivalents of **llevar** and **tomar**

1. **Llevar,** *to take,* in the sense of taking someone someplace:

Llevo a mi novia al cine todos los domingos.	I take my girlfriend to the movies every Sunday.

   Llevar, *to take,* in the sense of transporting, carrying, conveying:

Cuando salimos de compras siempre me lleva en su auto.	When we go shopping, she always takes me in her car.

2. **Llevar,** *to wear:*

Anita siempre lleva medias.	Anita always wears stockings.
Ahora lleva el pelo corto.	She is wearing her hair short these days.

3. **Tomar,** *to take,* in the sense of eating or drinking:

Después que salimos del cine, generalmente tomamos un par de cervezas.	After the movies, we generally drink a couple of beers.
Si tenemos hambre tomamos algo en un restaurante.	If we are hungry we eat something in a restaurant.

4. **Tomar,** *to receive, get; to seize, take possession:*

Voy a tomar un permiso del trabajo para completar mis estudios.	I am going to get a leave of absence from my job in order to complete my studies.
Tomamos el autobús para ir al centro.	We took (got) the bus to go downtown.
Los estudiantes tomaron el edificio.	The students seized (took possession of) the building.

Equivalents of to introduce: **introducir** and **presentar**

1. **Introducir,** *to introduce a new subject or theme; to bring in or bring up something:*

La semana que viene el profesor va a introducir los usos del pretérito e imperfecto.	Next week the teacher is going to introduce the uses of the preterit and imperfect.
Necesita introducir el vocabulario nuevo.	He needs to introduce the new vocabulary.

2. **Presentar**, *to introduce a person to someone; to present, give something to someone; to submit something:*

Jaime, te presento a Silvia.	Jaime, let me introduce you to Silvia (Silvia to you).
¿No conoces a Raquel Elizondo? Te la presento.	Don't you know Raquel Elizondo? Let me introduce her to you.
La compañía nos presentó un certificado de méritos.	The company presented us with a merit award.
Los empleados le presentaron un regalo al jefe.	The employees gave the boss a gift.
(Le) presenté mi solicitud al Director de Personal.	I submitted my job application to the Director of Personnel.
El gerente presentó su renuncia.	The manager submitted his resignation.
Luego le presentó sus quejas a la junta directiva.	He then presented his complaints to the board of directors.

When **presentar** means *to introduce a person to someone* or *to present (give) something to someone*, an indirect object pronoun is required. In other cases, an indirect object pronoun is normally used but is not obligatory.

Lectura

Reading, writing, and oral responses

Read the following passage and study the preterit forms, direct and indirect object pronouns, and the personal **a**. Be prepared to answer the questions that follow orally in class. Your instructor may ask you to write the answers to the questions.

La presencia hispánica en los Estados Unidos

La presencia hispánica en los Estados Unidos, tan visible hoy debido a que residen aquí más de quince millones de personas de origen hispánico, data desde principios del siglo XVI. El primer hombre europeo que llegó al actual territorio norteamericano[1] fue un español, Ponce de León. Ponce de León descubrió la Florida en 1613 y con él comenzó la época de las exploraciones y asentamientos españoles en lo que hoy es[2] los Estados Unidos de Norteamérica. De León llegó a Norteamérica casi un siglo antes de las desembarcaciones de los ingleses[3] en Jamestown y Plymouth. Las posesiones españolas duraron tres siglos. En 1821 España abandonó la Florida y cedió[4] sus territorios del

---

1. *at the present (...) territory*
2. *in what today is*
3. *a century before the English landings*
4. *ceded*

Repaso 5

sudoeste y California a México. En menos de tres décadas estos territorios volvieron a cambiar su soberanía,[5] y pasaron a manos norteamericanas. El momento histórico de las exploraciones y asentamientos españoles pertenecen a la historia de los dos países, España y Estados Unidos. España tomó la iniciativa de descubrir esos territorios; a Estados Unidos le tocó el destino de incorporarlos[6] a su extensión territorial como nación.

Las exploraciones en Norte América dieron lugar a numerosos descubrimientos[7] y varios asentamientos donde los españoles establecieron la civilización occidental. El número de estados en la actual nación norteamericana donde los españoles dejaron su huella[8] es impresionante. Desde las Antillas partieron expediciones hacia distintas partes del Nuevo Mundo, norte y sur. Lucas Vázquez de Ayllón salió de Santo Domingo hacia el norte. Llegó hasta lo que hoy es Carolina del Norte y cerca del Cabo Fear fundó la colonia de San Miguel. Hernando de Soto partió de Cuba con la misión de conquistar el territorio que está entre la Florida y el río de las Palmas. Descubrió y fundó la ciudad de Tampa. Durante los dos años siguientes, de Soto recorrió el sur de Estados Unidos y llegó hasta el río Misisipi, el cual cruzó cerca de la actual[9] ciudad de Menfis. Otras expediciones que exploraron las costas norteamericanas partieron directamente de España. Esteban Gómez trató de encontrar en el norte la comunicación entre los dos océanos, así como lo hizo Magallanes en el extremo sur. En su búsqueda[10] Gómez exploró la costa de la América del Norte desde la península de Labrador hasta el actual estado de Pensilvania. Rey López de Villalobos exploró las Carolinas y en otra ambiciosa expedición llegó hasta las islas del Rey, que hoy conocemos como Hawai.

La mayoría de las expediciones que exploraron la costa del Pacífico hasta Oregón y Washington partieron de México. Niza recorrió el sudoeste norteamericano en busca de las "siete ciudades de Cíbola". Según la leyenda, éstas eran siete ciudades de oro que fundaron siete obispos, una para cada uno. Coronado organizó y dirigió otra expedición en busca de las mismas ciudades, que según los indios que encontraba en su camino estaban siempre "un poco más allá".[11] No sabemos si motivados por la misma leyenda o por el deseo de descubrir algo o ganar fama, otros exploradores recorrieron la región. Alarcón descubrió el río Colorado; Tobar, el Gran Cañón de Colorado y Díaz las tierras al norte de California. El propio Coronado[12] llegó hasta Quivira en el estado de Kansas.

Aunque los españoles pusieron pie[13] en casi veinte estados de lo que hoy es territorio norteamericano, no todas las exploraciones fueron conquistas. La influencia española sólo dejó huellas permanentes en Florida, Tejas, Nuevo Méjico, Arizona y California. En esas tierras los españoles fueron los primeros europeos que establecieron una sociedad. España implantó sus instituciones

---

5. *changed sovereignty once more*
6. *had the destiny of incorporating them*
7. *resulted in (...) discoveries*
8. *left its imprint*
9. *which he crossed near the present*
10. *in his search*
11. *they were always a little farther ahead*
12. *Coronado himself*
13. *set foot*

y leyes, transmitió su lengua, sus costumbres y su religión. En esos lugares los españoles crearon una artesanía y una arquitectura original.

El mejor testimonio de la huella española son las misiones. Las misiones existieron en todos los dominios españoles de América, desde el Paraguay hasta Tejas y California. Las misiones son la institución más interesante del dominio español sin equivalente en la colonización anglo-americana. Las misiones de California son de especial interés geopolítico. En el siglo XVIII el rey de España decidió aumentar el número de las misiones existentes en California debido al interés de Rusia de extender y expandir su influencia por la costa del Pacífico. Las veintiuna misiones, desde San Diego hasta Carmelo y San Francisco, no sólo propagaron la civilización entre los indios sino que impidieron el asentamiento[14] de ésta u otras potencias extranjeras en esa región. Durante los siglos XVII y XVIII fueron los misioneros quienes les enseñaron a los indios los rudimentos de la civilización occidental. Los indios vivieron en las misiones con los frailes. Allí los educaron en la religión católica y de acuerdo a las costumbres europeas. Les enseñaron a cultivar los campos y a criar ganado.[15] Los frailes españoles introdujeron el cultivo del trigo, el arroz, las naranjas, limones, manzanas, peras, uvas y aceitunas;[16] también les enseñaron a trabajar en la artesanía y trajeron una nueva arquitectura. La colaboración entre frailes, artesanos e indios dio lugar a las misiones que hoy en día tanto admiramos: San Juan de Capistrano, Santa Bárbara, Carmelo, San Antonio de Valero, mejor conocida como El Álamo.

Los conquistadores españoles exploraron territorios y fundaron ciudades que hoy en día son testimonio de ese momento histórico. Fundaron San Agustín en 1565; Santa Fe en 1610; Tucson en 1700; Albuquerque en 1706; San Antonio en 1718 y San Diego en 1769. No hay duda de que la conquista es el resultado de la obra de los conquistadores, pero también es cierto que la conquista del habitante de esas tierras fue el resultado de la obra de las misiones. Los conquistadores conquistaron con la fuerza de la espada.[17] Los frailes misioneros, por otro lado, conquistaron con el arma más eficaz,[18] la del ejemplo.

España dejó para siempre su huella en el territorio norteamericano con muchos nombres geográficos. Ocho estados de la unión norteamericana tienen nombres españoles: Montana, Nevada, Nuevo México, Florida, Arizona, California y Colorado. También hay muchas ciudades con nombres españoles: San Diego, Los Ángeles, San Francisco, Sacramento, San Antonio, El Paso, San Bernardino, San José, y ríos importantes: el río Grande, el río Colorado, el Pecos, el Sacramento.

La presencia hispánica en los Estados Unidos es hoy día más notable que nunca. En efecto, los Estados Unidos es el sexto país del mundo donde más se habla español. La mitad de toda la población hispana en Estados Unidos vive hoy en día en California y Tejas. Una cuarta parte reside en los estados de Arizona, Colorado, Nuevo México, Nueva York y Florida. A los cubanos les atrae Miami,[19] por el clima y su cercanía a la isla. A los mejicano-americanos

---

14. *they prevented the establishment (...) in that region*
15. *to cultivate the fields and raise cattle*
16. *wheat, rice, oranges, lemons, apples, pears, grapes, and olives*
17. *with the force of the sword*
18. *with the most efficient weapon*
19. *are attracted by*

les atrae el sudoeste y California. A los puertorriqueños les atrae Nueva York, como anteriormente esta ciudad atrajo a otros grupos de inmigrantes. Por estas y otras razones una tercera parte de toda la población hispana vive en tres ciudades, Los Ángeles, Nueva York y Miami, pero en todas las grandes ciudades norteamericanas encontramos concentraciones importantes de personas de origen hispánico. La cadena hispánica de televisión,[20] por ejemplo, tiene más de trescientas afiliadas y hay numerosas publicaciones en español en los Estados Unidos. No hay duda que los hispanos son hoy en día un grupo importante en la vida norteamericana.

Preguntas de comprensión

1. ¿Por qué es visible la presencia hispánica en los Estados Unidos hoy? ¿Desde cuándo data?
2. ¿Quién fue Ponce de León y qué comenzó?
3. ¿Cuánto tiempo duraron las posesiones españolas? ¿Por qué llegaron a su fin?
4. ¿Qué descubrimientos hicieron los españoles en los actuales Estados Unidos, en el este y en el oeste?
5. ¿En qué estados norteamericanos dejaron los españoles huellas permanentes? ¿En qué consiste esa influencia?
6. ¿Por qué son interesantes las misiones que establecieron los españoles? Explique.
7. ¿Qué les enseñaron los frailes a los indios en las misiones?
8. ¿Qué tuvieron en común los misioneros y los conquistadores? ¿Qué los diferencia?
9. ¿Cuáles son hoy en día los estados de mayor población hispánica? ¿Por qué?
10. ¿De dónde son principalmente los hispanos que viven en Estados Unidos? ¿Dónde los encontramos? Explique.
11. ¿Cómo dejó España su huella en el territorio norteamericano?
12. ¿Qué cosas nos indican la importancia del idioma español hoy día en los Estados Unidos?

Preguntas para conversar

Answer the following questions with complete statements when your instructor calls on you. You may organize your answers before coming to class.

1. ¿Qué derechos tienen todos los ciudadanos norteamericanos irrespectivamente de sus orígenes?
2. ¿Qué grupos inmigratorios numerosos hubo en Estados Unidos aparte del grupo hispánico?
3. ¿Admira Ud. a los antiguos conquistadores y exploradores? ¿Por qué?
4. ¿Aprecia Ud. la obra de los antiguos misioneros? ¿Por qué?

---

20. *the Spanish television network*

5. ¿Quiénes establecieron la cultura actual de los Estados Unidos? ¿Qué grupo o grupos fueron los más importantes?
6. ¿Quiénes son los conquistadores y exploradores "modernos" en su opinión? ¿Por qué?
7. ¿Qué obras del pasado nos hacen apreciar a nuestros predecesores?
8. ¿Qué obras del presente nos hacen apreciar a nuestros contemporáneos?
9. ¿Quiénes tienen más prestigio en nuestra sociedad, los artistas o los científicos?
10. ¿De qué manera contribuyen los científicos a nuestra sociedad?

Temas para comentar

Dénos su opinión...

1. La diversidad étnica, lingüística y cultural.
2. Los factores principales que unen a diversos grupos étnicos en los Estados Unidos.
3. El desempleo y sus consecuencias en la sociedad.
4. La política inmigratoria en países desarrollados y en países en vías de desarrollo.

Las Muchachas de Avignon, una de las obras más famosas de Pablo Picasso (1907).

Repaso 6

Review of verb forms: preterit indicative
    Preterit of **dar, ir, ser,** and **ver**
    Stem-changing verbs in the preterit
    Verbs with very irregular stems in the preterit

Grammar review
    Uses of the preterit
    Prepositional pronouns
    Verbs of the **gustar** class
    Other interrogative words

Lexical usage
    False cognates
    Spanish verbs with more than one English equivalent
    The expression **cumplir ... años**

Lectura: ¿Quiénes fueron Picasso y Dalí?

Review of Verb Forms: Preterit Indicative

Preterit of **dar, ir, ser,** and **ver**

dar		**ir, ser**		**ver**	
di	dimos	fui	fuimos	vi	vimos
diste	disteis	fuiste	fuisteis	viste	visteis
dio	dieron	fue	fueron	vio	vieron

1. Although **dar** ends in **-ar,** it takes the preterit endings of **-er, -ir** verbs;
2. **Ir** and **ser** have identical forms in the preterit;
3. The first- and third-person singular endings do not take a written accent mark as these are monosyllabic forms;
4. **Ver** follows the same pattern as **dar.**

Stem-changing verbs in the preterit

pedir e → i		dormir o → u	
pedí	pedimos	dormí	dormimos
pediste	pedisteis	dormiste	dormisteis
pidió	pidieron	durmió	durmieron

1. Certain **-ir** verbs change the stem vowel **e** to **i** and **o** to **u** in the preterit;
2. The change occurs only in the third-person singular and plural;
3. Other verbs that undergo **e → i** changes similar to **pedir** are:

competir	perseguir	repetir
conseguir	preferir	seguir
despedir	reír	servir
impedir		sonreír

4. **Morir** follows the same pattern as **dormir**: **morí, moriste, murió, morimos, moristeis, murieron.**

Verbs with very irregular stems in the preterit

A. VERBS WITH U IN THE STEM

tener	estar	poder	poner	saber
tuve	estuve	pude	puse	supe
tuviste	estuviste	pudiste	pusiste	supiste
tuvo	estuvo	pudo	puso	supo
tuvimos	estuvimos	pudimos	pusimos	supimos
tuvisteis	estuvisteis	pudisteis	pusisteis	supisteis
tuvieron	estuvieron	pudieron	pusieron	supieron

1. **Haber** in the preterit follows the pattern of **tener** but is used only in the third-person singular: **hubo,** *there was, there were;*
2. In the first- and third-person singular the stress falls on the stem: **tuve, pudo,** etc;
3. Other verbs that follow similar patterns in the preterit are:

Compounds of tener		Similar to estar	Compounds of poner		Similar to saber
obtener	**sostener**	**andar**	**disponer**	**proponer**	**caber**
obtuve	sostuve	anduve	dispuse	propuse	cupe
obtuviste, etc.	sostuviste, etc.	anduviste, etc.	dispusiste, etc.	propusiste, etc.	cupiste, etc.

Repaso 6

B. VERBS WITH I IN THE STEM

querer	hacer	venir	decir
quise	hice	vine	dije
quisiste	hiciste	viniste	dijiste
quiso	hizo[1]	vino	dijo
quisimos	hicimos	vinimos	dijimos
quisisteis	hicisteis	vinisteis	dijisteis
quisieron	hicieron	vinieron	dijeron

1. The **z** of **hizo** is an orthographic change to maintain the same sound.

1. These verbs are used frequently and have irregular stems in the preterit;
2. In the first- and third-person singular the stress falls on the stem: **qu<u>i</u>se, h<u>i</u>zo,** etc.;
3. Other verbs that follow similar patterns of conjugation in the preterit are:

Compounds of **hacer**	Compounds of **venir**	Compounds of **decir**
deshacer	**prevenir**	**maldecir**
deshice	previne	maldije
deshiciste, etc.	previniste, etc.	maldijiste, etc.

C. VERBS WITH J IN THE STEM

traer		-ducir verbs producir	
traje	trajimos	produje	produjimos
trajiste	trajisteis	produjiste	produjisteis
trajo	trajeron	produjo	produjeron

1. A few verbs have a **j** in the stem like **decir** but do not have a stem-vowel change;
2. **Traer** and its compounds (**atraer, distraer,** etc.) add **j** to the stem: **distra-, distraj-, distraje;**
3. Verbs ending in **-ducir** (**traducir, conducir, deducir,** etc.) change the last consonant of the stem to a **j**: **traduc-, traduj-, traduje;**
4. In the first- and third-person singular the stress always falls on the stem: **tr<u>a</u>je, prod<u>u</u>jo.**

Grammar Review

Uses of the preterit

1. The preterit describes a completed event or a series of events as these occur sequentially in the past. The Spanish preterit cannot describe simultaneous events because this tense always expresses completed actions:

Picasso nació en Málaga.	Picasso was born in Málaga.
Salió para Francia muy joven.	He left for France very young.
Ayer leímos un artículo sobre su vida.	Yesterday we read an article about his life.
En Francia, vivió, trabajó y murió.	In France, he lived, worked and died.
Pintó mucho, revolucionó el arte moderno y gozó de fama inigualada.	He painted a lot, revolutionized modern painting and enjoyed unequaled fame.
Ayer fui al museo, vi sus cuadros y aprendí mucho.	Yesterday, I went to the museum, saw his paintings and learned a great deal.

2. Since the preterit describes events as completed, it takes adverbials of definite duration or repetition:

En pocos años, Picasso superó el arte de su padre.	In a few years, Picasso surpassed his father's art.
Durante su vida ganó mucho dinero.	During his life he earned a lot of money.
Pero como todo artista, muchas veces pasó por épocas difíciles.	But like every artist, on many occasions, he went through difficult times.
En los últimos años obtuvo gran fama.	During his last years he attained great fame.

3. The Spanish preterit refers to events in the past which may have been completed within a definite or an indefinite period of time.

   a. Reference to completed events within a definite period in the past:

Picasso revolucionó el arte moderno entre 1907 y 1973.	Picasso revolutionized modern art between 1907 and 1937.
La exposición de sus obras duró de junio a septiembre.	The exhibit of his works lasted from June to September.

   b. Reference to completed events within an indefinite period in the past:

París ya no es el centro artístico que fue antes.	Paris no longer is the artistic center it used to be.
Hoy no hay grandes pintores como hubo hacia fines del siglo.	There are no great painters today as there used to be towards the end of the century.

   In English, events completed within an indefinite period of time in the past are generally expressed with <u>used to</u> + INF.

4. Verbs such as **enfermarse**, *to get sick*; **enamorarse**, *to fall in love;* **saber; conocer; comprender**, etc.—when used in the preterit signal a state of being or the beginning of an event, or condition:

Raquel no pudo ir al museo porque se enfermó.	Raquel could not go to the museum because she fell ill.

Yo me enamoré de la escultura <u>La Guitarra</u>.	I fell in love with the sculpture La Guitarra.
En el museo conocimos a un historiador de arte quien nos explicó muchas cosas.	At the museum we met (came to know) an art historian who explained many things to us.
Entonces comprendimos la grandeza de ese artista prolífico.	Then, we understood (began to understand) the greatness of that prolific artist.

The beginning of a state or condition may also be expressed in Spanish when an adverbial phrase such as **desde** or **después de**, meaning *as of a given time on*, is used or implied:

| Desde ese día decidí leer más sobre ese genio creativo. | From that day on I decided to read (to start reading) more about that creative genius. |
| Después de la visita a la exposición aprecié más el arte moderno. | After the visit to the exhibit, I appreciated (began to appreciate) more modern art. |

Prepositional pronouns

FORMS

mí	me	nosotros, -as	us
ti	you (fam.)	vosotros, -as	you (fam.)
él	him	ellos	them
ella	her	ellas	
usted	you	ustedes	you

1. Prepositional pronouns must be used instead of object pronouns whenever they are preceded by the personal **a** or by prepositions;[2]
2. Except for **mí** and **ti**, prepositional pronouns have the same forms as subject pronouns.

USE OF PREPOSITIONAL PRONOUNS

A + prepositional pronoun is used in Spanish:

1. To emphasize, contrast, or clarify the direct or indirect object:[3]
   For emphasis:

Ellos te invitaron a la exposición a ti.	They invited YOU to the exhibit.
Elena me llevó a mí.	Elena took ME.
Jaime nos dio las entradas a nosotros.	Jaime gave the tickets to US.

---

2. The prepositions **entre**, *between*; **según**, *according to*; **salvo/excepto**, *except*; **hasta**, *until, up to* take subject pronoun forms: **entre él y ella, según ella y yo, excepto tú y yo.**

3. Since object pronouns are unstressed forms in Spanish, such differences in meaning must be expressed by prepositional pronouns. In these cases English places the emphasis on the pronoun rather than on the verb.

For contrast:

Ellos te invitaron a ti no a mí.	They invited YOU, not me.
Elena me llevó a mí, no a tí.	Elena took ME, not you.
Jaime nos dio las entradas a nosotros, no a Uds.	Jaime gave the tickets to US, not to you.

For clarity (particularly with third-person object pronouns that are ambiguous):

El guía le explicó el cuadro a él (a ella, a Ud.)	The guide explained the painting to him (to her, to you).

2. To answer questions when the verb is omitted:

¿A quién invitaste?	Whom did you invite?
—A ellos.	—To them.
¿A quién le diste las entradas?	Whom did you give the tickets to?
—A él.	—Him.

3. Prepositional pronouns are generally restricted to those cases in which reference is made to people. They are generally not used when reference is made to animals or objects:

Le permitieron entrar al museo a ella.	They allowed her to go into the museum.
No le permitieron entrar al perro.	They did not allow the dog in.
El público quedó deslumbrado con la exposición.	The audience was dazzled with the exhibit.

4. Prepositional pronouns usually follow the verb, although they may precede: **Ellos te llevaron a ti.** or **A ti te llevaron ellos.**; **¿Me invitaste tú a mí?** or **¿A mí me invitaste tú?**; **Elena le dio las entradas a él.** or **A él le dio Elena las entradas.**

PREPOSITIONS + PREPOSITIONAL PRONOUNS

Habló contra ti.	He spoke against you.
No obtuve permiso de él	I did not get permission from him.
No pensamos en Uds.	We didn't think about you.
Fue hacia ella.	He went towards her.
Lo hizo por ti.	He did it because of you.
Lo compró para mí.	She bought it for me.
Anduvo sin ella.	I went around without her.
Conmigo/contigo	
Fue con ella ayer.	He went with her yesterday.
Fue con nosotros también.	He went with us also.
BUT	
Fue conmigo.	He went with me.
Fue contigo.	He went with you.

Repaso 6

1. Prepositional pronouns are used with prepositions;
2. **Conmigo** and **contigo** are special forms for the first- and second person singular respectively, when the preposition is **con;**
3. Word order—verb followed by preposition—coincides with English.

Verbs of the **gustar** class

A + Noun or Pronoun (optional)	Indirect Object (person reacting to or affected by event)	Verb	Subject	
(A mí)	me	interesa	la pintura.	Painting interests me.
	Me	parece	interesante.	It seems interesting to me.
(A ella)	le	aburre	la pintura moderna.	Modern painting bores her.
	Le	parece	aburrida.	It seems boring to her.
(A Carlos)	le	gusta	la pintura.	Carlos likes painting.[5]
(A mí)	me	interesan	las esculturas primitivas.	Primitive sculptures interest me.
	Me	parecen	interesantes.	They seem interesting to me.
(A ella)	le	aburren	las exposiciones de arte.	Art exhibits bore her.
(A Carlos)	le	gustan	las obras de arte.	Carlos likes art works.[6]
	Le	parecen	maravillosas.	They seem wonderful to him.
(A mí)	me	gusta	pintar.	I like to paint.
(A nosotros)	nos	gusta	ir a los museos.	We like to go to museums.
(A ella)	le	gusta	escuchar música.	She likes to listen to music.

5. Literally, *Painting pleases Carlos* or *Painting is appealing to Carlos.*
6. Literally, *Art works are appealing to Carlos.*

Verbs like **gustar** take an indirect object pronoun to signal the person or persons reacting to or affected by an event or thing (animate or inanimate). The event or thing is the subject of the sentence;

Me
Te
Le } interesa el arte moderno.
Nos
Les

Modern art interests { me. you. him. us. them. }

Me interesa Picasso. Picasso interests me.

2. Verbs like **gustar** are conjugated in the third-person singular or plural depending upon the subject.

Me gusta la escultura.	I like sculpture.
Me gustan las exposiciones de arte.	I like art exhibits.
Le interesa la música.	Music interests him.
Le interesan la música y la pintura.	Music and painting interest him.

Infinitive subjects take singular verb forms:

Nos gusta pintar.	We like to paint.
Nos gusta escuchar música.	We like to listen to music.

3. **Parecer** follows the same pattern of **gustar**, but it takes an adjective or an adverb. The subject is understood.

Este cuadro me parece maravilloso.	This painting seems marvelous to me.
Los cuadros modernos me parecen maravillosos.	Modern paintings seem marvelous to me.
Me parece bien.	It seems good to me.

4. A prepositional phrase **a** + noun or pronoun may be used with the indirect object pronouns for emphasis or clarity:

A él le gusta el arte.	He likes art.
A él le gusta pintar, pero a ella no le gusta.	He likes to paint, but she doesn't.
A mis amigos les gusta escuchar música.	My friends like to listen to music.
A ella le parecen bonitos los cuadros.	The paintings seem pretty to her.

5. With verbs like **gustar** the most common word order is pronoun and verb, with the subject at the end of the sentence:

Me interesan las exposiciones de arte.	Art exhibits interest me.
Me parecen interesantes.	They seem interesting to me.
Me parece interesante esta exposición.	This exhibit seems interesting to me.
Me gusta ir a los museos.	I like going to museums.

If the subject is a noun phrase it may precede the pronoun and verb:

Las esculturas modernas me intersan.	Modern sculptures interest me.
Estas esculturas me parecen innovadoras.	These sculptures seem innovating to me.

6. Other verbs that follow similar structural patterns are:

convenir, *to be advantageous* (to someone)

Me conviene esta fecha.	This date is advantageous for me.
Me conviene ir hoy.	It is advantageous for me to go today.

preocupar, *to worry* (about someone, something)

Me preocupan esos adolescentes.	These teenagers worry me.
Me preocupa no comprenderlos.	Not to be able to understand them worries me.

molestar, *to be bothered* (about someone, something)

¿Te molesta la música?	Does the music bother you?
—Sí, me molesta mucho.	—Yes, it bothers me a lot.
A mí me molestan el ruido y la música.	The noise and the music bother me.

encantar, *to love* (in the sense of being charmed, fascinated)

¿Te gusta la música moderna?	Do you like modern music?
—Sí, me encanta.	—Yes, I love it.
¿A Uds. les gusta bailar?	Do you like to dance?
—Nos gusta mucho, nos encanta.	—We really like to; we love to.

sobrar, *to have something left over*

Le sobra tiempo para pintar.	He has time left over to paint.
Le sobran todavía muchos cuadros que puede vender.	He still has many paintings that he can sell.

doler, *to ache, to hurt*

¿Qué le duele?	What hurts?
Me duele la cabeza.	My head aches.
Me duelen los ojos.	My eyes hurt.
Me duelen las manos también.	My hands hurt also.

Other interrogative words

INTERROGATIVE ¿QUÉ? VERSUS ¿CUÁL(ES)?

¿qué? ¿cuál? ¿cuáles?	*what?/which?/which ones(s)?*

1. **¿Qué?** is invariable in form regardless of gender and number;
2. **¿Cuál?** has a plural form, **¿cuáles?**, but there is no gender distinction;
3. Both interrogatives may be used either as adjectives (modifying a noun) or as objects of a verb.

USES OF ¿QUE? AND ¿CUÁL(ES)?

¿qué?	¿cuál(es)?
To ask for mere definition, specific information, or a simple explanation about someone or something:	*To ask a question in which there is a choice or selection among various alternatives:*
¿Qué es un museo? What is a museum?	¿Cuál es el museo de arte? Which one is the art museum?
¿Qué es una exposición? What is an exhibit?	¿Cuál es la exposición de Picasso? Which one is Picasso's exhibit?

¿qué?	¿cuál(es)?
To ask for mere definition, specific information, or a simple explanation about someone or something:	To ask a question in which there is a choice or selection among various alternatives:
¿Qué simboliza Guernica? What does Guernica symbolize? Qué fue Picasso, ¿un pintor o un escritor? What was Picasso, a painter or a writer? ¿Qué obras de él conoces tú? What works of his do you know?	¿Cuál es su último cuadro? Which one is his last painting? Quién fue Picasso, ¿el artista más innovador de este siglo? Who was Picasso, the most innovative artist of this century? ¿Cuál es su obra maestra? Which one is his masterpiece?

1. The preposition **de** sometimes follows ¿cuál(es)? where a choice or selection is implied: **¿Cuál de estos cuadros te gusta?**

2. Although a choice may be implied, when ¿qué?/¿cuál(es)? occur as adjectives (modifying a noun) the interrogatives may be used interchangeably as happens quite often with their English equivalents:

   ¿Qué
   ¿Cuál } cuadro vas a comprar?   What } painting are you going to buy?
                                   Which

   ¿Qué
   ¿Cuáles } temas te gustan más?   What } themes do you like better?
                                    Which

3. With nouns such as **día, noche, hora, semana, año, mes, estación,** and **fecha,** ¿qué? rather than ¿cuál(es)? is used even though a choice may be implied:

¿Qué día de la semana es hoy?	What day of the week is today?
¿Qué noches trabaja?	What nights does he work?
¿Qué hora es?	What time is it?
¿Qué semana llegan?	What week are they arriving?
¿En qué año murió?	In what year did he die?
¿Qué mes es éste?	What month is this?
¿Qué estación prefieres?	What season do you prefer?
¿Qué fecha es hoy?	What is the date?

   When these nouns are introduced by the definite article or a possessive, ¿cuál(es)? is used:

¿Cuál es el día de tu aniversario?	What day is your anniversary?
¿Cuál es la hora de salida?	What is the time of departure?
¿Cuál fue el año de su muerte?	What was the year of his death?
¿Cuál es tu estación favorita?	What is your favorite season?
¿Cuál es la fecha de hoy?	What is today's date?

Repaso 6

SPANISH EQUIVALENTS OF "WHOSE?"

The English interrogative *whose?* does not have an equivalent interrogative word in Spanish.[7] Instead, the following constructions are used to inquire about possession:

1. **De quién(es) + ser +** object = *Whose +* object *+ to be:*

¿De quién es esta escultura?	Whose sculpture is this?
¿De quiénes son estos objetos de arte?	Whose art objects are these?

2. **A quién(es) + pertenecer +** object = *To whom (. . .) + to belong:*

¿A quién pertenece esta colección.	{ To whom does this collection belong? { Whose collection is this?
¿A quiénes pertenecen los cuadros?	{ To whom do the paintings belong? { Whose paintings are these?

3. **Preposition + qué +** object = *Preposition + whose + object:*

¿En qué casa guardan la colección?	In whose house do they keep the collection?
—En la de su familia?	—In her family's home.
¿A qué casa vamos?	Whose house are we going to?
—A la del artista.	—To the artist's.
¿Con qué auto vamos?	With whose car are we going?
—¡Con el tuyo!	—With yours!

Lexical Usage

False cognates

---

confidencia, *confidence; secret information*
confianza, *confidence; faith*

Su testamento contiene muchas confidencias personales.	His testament contains many personal secrets (much secret information).
Pronto ganó la confianza del público.	He soon earned the public's faith (confidence)

---

suceder, *to happen, come to pass, come about*
tener (lograr) éxito, triunfar, *to succeed, to have success*

¿Qué sucedió con Guernica?	What happened with Guernica?
Todo eso sucedió durante la Guerra Civil.	All of that came about during the Civil War.
Tuvo (logró) mucho éxito en Francia.	He had much success in France.
Triunfó como pintor y como escultor.	He succeeded as a painter and a sculptor.

---

7. The English relative pronoun *whose* has an equivalent form in the Spanish **cuyo, -a, -os, -as:** *Esta mujer cuyas cualidades respeto . . ., This woman whose qualities I respect. . . .* **Cuyo,** however, is mostly used in formal speech and writing.

Spanish verbs with more than one English equivalent

The following verbs may alter their meanings when they follow the same structural pattern as **gustar:**

Verb + complement or direct object	**Gustar**-like pattern: Indirect object pronoun + verb
quedar	
to be located (= **estar**)	*to have (something) left*
El Museo de Arte Moderno queda en la Calle 51.	**Me quedan dos entradas para la exposición. ¿Las quieres?**
The Museum of Modern Art is located on 51st street.	I have two tickets left for the exhibit. Do you want them?
faltar	
to miss, be absent	*to lack*
Faltan varias esculturas.	**Sí, les faltó tiempo para comprarlas en Europa.**
Several sculptures are missing.	Yes, they lacked the time to buy them in Europe.
Mucha gente faltó a la conferencia sobre Dalí.	**No entiendo; quizás les faltó interés.**
A lot of people missed the Dali lecture.	I don't understand; perhaps they lacked interest.
importar	
to import	*to care about*
Estados Unidos importa muchas obras de arte.	**Al gobierno le importa promover el arte.**
The United States imports many art works.	The government cares about promoting art.
	A la gente le importa tener buenas colecciones.
	People care about having good collections.
tocar	
to play (an instrument)	*to be assigned, given*
to touch	*to be one's turn*
to knock at (the door)	
to ring (the doorbell)	
to ring (a bell)	

Repaso 6

Verb + complement or direct object	Gustar-like pattern: Indirect object pronoun + verb
tocar	
Toca muy bien la guitarra.	A un historiador de arte le tocó organizar la exposición.
He plays the guitar very well.	An art historian was assigned to organize the exhibit.
¡No pueden tocar los cuadros!	Le tocó la responsabilidad de buscar las mejores obras.
You cannot touch the paintings!	He was assigned the responsibility of finding the best works.
Para poder entrar al museo tuvimos que tocar la puerta.	Ahora nos toca a nosotros gozar de esta maravillosa colección.
In order to be able to enter the museum we had to knock at the door.	Now it is our turn to enjoy this marvelous collection.
Para comprar las entradas hay que tocar un timbre.	Yo voy mañana a verla. ¿Cuándo te toca ir a ti?
In order to buy the tickets one has to ring a bell.	I am going tomorrow to see it. When is your turn to go?
Cada media hora tocan un timbre. Así, el público no pasa demasiado tiempo adentro.	
Every half an hour they ring a bell. This way, the public doesn't spend too much time inside.	

The expression **cumplir... años**

Eduardo cumplió años ayer. Eduardo had a birthday yesterday.
Cumplió 21 años. He was twenty-one years old.
 (He reached the age of 21.)

¿Cuántos años cumples hoy? How old are you today?
¿Cuándo es su cumpleaños? When is her birthday?
Hoy cumplimos 20 años de estar casados. We were married 20 years ago today.

Cumplir also means *to fulfill; to perform*:

Cumplió su promesa. He fulfilled (kept) his promise.
Cumplió su tarea con entusiasmo. He performed his task with enthusiasm.

Lectura

Reading, writing, and oral responses

Read the following passage and study the uses of the preterit, prepositional pronouns and verbs of the **gustar** class. Be prepared to answer the questions that follow orally in class. Your instructor may ask you to write the answers to the questions.

¿Quiénes fueron Picasso y Dalí?

Hay dos figuras que dominan el arte contemporáneo, Pablo Picasso y Salvador Dalí. Ambos nacieron en Cataluña. Ambos sentaron las bases de las corrientes artísticas que más influyeron en el siglo XX. Con Picasso nació el cubismo.[1] Con Dalí creció el surrealismo.[2] Ambos hicieron historia. Ambos fueron más allá de sus propias creaciones originales. Ninguno de los dos cupo en un marco único o preestablecido. Su vitalidad artística les trajo una fama incomparable no sólo entre los artistas sino entre el público en general, que siguió sus vidas y obras con gran entusiasmo e interés.

    Entre Picasso y Dalí, gigantes del arte moderno, como ocurrió entre[3] Miguel Ángel y Leonardo, gigantes del Renacimiento, hubo puntos de contacto, contrastes y conflictos. Ambos tuvieron una imaginación y capacidad inventiva inigualada por otros artistas contemporáneos. Ambos demostraron un enorme individualismo. Ambos intentaron revivir el ideal renacentista del artista que expresa su arte a través de diversas manifestaciones: la pintura, la escultura, el dibujo, el diseño, el grabado y la arquitectura. Así, pues, Picasso no sólo pintó sino que esculpió,[4] ilustró libros e hizo grabados.[5] Dalí pintó, esculpió, ilustró libros, hizo grabados, diseñó escenarios cinematográficos y teatrales,[6] joyas y muebles, como también escribió poemas, y artículos.

    Allí terminan los puntos de contacto entre estos dos grandes genios del arte. Los contrastes que existen entre ellos son muchos e igualmente significativos. Picasso buscó parte de su inspiración en el arte folklórico de África que expresó según el arte cubista. Dalí encontró su inspiración para el surrealismo en las imágines de sus propios sueños, de lo irracional y lo fantástico. Leyó a Freud con mucho entusiasmo y mantuvo que su libro sobre la interpretación de los sueños fue la lectura que más influyó en su vida. En su obra, Dalí representó lo irreal con extremo realismo.

---

    1. *Cubism, a school of painting favoring straight lines and geometrical figures, angles, triangles, and cubes, hence the name.*
    2. *Surrealism, a school of painting expressing themes of the unconscious, especially dreams that reveal emotional states rather than simple realities and actions.*
    3. *as it happened between*
    4. *sculptured*
    5. *made engravings*
    6. *designed theater and film settings*

Repaso 6

Picasso y Dalí fueron diferentes artística e intelectualmente. A Picasso no le importó el virtuosismo técnico de la pintura. Cambió su técnica muchas veces y tomó sus colores directamente del envase.[7] A Dalí le absorbió el problema técnico de la pintura y a través de sus años retuvo la técnica poco usual de su juventud. Dalí experimentó cuidadosamente con colores y matices.[8] Intelectualmente, a Picasso le interesaron únicamente la línea y el diseño de sus cuadros. Intelectualmente, a Dalí le interesó toda la problemática del hombre moderno. Sobre todo, detestó la mecanización del mundo en que tuvo que vivir y por eso le dio vida a todo objeto inerte[9] en sus obras.

Picasso fue un genio extraordinariamente prolífico. Dalí fue un genio extraordinariamente específico. Picasso nunca tuvo tiempo de terminar ninguna de sus pinturas en el sentido convencional de la palabra. Pintó hasta dos cuadros al día. Dalí, por el contrario, le dedicó hasta dos años a muchas de sus obras. Picasso no tuvo jamás tiempo de "pintar": él experimentó con la pintura. Picasso fue como un "agente catalizador" para todo lo que sucedió después[10] en el mundo del arte. Condensó en una vida lo que pudo haber tomado siglos en ocurrir.[11]

Ambos hombres poseyeron una cultura pictórica excepcional del pasado. Picasso usó el pasado para destruirlo. Dalí admiró siempre a Picasso pero pensó que éste, aunque apoyó su arte en el recuerdo de todo lo que vio, rompió y aplastó[12] la tradición. Consideró a Picasso tan grande como Rafael, pero lo condenó a plagio eterno por su apoyo en el pasado. Dalí, también conoció el pasado, pero a diferencia de Picasso miró hacia el mundo del futuro. Picasso superó a Dalí en su producción artística. Pintó miles de cuadros, pero en muchos de ellos simplemente reelaboró conceptos anteriores. Su originalidad perdió parte de su influencia inicial debido a que repitió muchas de sus primeras ideas. Dalí, en cambio,[13] produjo menos pero no repitió. Por eso, en parte, y por su mayor complejidad, su obra retuvo un alto grado de misterio y profundidad.

Picasso y Dalí llegaron a ser verdaderas leyendas en su época, aunque en parte[14] por razones diferentes. A Picasso, quien llevó una vida personal muy privada, lo hicieron famoso los críticos de arte por su enorme producción. A Dalí, quien llevó una vida personal muy pública, lo menospreció la crítica[15] y lo hizo famoso la prensa. Los críticos confundieron la conducta de Dalí que a veces les pareció extravagante y escandalosa, con su arte, y no le dieron a su obra la importancia merecida. A Picasso lo adoraron en todos los círculos críticos. Llegó a ser una especie de monumento, más allá de toda evaluación objetiva. La única voz disidente fue la de su rival, Dalí, quien combatió toda su vida la corriente abstracta de la cual Picasso fue precursor y exponente máximo. Según Dalí, Picasso mató el arte moderno con sus "sublimes

---

7. *container*
8. *nuances*
9. *gave life to every inanimate object*
10. *was like a catalyst for everything that happened later*
11. *what could have taken centuries*
12. *broke with and smashed up*
13. *on the other hand*
14. *although to some extent*
15. *was underestimated by the critics*

adefesios esperpentos"[16] y agregó que Picasso se ocupó de la fealdad[17] mientras que él se ocupó de la belleza. Picasso, desgraciadamente no nos dejó testimonio de su opinión sobre Dalí. Sin duda alguna, sintió admiración por Dalí porque lo ayudó a principios de su carrera y le prestó dinero para venir a los Estados Unidos cuando estalló[18] la guerra civil española.

Desafortunadamente, ni Dalí ni Picasso tuvieron seguidores dignos. No surgió ninguna otra figura capaz de revitalizar el arte de las últimas décadas como lo hicieron ellos en décadas anteriores. Tampoco hubo figura capaz de rescatar[19] el arte pictórico de la mediocridad en que ahora está y de elevarlo a la altura que lo elevaron ellos.

Preguntas de comprensión

1. ¿Quiénes fueron Picasso y Dalí? ¿Qué aspectos tuvieron en común?
2. ¿Qué movimientos artísticos desarrollaron estos dos genios? ¿Dónde encontraron su inspiración cada uno de ellos?
3. ¿Qué puntos de contacto hubo entre Picasso y Dalí?
4. ¿Cómo expresó Picasso su arte? ¿Qué cosas hizo Dalí?
5. ¿Qué problemas artísticos e intelectuales le interesaron a Picasso? ¿Y a Dalí?
6. ¿Por qué fue Picasso un artista más prolífico?
7. ¿Cómo vivieron estos dos artistas? ¿Cómo los trató la crítica?
8. ¿Qué le pareció Picasso a Dalí?
9. ¿Qué opinión tuvo Picasso de Dalí? ¿Sintió algo por él?
10. ¿Qué figuras artísticas surgieron después de Picasso y Dalí?

Preguntas para conversar

Answer the following questions with complete statements when your instructor calls on you. You may organize your answers before coming to class.

1. ¿Cuáles son los grandes museos de este país? ¿Qué contienen? ¿Cuáles conoce Ud.?
2. Aparte de los museos de arte, ¿qué otros museos hay en las grandes ciudades de Estados Unidos? Mencione algunos museos famosos en Estados Unidos. ¿Qué contienen? ¿Y en Europa?
3. ¿Cuáles son en su opinión las funciones de los museos? ¿Qué función tienen para el público? ¿Qué función tienen para los artistas?
4. ¿Cómo contribuyen los artistas a la sociedad? ¿Cuál es la función del artista?
5. ¿Qué artistas contemporáneos conoce Ud.? ¿Cuáles son sus obras más importantes?
6. ¿Qué papel juegan o jugaron las artes en su vida? ¿Hay alguna obra en especial que influyó en Ud.?

---

16. *"the sublime and horrid scarecrows"*
17. *occupied himself with ugliness*
18. *erupted*
19. *capable of redeeming*

7. ¿De qué forma es el cine una manifestación artística?
8. ¿Cuáles son en su opinión algunas de las grandes películas norteamericanas y por qué?
9. ¿De qué forma es la arquitectura moderna una manifestación artística? Explique su opinión.
10. ¿Qué aspectos del arte moderno cree Ud. que van a sobrevivir en el siglo XXI?

Temas para comentar

Dénos su opinión...

1. La importancia de tener cierta educación artística sobre música, pintura, escultura o literatura.
2. El papel que juega el sentido estético en nuestras vidas diarias: su influencia en la moda, en el decorado de interiores, en las costumbres.
3. La costumbre que tiene mucha gente de coleccionar antigüedades.
4. La necesidad que tiene mucha gente de poseer objetos de arte.

La misión de Santa Bárbara, fundada por misioneros españoles en el siglo 18. Santa Bárbara, California.

Repaso 7

Review of verb forms: imperfect indicative
    Regular **-ar**, **-er**, and **-ir** verbs in the imperfect
    Three verbs that are irregular in the imperfect

Grammar review
    Uses of the imperfect indicative
    The imperfect and preterit tenses contrasted
    The Spanish preterit and imperfect *versus* English tenses

Lexical usage
    Verbs with different meanings in the preterit and imperfect
    The useful verb **hacer**

Lectura: ¿Existió la isla California o era sólo fantasía?

Review of Verb Forms: Imperfect Indicative

Regular **-ar**, **-er**, *and* **-ir** *verbs in the imperfect*

trabajar		merecer (to deserve)		vivir	
trabaj	aba	merec	ía	viv	ía
trabaj	abas	merec	ías	viv	ías
trabaj	aba	merec	ía	viv	ía
trabaj	ábamos	merec	íamos	viv	íamos
trabaj	abais	merec	íais	viv	íais
trabaj	aban	merec	ían	viv	ían

1. The imperfect indicative of every verb except **ser**, **ir**, and **ver** is formed by adding the personal endings to the stem;
2. Stem-changing verbs do not undergo any stem changes in the imperfect: **quería, tenía, podíamos, dormía;**
3. **-er** and **-ir** verbs take the same personal endings;
4. The first- and third- person singular of each verb in all three conjugations are identical in form; subject pronouns are normally used in cases of ambiguity;
5. In **-ar** verbs, only the first-person plural, **trabajábamos**, has a written accent mark;
6. Every form of **-er** and **-ir** verbs has a written accent mark over the first vowel of the personal ending: **í**.

Three verbs that are irregular in the imperfect

ser		ir		ver	
era	éramos	iba	íbamos	veía	veíamos
eras	erais	ibas	ibais	veías	veías
era	eran	iba	iban	veía	veían

1. These are the only verbs with irregular forms in the imperfect indicative;
2. The first- and third-person singular of each of these verbs is the same in form; subject pronouns are normally used in cases of ambiguity;
3. The first-person plural of **ser** and of **ir** has a written accent mark;
4. Each form of **ver** has written accent mark over the first vowel of the personal ending: **í**.

Grammar Review

Uses of the imperfect indicative

The imperfect indicative tense describes an event as it occured in the past simultaneously with another event or in relation to a given time frame. As such it does not express the beginning or termination of an event but only its ongoing nature. The imperfect is used:

1. To describe repeated or continued events:

   Iban al cine casi todas las noches.   They used to go to the movies almost every night.

   Generalmente, veían películas de ciencia-ficción.   They usually saw science–fiction movies.

   Yo prefería leer por las noches.   I preferred to read at night.

2. To describe the existence of states and conditions of short or long duration:

   En esa época pocos sabían leer.   At that time few people knew how to read.

Repaso 7

No había televisión entonces.	There was no television then.
La gente escuchaba cuentos.	People used to listen to stories.

3. To describe ongoing events in relation to other events or in relation to a given time frame:

Mientras él leía, la gente escuhaba.	While he read the people listened.
Cuando era joven leía novelas y biografías.	When I was young I used to read novels and biographies.
Durante aquellos días poca gente viajaba.	During those days few people traveled.

4. To describe future events or intent, especially in indirect discourse:

Me dijo que iban al cine esta noche.	He told me that they were going to the movies tonight.
Nos informó que regresaba a las diez.	He informed us he would be back at ten.
Salieron temprano porque la película comenzaba a las siete.	They left early because the movie was (would) to begin at seven.

5. To describe events that began earlier in the past and that were still going on at a later time:

Vivían en Los Ángeles desde enero.	They had been living in Los Angeles since January.
Él trabajaba allí desde entonces.	He had been working there since then.
Éramos amigos desde la escuela secundaria.	We were friends since high school.

6. To express the equivalent of the English *to be going to* + inf. within the past:

Íbamos a ir al cine anoche.	We were going to go to the movies last night.
Íbamos a ver una película de guerra.	We were going to see a war movie.
Raúl me contó que iba a ser buena.	Raúl told me it was going to be good.

7. The imperfect is used with adverbials that express repeated or ongoing action, such as **cada tanto, constantemente, generalmente, usualmente, normalmente,** and **por lo común**:

Cada tanto visitaba los museos.	Every so often I used to visit the museums.
Constantemente tenían exposiciones especiales.	They had special exhibits constantly.
Generalmente eran muy buenas.	Generally they were very good.
Por lo común, las veíamos.	Usually, we saw them.

8. The imperfect may also be used with adverbials that describe a given time frame, such as **el año pasado, ese mes, el siglo pasado,** and **en esa época.** However, the event is still viewed as ongoing, and not as having been completed within that time frame:

El año pasado vivía en Los Angeles.	Last year he lived in Los Angeles.
Durante ese tiempo trabajaba para un canal de televisión.	During that period he worked for a TV channel.
En esa época viajaba mucho.	At that time he traveled a lot.
Los fines de semana estaba en casa.	On weekends he was at home.

The imperfect and preterit tenses contrasted

IMPERFECT	PRETERIT
1. The imperfect describes the coexistence, repetition, or ongoing quality of an event in relation to another event:	1. The preterit describes the previous occurence of one event in relation to another event:
Raúl vivía y trabajaba en Los Ángeles.	**Raúl vivió en Los Angeles pero después de unos años regresó a Nueva York.**
Raúl used to live and work in Los Angeles.	Raúl lived in Los Angeles but after a few years he returned to New York.
Era periodista y por lo común escribía ensayos sobre protesta social.	**Fue periodista y en una ocasión escribió un ensayo sobre protesta social.**
He was a journalist and he usually wrote social protest essays.	He was a journalist and on one occasion wrote a social protest essay.
Cuando hablaba por la televisión el público lo escuchaba con interés.	**Un día, después que habló por la televisión, mucha gente lo llamó para protestar.**
When he was on TV, the audience listened to him with interest.	One day, after he had been on TV, many people called him to protest.
or in relation to a given past time:[1]	or the completion of an event:
Normalmente durante las noches leía cuentos cortos, veía películas de misterio y contestaba llamadas de teléfono.	**Esa noche él leyó un cuento corto, vio una película de misterio y contestó varias llamadas de teléfono.**
Normally, in the evenings, he would read short stories, would watch mystery movies and would answer telephone calls.	That evening he read a short story, he watched a mystery movie and answered several phone calls.
Vivía allí por años pero no podía comprender las costumbres locales ni le gustaba la gente.	**Vivió allí un año y nunca pudo comprender las costumbres locales ni le gustó la gente.**
He lived there for years but he could not understand the local customs nor did he like the people.	He lived there for a year but he never understood the local customs nor did he like the people.
Durante ese mes viajaba mucho y yo lo veía poco.	**Durante ese mes viajó mucho y yo sólo lo vi pocas veces.**
During that month he was traveling a lot and I saw little of him.	During that month he traveled a lot and I only saw him a few times.

1. Past time may be expressed by adverbials of time referring to duration or repetition or it may be implicitly understood according to context: **Leía cuentos, veía películas y contestaba llamadas.**

IMPERFECT	PRETERIT
2. The imperfect expresses the existence, duration, or repetition of events, states of being, or conditions: **Era un explorador famoso.** He was (used to be) a famous explorer. **Recorría muchas tierras desconocidas.** He walked many unknown lands. **Regresaba a España cada año.** He would return to Spain every year. **No se cansaba nunca.** He never tired. (He would never get tired).	2. The preterit may express the beginning or becoming of an event, condition, or state of being: **Fue un explorador famoso.** He was (became) a famous explorer. **Recorrió muchas tierras desconocidas.** He walked many unknown lands. **Regresó a España ese año.** He returned to Spain that year. **Se cansó mucho.** He got (became) very tired.
3. The imperfect may describe future time or a subsequent event within the past: **La expedición salía el mes entrante.** The expedition would leave the following month. **Los barcos llegaban la semana siguiente.** The ships would arrive the following week. **Esperaban volver después de encontrar el oro.** They hoped to return after finding gold.	3. The preterit describes two previously completed events or a series of events within the past: **La expedición salió al mes siguiente.** The expedition left the following month. **Los barcos llegaron la semana siguiente.** The ships arrived the week after. **Quisieron volver después que encontraron el oro.** They wanted to return after they found gold.
4. The imperfect takes adverbials that refer to indefinite duration or repetition: **Todas las noches alguien leía en voz alta y la gente se sentaba en círculo.** Every night someone read aloud and people sat around in a circle. **Por lo común, el lector contaba leyendas y aventuras.** Usually, the reader used to relate legends and adventures.	4. The preterit takes adverbials that refer to definite duration or repetition. **Esa noche alguien leyó en voz alta y la gente se sentó en círculo.** That evening someone read aloud and the people sat in a circle. **Esa vez, el lector contó leyendas y aventuras.** On that occasion, the reader related legends and adventures.

IMPERFECT	PRETERIT
5. When the imperfect occurs with adverbials that express a definite time frame, such as *el año pasado* or *ese mes*, the event is viewed as coexisting with another event or as ongoing at that time:	5. When the preterit occurs with adverbials that express a definite time frame, the action is viewed as having been completed or terminated within that time:
El año pasado (mientras trabajaba para el periódico) viajaba mucho. Last year (while he was working for the newspaper) he travelled a lot.	**El año pasado viajó mucho.** Last year he traveled a lot.
Ese mes andaba por California. He was in California that month.	**Ese mes estuvo en California.** He was (had been) in California that month
California ya no es la tierra despoblada que era en el siglo pasado. California no longer is the unpopulated land it used to be the last century.	**California ya no es la tierra despoblada que fue en el siglo pasado.** California no longer is the unpopulated land it had been the last century.

The Spanish preterit and imperfect versus *English tenses*

The Spanish preterit and imperfect have several English equivalents. These result not only from what a given preterit or imperfect expresses but from the uses of English tenses as well. The following guidelines may be helpful:

1. Reference to a completed event or series of events:	*Spanish preterit* **Cortés conquistó el oeste de México. Oyó cuentos sobre tierras lejanas. Recordó la leyenda sobre California. Entonces organizó y mandó una expedición para explorarla.**	*English simple past* Cortés conquered the Western part of México. He heard stories about far away territories. He remembered the legend about California. Then he organized and sent an expedition to explore it.
2. Reference to existing states or conditions of short or long duration within the past with such verbs as **estar, ser, saber, conocer, creer,** and **tener** rather than verbs or action:	*Spanish imperfect* **Sabía que era difícil llegar allí y no conocía el terreno. Creían que la región era una isla. Tenían un mapa; eran hombres valientes. Estaban animados porque sospechaban que había oro y piedras preciosas.**	*English simple past* He knew that it was difficult to get there and he did not know the territory. They thought the region was an island. They had a map; they were courageous men. They were excited because they suspected there was gold and precious stones.

3. Reference to habitual actions, states, and conditions:	*Spanish imperfect* **En el Siglo 16 pocos europeos venían a América. La gente oía toda clase de leyendas. Viajaban y andaban por tierras desconocidas en busca de tesoros. Vivían en condiciones difíciles.**	*English used to + inf.* During the 16th century few Europeans came to America. People used to hear all kinds of legends. They used to travel and go around unknown territories in search of treasures. They used to live under difficult conditions.
4. Reference to habitual actions:	*Spanish imperfect* **Por lo común, alguien leía y el público escuchaba. Esas leyendas producían mucha curiosidad entre la gente.**	*English conditional:* would + inf. Usually, someone would read and the audience would listen. Those legends would produce a lot of curiosity among the people.
5. Reference to a coexistant time frame or to other simultaneous events:	*Spanish imperfect* **Esa semana andaban por terrenos muy rocosos; llovía todo el tiempo. Seguían el mapa pero no encontraban la ciudad.**	*English past progressive:* was + -ing That week they were walking through rocky lands; it was raining all the time. They followed the map but they could not find the city.
6. Reference to future time or a subsequent event, (especially in indirect discourse):	*Spanish imperfect* **Anunció que mandaba una expedición.** **Iban a partir la semana próxima.**	*English conditional:* would + inf. *English conditional progressive:* would + be + -ing *English preterit progressive:* was + -ing He announced he would send an expedition. He announced he would be sending an expedition. He announced he was sending an expedition. They would leave next week. They would be leaving next week. They were going to leave next week.

	Dijo que regresaban pronto.	He said they would come back soon. He said they would be coming back soon. He said they were going to come back soon.

Lexical Usage

Verbs with different meanings in the preterit and imperfect

The following verbs alter their meanings depending on whether they are used in the preterit or the imperfect:

VERB	PRETERIT	IMPERFECT
conocer	*To make someone's acquaintance for the first time:*	*To have known someone for some time:*
	El otro día conocí al escritor español. The other day I met the Spanish writer.	**Ya conocía al periodista.** I already knew the journalist.
poder	*To succeed in doing something, equivalent to* **lograr** *(succeed, obtain):*	*To be able, capable of doing something, equivalent to* **ser capaz de:**
	La expedición pudo (logró) llegar hasta San Francisco. The expedition was able to reach San Francisco. **Trataron de encontrar oro.** They tried to find gold but they couldn't (didn't succeed).	**Los exploradores no podían continuar la búsqueda.** The explorers were unable to continue the search. **No podían encontrar oro.** They couldn't (were unable to) find gold.
querer	*To try (in the sense of acting on will, volition):*	*To wish, to want:*
	Cortés quiso conquistar México y lo logró. Cortés wanted to conquer México and he succeeded.	**Su gente quería regresar a España.** His people wanted (wished) to return to Spain.

Repaso 7

VERB	PRETERIT	IMPERFECT
saber	To find out, to discover, to learn about something:	To know something:
	En México, Cortés supo que había extensas tierras al norte. In México, Cortés found out (learned) that there were extensive territories up north.	No sabía como llegar a California, pero sabía que había un mapa. He didn't know how to get to California, but he knew that there was a map (he knew about a map).

The useful verb **hacer**

MORE ON **HACER** IN TEMPORAL EXPRESSIONS

ELAPSED TIME SINCE EVENT HAD BEEN GOING ON: IMPERFECT TENSE

¿... hacía que...?	hacía + temporal expression + que + Main verb (imperfect tense)
¿Cuánto tiempo hacía que vivían allí? How long had they been living there?	—Hacía un año que vivían allí. —They had been living there for a year.
¿Cuántos días hacía que la conocías? How many days had you known her?	—Hacía sólo cinco días que la conocía. —I had known her for only five days.
¿Cuántos meses hacía que trabajaba para esa empresa? How many months had he been working for that company?	—Hacía unos seis meses que trabajaba para esa empresa. —He had been working for that company for about six months.

1. The expression **hacía... que** is used to show the extent of time a given event had been going on;
2. Both the main verb and **hacer** are in the imperfect tense;
3. **Que** relates the temporal expression to the main verb.

¿desde cuándo...?	Main verb (imperfect tense) + desde hacía + temporal expression
¿Desde cuándo hacía que vivían allí? Since when had they been living there?	—Vivían allí desde hacía un año. —They had been living there for a year (since a year ago).
¿Desde cuándo hacía que trabajabas para esa empresa? Since when had you been working for that company?	—Trabajaba para esa empresa desde hacía unos seis meses. —I had been working for that company for about six months (since about six months ago).

1. If the main verb phrase occurs at the beginning of the sentence, the temporal expression showing elapsed time is introduced by **desde hacía...**;
2. **Que** is dropped.

FOCUS ON THE TIME THE EVENT TOOK PLACE: MAIN VERB IN PRETERIT

¿...hace que...?	hace + temporal expression + que + Main verb (preterit tense)
¿Cuántos años hace que estuvo en Europa?	—Hace tres años que estuvo en Europa.
How many years ago was he in Europe?	—He was in Europe three years ago.
¿Cuántas horas hace que te llamó?	—Hace dos horas que me llamó.
How many hours ago did she call you?	—She called me two hours ago.
¿Cuánto tiempo hace que llegaron?	**Hace un par de semanas que llegaron.**
How long ago did they arrive?	—They arrived a couple of weeks ago.

1. The preterit is used in the main verb phrase when the focus is on the point of time at which a given event took place;
2. **Hacer** is in the present tense;
3. **Que** relates the temporal expression to the verb phrase.

¿...hace que...?	Main verb (preterit tense) + hace + temporal expression
¿Cuántos años hace que estuvo en Europa?	—Estuvo en Europa hace tres años.
¿Cuántas horas hace que te llamó?	—Me llamó hace dos horas.
¿Cuánto tiempo hace que llegaron?	—Llegaron hace un par de semanas.

1. If the main verb phrase occurs at the beginning of the sentence, the temporal expression showing elapsed time is introduced by **hace...**;
2. **Que** is dropped.

Lectura   T

Reading, writing, and oral responses

Read the following passage and study the uses of the preterit and imperfect tenses. Be prepared to answer the questions that follow orally in class. Your instructor may ask you to write the answers to the questions.

Repaso 7

¿Existió la isla California o era sólo fantasía?

Eran muy pocos los españoles que llegaban a América durante el siglo XVI que sabían leer. Pero muchos de ellos conocían las novelas de caballería.[1] Esas novelas eran el equivalente de las películas de aventura de hoy. La gente tomaba asiento en círculo[2] y escuchaba a la persona que sabía leer. Cada día ese lector leía en voz alta[3] un capítulo diferente. Las novelas de caballería producían en el público de esa época el mismo furor que hoy causan las películas de Steven Spielberg y George Lukas.

De acuerdo con una de esas novelas *Las Sergas de Esplandián*,[4] que era una de las más populares, los cristianos luchaban constantemente contra los paganos para tomar Constantinopla. Los paganos recibían ayuda y refuerzos de una reina guerrera que llamaban Calafía. Esta reina provenía de una isla que estaba habitada sólo por amazonas y que quedaba cerca del Paraíso Terrenal.[5] En la isla había muchísimo oro y abundaban las piedras preciosas y otros metales. El nombre de la isla era California.

Cuando Hernán Cortés conquistó el oeste de México, oyó hablar de una tierra cercana donde supuestamente había mucho oro. Cortés pensó enseguida que tenía que ser la legendaria California. En 1535 Cortés organizó y mandó una expedición para explorar esas tierras. El descubrimiento resultó una desilusión. Los exploradores españoles sólo encontraron una tierra árida y pobre, pero aún así le dieron el nombre de California.

Los exploradores creían que la región era una isla porque para llegar allí tuvieron que ir por barco. Cuando en 1705 apareció un mapa de la región, la gente supo entonces que Baja California era, en realidad, una península y no una isla. Los mapas del padre Kino indicaban eso y también mostraban que uno podía llegar de México a California por tierra.

A pesar de eso, los asentamientos[6] españoles en California surgieron tarde. Pasaron casi 70 años y no fue sino hasta 1769 cuando Gaspar de Portolá exploró toda la costa y llegó hasta San Francisco. A medida que los españoles exploraban la costa establecían asentamientos y fundaban poblaciones. Pero los españoles nunca exploraron el interior y sólo conocieron las regiones costeras. El oro no estaba allí, y así su existencia permaneció desapercibida[7] por casi cien años.

A principios del siglo pasado, España perdió México y en 1848 los mexicanos le vendieron a los Estados Unidos por 15 millones de dólares una gran extensión de territorio: California, Nuevo México y Arizona. Fue James Marshall en 1848 quien descubrió el legendario oro. California que hasta entonces fue una región poco poblada cambió de la noche a la mañana. Su

---

1. *novels of chivalry*
2. *sat in a circle*
3. *out loud*
4. *The Exploits of Esplandian*
5. *Garden of Eden*
6. *settlements*
7. *remained unnoticed*

población aumentó de 15.000 a 250.000 habitantes en un período de tres años. La fiebre del oro[8] la transformó para siempre. La leyenda de Calafía pasó a ser realidad y aún hoy día con la invención del cine y la televisión encontramos en una parte de la verdadera California, fantasía y realidad.

Preguntas de comprensión

1. ¿En qué época y dónde eran populares las novelas de caballería?
2. ¿Cómo conocía la gente las aventuras que contaban esas novelas?
3. ¿Qué efecto producían estos libros en el público de entonces?
4. ¿Quién era Calafía?
5. ¿Qué había en la isla imaginaria?
6. ¿Qué supo Cortés cuando llegó a México? ¿Qué hizo entonces?
7. ¿Cómo llamaron los exploradores españoles esa nueva región? ¿Por qué?
8. ¿Qué buscaban los exploradores? ¿Por qué no tuvieron éxito?
9. ¿Cómo pasó California a los Estados Unidos?
10. ¿Cómo llegó a ser realidad la leyenda de Calafía?

Preguntas para conversar

Answer the following questions with complete statements when your instructor calls on you. You may organize your answers before coming to class.

1. ¿Por qué en tiempos pasados muy poca gente sabía leer? ¿Qué hizo posible el cambio hoy en día?
2. ¿Qué lee Ud. para pasar el tiempo? ¿Cuáles son sus lecturas favoritas?
3. ¿Qué lecturas tuvieron una influencia importante en su vida? Explique por qué.
4. En su opinión, ¿qué libros debe leer una persona culta? ¿Por qué?
5. ¿Por qué la gente hoy en día lee mucho menos? ¿Qué hace la gente hoy en vez de leer? Qué opina Ud., ¿es la falta de lectura algo beneficioso o algo malo?
6. ¿Leyó Ud. alguna biografía? ¿Por qué nos gustan las biografías? ¿Qué podemos aprender de ellas?
7. ¿Por qué le interesan a la gente las obras de ciencia-ficción? ¿Qué relación tienen estas obras con la realidad? ¿Qué relación tienen con el futuro?
8. ¿Por qué son populares en los Estados Unidos las películas del oeste? ¿Qué aspectos históricos nos ilustran?
9. ¿Qué libros están en la lista de libros más populares ("best-sellers") últimamente? ¿Leyó Ud. algunos de ellos?
10. Las leyendas son una forma de historia popular, más o menos reales. ¿Qué leyendas interesantes de los Estados Unidos o de otros países conoce Ud.?

---

8. *gold rush*

Temas para comentar

Dénos su opinión...

1. El papel que juega la fantasía en la vida humana.
2. La necesidad de aventura que sienten muchas personas.
3. La influencia del cine en la vida diaria y viceversa.
4. Las biografías de gente famosa como forma de entretenimiento e inspiración.

Calle Florida, Buenos Aires, Argentina.

Repaso 8

Grammar review
> The indefinite article
> Possessives
> Demonstratives
> Indefinite words and their negative counterparts

Lexical usage
> Other indefinite expressions and their negative counterparts
> English verbs with more than one Spanish equivalent

Lectura: La moda siempre pasa

Grammar Review

The indefinite article

FORMS OF THE INDEFINITE ARTICLE

| a, an | un hombre | una mujer |
| some | unos hombres | unas mujeres |

1. The indefinite article agrees in gender and number with the noun it introduces;
2. For phonetic reasons, **un** and not **una** occurs before singular feminine nouns beginning with a stressed /a/: **un aula de clase**, *a classroom*.[1]

---
[1]. This use of **un** does not apply to adjectives beginning with a stressed /a/: **una amplia avenida**, *a wide avenue*; **Les tiene una alta estima**, *He has great esteem for them*.
  Singular feminine nouns beginning with an unstressed syllable take **una**: **una artista de cine**, *a movie star*; **Tienen una hacienda en México**, *They have a hacienda in México*.

3. This use of **un** with singular feminine nouns does not affect the noun's gender:

   Ésta es un aula pequeña. This is a small classroom.
   Vimos un águila hermosa. We saw a beautiful eagle.

4. **Un** and **una** correspond to the numerical *one* as well as to the English forms of the indefinite article *(a, an)*:

   Sólo tengo un abrigo; necesito dos. I only have one overcoat; I need two.
   Compró un traje y tres camisas. He bought one suit and three shirts.

USES OF THE INDEFINITE ARTICLE

The indefinite article in Spanish is used as follows:

1. With animate and inanimate nouns that have not been previously known, identified, or specified:

   Llamó la secretaria suya.
   His secretary called.
   (specific, previously known)

   Llamó una secretaria.
   A secretary called.
   (no one specifically known)

   Necesito la corbata azul.
   I need the blue tie.
   (specific tie in mind)

   Necesito una corbata azul.
   I need a blue tie.
   (tie not previously identified)

   Tuvieron la reunión ayer.
   They had the meeting yesterday.
   (the purpose of the meeting is known)

   Tuvieron una reunión ayer.
   They had a meeting yesterday.
   (the purpose of the meeting is not known)

2. With nouns designating nationality, profession, or personal belief, the indefinite article is not used unless these nouns are modified:

   Mi profesora es argentina.
   My professor is Argentinian.

   Es una argentina guapa.
   She is a good-looking Argentinian.

   Jaime es joyero.
   Jaime is a jeweler.

   Es un joyero muy bueno.
   He is a very good jeweler.

   Su marido es católico.
   Her husband is a Catholic.

   Su marido es un católico devoto.
   Her husband is a devout Catholic.

   Su hermano es demócrata.
   His brother is a Democrat.

   Es un demócrata fiel.
   He is a loyal Democrat.

3. With nouns after verbs like **tener, haber, buscar, encontrar, hallar,** and **poseer,** which express existence or occurrence, the indefinite article is generally omitted. It is used if the noun is modified by an adjective or a clause or if the speaker wishes to emphasize the object or contrast it with something else.

   No tengo oficina todavía.
   I don't have an office yet.

   No tengo una oficina grande.
   I don't have a large office.

   ¿No hay máquina de escribir aquí?
   Isn't there a typewriter here?

   —Sí, hay una máquina de escribir nueva.
   —Yes, there is a new typewriter.

Repaso 8

Buscamos apartamento.
We are looking for an apartment.

Buscamos un apartamento, no una casa.
We are looking for an apartment, not a house.

4. With nouns introduced by the prepositions **sin** and **con**, the indefinite article is omitted unless quantity is emphasized thus corresponding to the English usage of *one:*

Llegó sin maleta.
He arrived without a suitcase.

Llegó sin una sola maleta.
He arrived without a single suitcase.

Salió con paraguas.
He went out with an umbrella.

Salió con un paraguas.
He went out with one umbrella.

5. The indefinite article is omitted in Spanish in some cases where English would use it:

   a. With nouns introduced by **de** and **como** when these mean *as:*

   Trabaja de peluquera. She works as a hairdresser.
   Como modista no ganaba mucho. As a seamstress she didn't earn much.

   b. Before the numerals **cien, ciento, -a, mil:**

   Pagaron cien dólares. They paid a hundred dollars.
   Compraron mil corbatas. They bought a thousand ties.

   Before **medio, -a,** *half,* the use of the indefinite article is optional:

   Quiero medio litro. I want a half liter.
   Necesito (una) media docena. I need a half dozen.

   c. Before **otro, -a** and after **tal:**

   No necesitan otra dependiente. They don't need another clerk.
   No hay tal puesto. There isn't such a position.

   d. After ¡qué! when it introduces an exclamation:

   ¡Qué color bonito! What a pretty color!
   ¡Qué moda elegante! What an elegant fashion!

   e. In book titles:

   Curso de gramática española. *A Course in Spanish Grammar.*
   Diccionario de sinónimos y antónimos *A Dictionary of Synonyms and Antonyms*

Possessives

UNSTRESSED POSSESSIVES

FORMS OF THE UNSTRESSED POSSESSIVES

One possessor		More than one possessor	
mi mis	my	nuestro, -a nuestros, -as	our

	One possessor	More than one possessor	
tu tus	your	vuestro, -a vuestros, -as	your
su sus	his her your (its)	su sus	their your

1. Unstressed possessives always precede the noun, as in English; emphasis usually is on the object possessed, not the possessor:

    Mi impermeable es viejo.   My raincoat is old.
    Su abrigo es nuevo.   Her overcoat is new.

2. Unstressed possessives always agree with the object possessed, not, as in English, with the possessor:

    su hermano   his brother or her brother
    su hermana   his sister or her sister
    mi amigo, tus amigas   my friend, your friends
    mi padrino, tus tías   my godfather, your aunts

3. **Nuestro** and **vuestro** are the only forms that show gender agreement:

    nuestro hermano, nuestra hermana   our brother, our sister
    nuestros primos, nuestras primas   our cousins, our cousins

STRESSED POSSESSIVES

FORMS OF THE STRESSED POSSESSIVES

One possessor		
mío, mía	míos, mías	my, of mine
tuyo, tuya	tuyos, tuyas	your, of yours
suyo, suya	suyos, suyas	his, of his her, of hers its, of its your, of yours
More than one possessor		
nuestro, nuestra	nuestros, nuestras	our, of ours
vuestro, vuestra	vuestros, vuestras	your, of yours
suyo, suya	suyos, suyas	their, of theirs your, of yours

1. Stressed possessives agree in both gender and number with the object possessed;

Repaso 8

2. In Spanish, stressed possessives always follow the noun:

los hijos tuyos	your children
la novia mía	my girlfriend
una amiga suya	a friend of his (of hers, of yours)

USE OF THE STRESSED POSSESSIVES

Stressed possessives are normally used in Spanish:

1. To emphasize (stress) the possessor rather than the thing possessed:

Tienes la billetera mía.	You have my wallet.
Yo tengo el llavero tuyo.	I have your keyholder.

2. For contrast:[2]

Prefiero las gafas mías, no las suyas.	I prefer my glasses, not his. (hers)
Los guantes son tuyos, no míos.	The gloves are yours, not mine.

3. In indefinite constructions equivalent to the English forms *of mine, of yours, of his, of hers, of ours,* and the like:

Me escribió mi amigo.	**Me escribió un amigo mío.**
My friend wrote to me.	A friend of mine wrote to me.
Llegó su hermana hoy.	**Una hermana suya llegó hoy.**
His sister arrived today.	One of his sisters arrived today.

AMBIGUOUS POSSESSIVE FORMS

1. The third-person possessives, **su/sus** and **suyo/suyos, suya/suyas** are ambiguous forms as they may refer to different possessors:

su profesor	his, her, your, or their professor
un profesor suyo	a professor of his, of hers, of yours, of theirs

2. The prepositional construction **de** + prepositional pronoun is commonly used for clarity and/or contrast especially with reference to **él, ella, ellos, ellas:**

una estudiante suya	**una estudiante de él** (de ella, de Ud., de ellos, etc.)

3. The possessive forms **su/suyo** are generally preferred to the prepositional phrase **de usted/de ustedes:**

¿Es ella una estudiante suya?   Is she a student of yours?
rather than:
¿Es ella una estudiante de Ud?

---

2. Emphasis and/or contrast may also be expressed by using the unstressed forms in an emphatic manner: **Prefiero estar en MI casa, no en SU casa.**

POSSESSIVES AS NOUN SUBSTITUTES

Stressed possessives and the alternate construction **de** + prepositional pronoun may be nominalized (functioning as noun substitutes), by omitting the noun:[3]

Las sandalias suyas son rojas.	**Las suyas son rojas.**
Her sandals are red.	Hers are red.
La toalla mía es azul.	**La mía es azul.**
My towel is blue.	Mine is blue.
Me dio el sombrero tuyo.	**Me dio el tuyo.**
She gave me your hat.	She gave me yours.
Hay varios vestidos, ¿cuáles prefieres?	**Prefiero los suyos (los de ella).**
There are several dresses, which ones do you prefer?	I prefer hers.

Demostrativos

FORMS OF DEMONSTRATIVES

Place: Near speaker OR *Time:* Present	Removed from speaker OR Near past/future	Farther removed OR Remote past/future
Sing. this	that	
Masc. este	ese	aquel
Fem. esta	esa	aquella
Plur. these	those	
Masc. estos	esos	aquellos
Fem. estas	esas	aquellas

Demonstratives agree in gender and number with the nouns they introduce: **este hombre**, *this man;* **esas mujeres**, *those women;* the ending for the masculine singular form of **este** and **ese** is not **o** but **e;**

USES OF DEMONSTRATIVES

1. Demonstratives modify nouns in terms of time or space:

Esta tienda es muy buena.	This store is very good.
Ese día vinimos aquí.	That day we came here.
Aquella vendedora nos atendió.	That clerk took care of us.

---

[3]. The stressed forms of the possessives and the alternate construction with **de** are also nominalized by the neuter **lo: lo mío**, *what is mine;* **lo nuestro**, *that which is ours;* **lo de ellos**, *that which is theirs.* See The nominalizer **lo**, Repaso 16.

Repaso 8

2. **Ese, esa,** etc., and **aquel, aquella,** etc., are usually interchangeable in everyday speech, but if the speaker wishes to point out remoteness, **aquel** is preferred:

Aquella señora (allá) siempre compra aquí. That lady (over there) always buys here.

OTHER USES OF DEMONSTRATIVES

DEMONSTRATIVES AS NOUN SUBSTITUTES

Demonstratives may be nominalized (functioning as noun substitutes), by omitting the noun. An accent mark is added on the stressed syllable in these cases. Although English usually adds *one* when *this* or *that* occurs as a noun substitute, Spanish does not add **uno.**

Este vestido está de moda.	**Éste está de moda.**
This dress is in fashion.	This one is in fashion.
Estos zapatos son bonitos.	**Éstos son bonitos.**
These shoes are pretty.	These ones are pretty.
¿No te gusta este cinturón?	**¿No te gusta éste?**
Don't you like this belt?	Don't you like this one?

DEMONSTRATIVES AS NOMINALIZERS

Demonstratives may nominalize descriptive adjectives by omitting the noun. While English adds *one,* Spanish does not use **uno.**

Prefiero esta cartera morada.	**Prefiero esta morada.**
I prefer this purple purse.	I prefer this purple one.
El paraguas gris es mío.	**El gris es mío.**
The gray umbrella is mine.	The gray one is mine.

NEUTER DEMONSTRATIVES: **ESTO, ESO, AQUELLO**

Esto es muy caro.	This is very expensive.
Esto es tuyo.	This is yours.
Eso no lo compro.	That I won't buy.
¿Quién quiere eso?	Who wants that?
Aquello me pareció barato.	That seemed inexpensive to me.

The neuter demonstrative forms **esto, eso,** and **aquello** are used in reference to an idea, situation, action, or inanimate object in a general and abstract sense.

Indefinite words and their negative counterparts

In addition to the negative **no,** Spanish uses other words to formulate negative statements. These negative words as well as other indefinite words may function as adjectives, pronouns, or adverbs.

REFERENCE TO PERSONS AND THINGS

Reference	Indefinite Words	Negative Counterparts
persons or things	**alguno (algún), -a, -os, -as** someone, some, any	**ninguno (ningún), -a, -os, -as** no one, none
persons only	**alguien** somebody, someone	**nadie** nobody, no one
things only	**algo** something	**nada** nothing

Había algunas personas elegantes. There were some elegant people.
No había ninguna persona elegante. There wasn't one elegant person.

Quería alguna joya de fantasía. She wanted some custom made jewelry.
No quería ninguna joya cara. She didn't want any expensive jewelry.

Algunos diseñadores ganan mucho. Some designers make a lot of money.
Ninguno de los vestidos es un modelo exclusivo. None of the dresses is an exclusive design.
Ninguna de las faldas es corta. None of the skirts is short.

Alguien decide la moda femenina. Someone decides women fashions.
Ya nadie sigue la moda hoy. Today no one follows fashion.

Conseguimos algo bonito. We found something pretty.
No conseguimos nada barato. We didn't find anything inexpensive.

1. **Alguno** and **ninguno** agree in gender and number with the nouns they modify or replace;
2. However, the plural forms **ningunos** and **ningunas** are used with nouns that occur only in the plural form:

    No compré ningunos pantalones. I didn't buy any pants.
    No encontré ningunas camisas blancas. I didn't find any white shirts.

3. The shortened forms **algún** and **ningún** are used before masculine singular nouns only:

    Creo que ya encontró a algún joyero. I think she already found some jeweler.
    No creo que todavía haya encontrado a ningún joyero. I don't think that she has found any jeweler.

4. When **alguno** and **ninguno** refer to specific persons and occur as verbal objects, the personal **a** is required. The same applies to **nadie**.

    ¿Encontraste a algún peluquero? Did you find any hairdresser?
    Llamé a algunas modistas. I called several seamstresses.
    No conseguí a ninguna de ellas. I could not get anyone of them.
    No encontré a nadie en la tienda. I didn't find anyone in the store.

5. **Alguno, -a** placed after singular nouns assumes a negative meaning:

    No tenía gusto alguno. She had no taste whatsoever.
    No había blusa alguna que pudiera usar. There was no blouse whatsoever she could wear.

Repaso 8

REFERENCE TO TIME AND CHOICE

también	also, too	tampoco	neither, not ... either
o	either, or	ni	neither, nor, not even
o ... o	either ... or	ni ... ni	neither ... nor
siempre	always		
alguna vez	sometime		
una vez	once	nunca	never
algún día	someday	jamás	(not) ever, never
a veces, algunas veces	sometimes		

1. The negative **ni** is used to link negative statements and to link two clauses:

   No compraba ni vendía bien. She didn't buy nor sell well.
   No traje ni cheques ni mi tarjeta de crédito. I didn't bring checks nor my credit card.

2. **Ni** used before a noun phrase is equivalent to the English *not even;* for more emphasis **siquiera** may be added:

   Ni (siquiera) fuimos al centro. We didn't even go downtown.

3. **O ... o** presents alternatives; **ni ... ni** negates them:

   O vamos al cine o salimos de compras. Either we go to the movies or we go shopping.
   Ni vamos al cine ni salimos de compras. We neither go to the movies nor do we go shopping.

4. **Una vez** and **ninguna vez** refer to a completed event in the past:

   Una vez estuve en esa tienda. I was in that store once.
   Ninguna vez (nunca) estuve en esa tienda. I never was in that store.

5. **Algún día** usually refers to future time:

   Algún día voy a poder gastar más. Someday I will be able to spend more.

6. **Nunca** and **jamás** are practically interchangeable except in the expression **más que nunca** (*more than ever*). **Jamás** is normally more emphatic:

   Nunca / Jamás tuvo ropa de invierno. He never had winter clothes.
   Ahora la necesita más que nunca. Now he needs it more than ever.

DOUBLE NEGATIVES

Although in English double negatives are ungrammatical, in Spanish two or more negative words can be used in the same sentence. There must be a negative word before the verb, and indefinites that follow the verb usually are negative also:

No quería ver a nadie tampoco. She didn't want to see anyone either.
No quería salir de compras nunca. He never wanted to go shopping.

The following rules apply to word order:

1. When the negative **no** is used, it always precedes the entire verb sequence:

No gastó nada.	He did not spend anything.
No ha gastado nada.	He has not spent anything.

2. Negative words other than **no** may precede or follow the verb, but if they follow the verb, **no** must be included in the negative statement and must precede the verb:

Nadie vino.	No one came.
No vino nadie.	
Ninguno lo supo.	No one found out.
No lo supo ninguno.	
Nada trajeron.	They did not bring anything.
No trajeron nada.	
Nunca gastaba dinero.	He never spent money.
No gastaba dinero nunca.	

3. When two or more negative words other than **no** occur in the same sentence, one precedes the verb and the other(s) will follow it. But, if **no** is added to the negative statement, the negative words follow the verb:

Nadie vino tampoco.	No one came either.
No vino nadie tampoco.	
Ninguno lo supo nunca.	No one ever found out.
No lo supo ninguno nunca.	
Tampoco trajeron nada a nadie.	They didn't bring anything to anyone either.
No trajeron nada a nadie tampoco.	

Lexical Usage

Other indefinite expressions and their negative counterparts

un poco (de), algo de	a little, some, a few	**nada de**	no, any
Nos prestó un poco de dinero. He lent us some money.		**No nos prestó nada de dinero.** He didn't lend us any money.	
Le pedí algo de dinero. I asked him for some money.		**No le pedí nada de dinero.** I didn't ask him for any money.	
Necesitaba un poco. I needed some.		**No necesitaba nada.** I didn't need any.	

algo + adj. {somewhat, a bit (of), rather	nada + adj. not...at all
La falda estaba algo cara. The skirt was a bit expensive. Estaba algo corta. It was rather short.	La falda no estaba nada cara. The skirt was not expensive at all. No estaba nada corta. It wasn't short at all.

alguna parte,
algún lugar,
   sitio,
   lado } somewhere, someplace
	ninguna parte,
	ningún lugar } nowhere, not anywhere

Siempre viajan a alguna parte en el verano. They always travel somewhere during the summer.	Nunca viajan a ninguna parte en el verano. They never travel anywhere during the summer.
de algún modo, de alguna manera { somehow, in some manner	de ningún modo, de ninguna manera { in no way, by no means, not at all, not in any way
De alguna manera se lo voy a dar. Somehow I will give it to her. De algún modo, se lo compro. Somehow, I will buy it for her.	De ninguna manera se lo voy a dar. By no means will I give it to her. De ningún modo se lo compro. In no way will I buy it for her.

English verbs with more than one Spanish equivalent

EQUIVALENTS OF "TO FIND"

1. **Encontrar (a)**[4] and **hallar (a)**, *to find, to locate:*

Encontré todo lo que buscaba.	I found everything that I was looking for.
Lo encontré en esa tienda.	I found it in that store.
Encontré todo muy fino.	I found everything very fine.
Y no lo hallé muy caro.	And I didn't find it too expensive.

2. **Descubrir,** *to find (out) in the sense of discovering, uncovering, unfolding something:*

Descubrí que la ropa importada es barata.	I found out that imported clothes are inexpensive.

---

4. **Encontrarse** and **hallarse** used in a reflexive construction mean *to find oneself, to be +* adjective or adverb:

Nos encontramos/hallamos ahora en Madrid. We are (find ourselves) in Madrid now.	Nos encontramos/hallamos contentos y muy bien. We are (find ourselves) happy and very well.

Descubrí donde comprar bien. — I found out where to buy well.
Descubrimos una nueva tienda. — We found out about a new store.

3. **Dar con,** *to find something or someone either after a search or by chance:*

Por fin di con esa joyería. — I finally found that jewelry store.
Por casualidad, di con el joyero un día … — By chance, I ran into the jeweler one day …

EQUIVALENTS OF "TO MEET"

1. **Conocer,** *to meet someone for the first time:*

El otro día conocí a su secretaria. — The other day I met his secretary.

2. **Encontrar (a)**[5] *to meet someone in a place by previous arrangement or by accident:*

La encontré ayer en el banco. — I met her (ran into her) at the bank yesterday.
Vamos a encontrarnos en su oficina. — We are going to meet in his office.

Lectura

Reading, writing, and oral responses

Read the following passage. Study the vocabulary in context and the uses of the indefinite and negative words. Be prepared to answer orally in class the questions that follow. Your instructor may ask you to write the answers to the questions.

La moda siempre pasa

La moda masculina no cambia casi nunca. Por lo general, a los hombres les gustan los colores serios. Algunos de sus colores favoritos son los grises, los azules y los tonos naturales. Las camisas son siempre básicamente iguales: con mancuernas en las mangas[1] o con el cuello abotonado. Si el hombre quiere algo de color, lo lleva en la corbata. El traje del hombre es también relativamente invariable. Pero a veces varía el ancho de las solapas o de los pantalones. A algunos hombres no les gusta ni la basta[2] ni los pliegues[3] en el pantalón. De todos modos, a los hombres aparentemente no les molesta llevar siempre la misma moda.

---

5. **Encontrar(se) con** is used in a reflexive construction: **Me encuentro contigo más tarde,** *I will meet you later;* **Me encontré con ellos en el aeropuerto Kennedy,** *I met (or ran into) them at Kennedy Airport.*

---

1. *Literally, with cuff links in the sleeves*
2. *cuffs (in men's trousers); hems (in ladies' dresses)*
3. *pleats*

Repaso 8

La ropa femenina, por otra parte, jamás es estática. Nunca está de moda el mismo estilo. Las faldas de las mujeres suben y bajan más que la bolsa de valores.[4] Las faldas pueden ser anchas, plisadas o rectas. Las telas también tienen su época. Un año causan furor los tejidos, otro año viene el hilo o el algodón y la lana está cada día más cara. Los colores cambian en todas partes como el arco iris.[5] Si el amarillo está de moda, no es el tono de otros años ni tampoco tiene el mismo nombre. Pero el amarillo mostaza[6] o el morado sólo le quedan bien a algunas mujeres.[7] Y eso no es todo. Si cambia el estilo del vestido también cambian los accesorios. Si el vestido es entallado, la cartera es tipo sobre.[8] Si la falda es larga, el tacón[9] es alto. Las cosas tampoco acaban ahí. Antes una mujer compraba joyas porque eran una buena inversión. Pero hoy, ¡hasta eso pasa de moda! Las joyas de fantasía[10] y de piedras semipreciosas son la última novedad. En fin, casi nada permanece inalterable.

Actualmente, la mujer está más emancipada que nunca. Sin embargo, diseñadores, modistos, joyeros y peluqueros son sus mejores aliados. Cuando algo no está de moda, ni lo fabrican ni lo venden en ninguna parte. La mujer no cuenta nunca con una selección completa de un año a otro. Además, sus aliados también deciden la ropa que ella debe usar para esta o aquella ocasión. La última novedad es que una mujer para tener éxito en su trabajo debe imitar al hombre: debe usar trajes sastre y llevar un maletín de tipo "attaché". Pero tampoco podemos decir que la moda de la mujer no invade el campo masculino. El hombre de hoy, sobre todo en Europa, usa algunos colores, estilos y accesorios que antes eran exclusivos de la mujer. La moda "unisex" la encontramos hoy en todas partes.

Preguntas de comprensión

1. ¿Cómo es la moda masculina casi siempre?
2. ¿Cuáles son algunos colores favoritos de los hombres?
3. ¿Cuáles son algunos cambios que ocurren en la moda masculina?
4. ¿Por qué la moda de la mujer no es nunca estática?
5. ¿Cuáles son algunos de los cambios que ocurren en la moda femenina?
6. ¿Qué sucede siempre que cambia el estilo del vestido de las mujeres?
7. ¿Quiénes son algunos de los mejores aliados de la mujer? ¿Por qué?
8. ¿Por qué algunas veces la mujer quiere imitar la moda del hombre?
9. ¿Sucede también lo contrario?

Preguntas para conversar

Answer the following questions with complete statements when your instructor calls on you. You may organize your answers before coming to class.

---

4. *stock market*
5. *rainbow*
6. *mustard yellow*
7. *only looks good on some women*
8. *a clutch bag*
9. *heel*
10. *costume jewelry*

1. ¿Cómo es actualmente la moda del hombre? ¿Qué cosas están de moda hoy? ¿Cuáles son algunos de los estilos que a Ud. le gustan? ¿Por qué? ¿Qué colores le quedan bien a Ud.?
2. ¿Cómo es actualmente la ropa de la mujer? ¿Qué cosas están de moda hoy? ¿Cuáles son algunos de los estilos que a Ud. le gustan? ¿Qué colores le quedan bien a Ud.?
3. ¿Qué diferencia hay entre ser elegante y estar elegante? ¿Qué es más importante, estar elegante o estar cómodo? ¿Es necesario gastar mucho dinero para estar de moda?
4. ¿Usamos la misma ropa durante todo el año? ¿Por qué no? ¿Es la moda igual en todas partes del mundo? ¿Cómo es, por ejemplo, la moda del hombre en Europa? ¿Y en los Estados Unidos?
5. ¿Lleva la gente la misma ropa siempre a todas partes? ¿Qué cosas determinan el vestido en una persona?
6. ¿Cómo es la moda de los jóvenes hoy en día? ¿Qué cosas están de moda hoy entre los jóvenes? ¿Qué le parece a Ud. la moda "unisex"?
7. ¿Cómo cambió la moda femenina durante los últimos diez años? ¿Y la masculina?
8. ¿Por qué cambia cada año la moda? ¿A quién favorece esto? ¿Qué ventajas tiene el cambio de moda? ¿Qué desventajas trae?
9. ¿Por qué es importante usar ropa apropiada para todas las ocasiones?
10. ¿Cómo refleja la ropa el gusto y la personalidad del individuo?

Temas para comentar

Dénos su opinión...

1. La moda 'unisex': ¿es deseable y necesaria?
2. La moda femenina de las mujeres profesionales.
3. La elegancia en la moda: ¿qué caracteriza la elegancia en el hombre y en la mujer?
4. La inseguridad que tiene mucha gente con respecto a la moda.

Alvar Núñez Cabeza de Vaca con un grupo de hombres náufragos en la isla que llamaron Mal Hado y que hoy día es Gálveston, Texas.

Repaso 9

Review of forms: adjectives
    Gender of adjectives
    Number of adjectives
    Shortening of adjectives

Grammar review
    The position of descriptive adjectives
    Adjective-noun agreement
    Descriptive adjectives as nouns: noun deletion
    Reflexive pronouns

Lexical usage
    Adjective position and meaning change

Lectura: Cabeza de Vaca y Peter Jenkins: Dos valientes exploradores

Review of Forms: Adjectives

Gender of adjectives

1. Most Spanish adjectives end in **-o** in the masculine singular; the feminine counterparts are formed by changing the **-o** to **-a:**

un hombre aventurero	**una mujer aventurera**
un individuo generoso	**una persona generosa**

2. Adjectives ending with the suffix **-án -ón,** or **-ín** in the masculine singular add **-a** to form the feminine:

holgazán	**holgazana**	lazy
glotón	**glotona**	gluttonous
hablantín	**hablantina**	talkative

3. Adjectives of nationality ending with a consonant in the masculine singular add -a to form the feminine:

el cine español   **una película española**
    francés   **francesa**
    alemán   **alemana**

4. The following adjectives have the same form for both masculine and feminine singular:

   a. Adjectives ending in **e**:

   un gobernante tolerante   **una persona tolerante**
   a tolerant ruler   a tolerant person

   un espíritu libre   **una mentalidad libre**
   a free spirit   a broad mind

   b. Adjectives ending with the suffix **-ista, ita**:

   un mundo egoísta   **una visión egoísta**
   a selfish world   a selfish view

   un sacerdote carmelita   **la orden carmelita**
   a Carmelite priest   the Carmelite order

   c. Adjectives ending in a consonant:

   el orgullo nacional   **la identidad nacional**
   national pride   national identity

   un estudiante joven, audaz y cortés   **una gente joven, audaz y y cortés**
   a young, daring, and courteous student   some young, daring and courteous people

   d. Adjectives with a comparative value ending in **-or** such as **mejor/peor; mayor/menor; exterior/interior; inferior/superior:**

   el mejor recorrido   **la mejor aventura**
   the best journey   the best adventure

   el mayor peligro   **la mayor experiencia**
   the greatest danger   the greatest experience

   el mundo interior   **el mundo exterior**
   the inner world   the outer world

Number of adjectives

1. Singular adjectives ending in a vowel form the plural by adding -s:

   ambicioso, ambiciosa   **ambiciosos, ambiciosas**
   peligroso, peligrosa   **peligrosos, peligrosas**
   pesimista   **pesimistas**
   invencible   **invencibles**

2. Singular adjectives ending in a consonant form the plural by adding -es:

   el explorador francés   **los exploradores franceses**

una aventura audaz
tribu hostil
un estudiante joven
un mundo superior

unas aventuras audaces
tribus hostiles
unos estudiantes jóvenes
unas civilizaciones superiores

Shortening of adjectives

The following adjectives have a shortened alternate form in the singular, which is used as follows:

1. **Bueno** and **malo** drop the final -o and become **buen** and **mal** respectively before all masculine singular nouns:

   un buen itinerario   a good itinerary
   un mal recorrido   a bad journey

   Some other modifying words ending in -o also drop the final -o when they occur before masculine singular nouns:

   primero   primer   el primer día
   tercero   tercer   el tercer mundo
   alguno   algún   algún camino
   ninguno   ningún   ningún peligro

2. **Grande** drops the last syllable and becomes **gran** before masculine and feminine singular nouns:

   un gran hombre   una gran mujer
   un gran explorador   una gran aventura

3. The numeral **ciento** drops the last syllable and becomes **cien** before all nouns and before **mil** and **millones**:

   cien ciudades
   cien mil millas
   cien millones de habitantes

4. The title **Santo** (*saint*) drops the last syllable and becomes **San** before all masculine proper names except **Domingo**, **Tomás**, and **Toribio**:[1]

   San José   BUT: Santo Domingo
   San Pedro   Santo Tomás
   San Carlos   Santo Toribio

5. **Cualquiera** drops the final -a and becomes **cualquier** before masculine singular nouns: **cualquier individuo, cualquier día**. Before feminine nouns either **cualquiera** or **cualquier** may be used: **cualquiera** (or) **cualquier persona**.

---

1. When **santo** means *holy* it is not shortened as in **el Santo Padre**, *the Holy Father;* **el santo evangelio**, *the Holy Gospel;* **el santo sacramento**, *the Holy Sacrament.*

Grammar Review

The position of descriptive adjectives

In English, descriptive adjectives always precede the noun they modify. In Spanish, however, adjective word order is more flexible: descriptive adjectives may either precede or follow the noun depending on the meaning and information content of the modifying adjective. The following guidelines are helpful in determining adjective position in Spanish.

WORD ORDER: NOUN + ADJECTIVE

Adjectives placed after a noun restrict, specify, or particularize the noun they modify. This is probably the most frequent word order in Spanish.

The following categories of adjectives are normally placed after the noun:

1. Adjectives denoting national origin, religious and political preference, or social, moral, and psychological status:

un explorador español	a Spanish explorer
la fe cristiana	the Christian faith
un gobernante liberal	a liberal ruler
gente generosa	generous people
una persona justa	a fair person

2. Adjectives denoting color, shape, size, matter, or condition:

un cielo azul	a blue sky
un camino sinuoso	a winding road
una selva interminable	an endless jungle
una montaña rocosa	a rocky mountain
un pantano peligroso	a dangerous swamp

   Past participles functioning as adjectives usually describe some of the above characteristics; as a result they normally follow the noun:

un estudiante desilusionado	a disenchanted student
un recorrido atrevido	a daring journey
una visión idealizada	an idealized image

3. Adjectives referring to technical, scientific, and classificatory concepts:

un programa agrícola	an agricultural program
un problema social	a social program
una transacción bancaria	a banking transaction
la exploración espacial	space exploration
una investigación científica	a scientific investigation
el desarrollo económico	economic development

4. Adjectives modified by adverbs or intensifiers follow the noun, as these adjectives usually serve a distinguishing purpose:

Fue un explorador muy famoso.	He was a very famous explorer.
Tuvo una aventura bastante atrevida.	He had a rather daring adventure.

Repaso 9

Caminó bajo condiciones demasiado adversas.	He walked under rather adverse conditions.
Sobrevivió por su resistencia fuerte.	He survived due to his very strong resistence.

WORD ORDER: ADJECTIVE + NOUN

Adjectives placed before a noun describe an inherent quality of the noun they modify. They do not specify or particularize it.

The following categories of adjectives may be placed before the noun:

1. Adjectives expressing typical, inherent, characteristic qualities that do not specify or restrict the meaning of the noun:

Picasso fue un gran pintor.	Picasso was a great painter.
Guernica es un famoso cuadro.	Guernica is a famous painting.
Presenta una triste visión del mundo.	It presents a sad image of the world.
En Nueva York hubo una excelente exposición.	There was an excellent exhibit in New York.

2. Adjectives expressing value judgments:

increíble sufrimiento	incredible suffering
imprevistos peligros	unforseen dangers
ansiosa búsqueda	anxious search
desastrosas condiciones	disastrous conditions

   Since irregular comparatives and superlatives imply value judgments, they normally precede the nouns:

No hay mejor experiencia.	There is no better experience.
Es la peor estación.	It is the worst season.

   Since exclamations with **qué** imply value judgments and enhancement, the adjectives in these constructions usually precede the nouns:

¡Qué precioso paisaje!	What a beautiful landscape!
¡Qué maravillosa oportunidad!	What a wonderful opportunity!

3. Adjectives that emphasize the speaker's subjective attitude or point of view without specifying, restricting, or distinguishing are normally placed before the noun:

Es un conocido historiador de arte.	He is a well-known art historian.
Compró una valiosa colección.	He bought a valuable collection.
Tuvo una excelente exposición.	He had an excellent exhibit.

   But if the descriptive value of these adjectives is one of specifying and distinguishing the noun within a given class, the adjective follows the noun:

Es un historiador de arte conocido.	He is a well-known historian (as opposed to an unknown one)
Compró una colección valiosa.	He bought a valuable collection. (as opposed to not a valuable one)

POSITION OF MORE THAN ONE DESCRIPTIVE ADJECTIVE

The placement of more than one descriptive adjective modifying a single noun follows essentially the same rules as single adjective-noun sequences. The following arrangements are possible:

1. Two descriptive adjectives that as a unit classify, specify, or restrict a noun are placed after the noun. Normally, the more restrictive adjective goes last:

la exploración espacial actual	present-day space exploration
la juventud idealista americana	American idealistic youth
la pintura moderna española	Spanish (not American) modern painting
la pintura española moderna	modern (not old) Spanish painting.

2. The adjective that is more subjective or enhancing in meaning may be placed before the noun; the other(s) follow the noun:

Picasso fue un famoso pintor moderno.	Picasso was a famous, modern painter.
Cabeza de Vaca fue un desafortunado explorador español.	Cabeza de Vaca was an unfortunate Spanish explorer.

3. Two or more descriptive adjectives may be joined by commas and the conjunction **y (e)**. If the adjectives specify, classify, or distinguish, they are placed after the noun:

Era un muchacho fuerte y tenaz.	He was a strong and tenacious young man.
Tenía un espíritu aventurero, invencible y audaz.	He had an adventurous, invincible, and daring spirit.

   If the adjectives have an enhancing, judgmental purpose, they are placed before the noun:

Vivió una atrevida, ambiciosa y valiente aventura.	He lived a daring, ambitious and courageous adventure.
Vio maravillosos y preciosos paisajes.	He saw wonderful and beautiful landscapes.

Adjective-noun agreement

In sentences where one adjective modifies more than one noun, the following rules of agreement apply:

1. Two nouns of the same gender take an adjective in the plural form of the same gender:

Cruzó caminos y pantanos peligrosos.	He crossed dangerous roads and swamps.
Conoció gente generosa y simpática.	He met generous and nice people.

2. When one noun is masculine and the other is feminine, the modifying adjective is in the masculine plural:

Tiene un espíritu y una actitud amplia.	He has an open-minded attitude and spirit.
El recorrido y la excursión fueron valiosos.	The journey and the excursion were valuable.

3. A masculine singular noun and a feminine singular noun closely connected in meaning take an adjective in the singular with the gender of the nearest noun:

una escultura y un cuadro moderno	a modern sculpture and painting
un piano y una mesa antigua	an old piano and table

The same rule applies when the modifying adjective is placed before the nouns:

su propio orgullo e identidad	his own pride and identity
su clara visión y talento	her clear vision and talent

4. Collective nouns take an adjective in the same gender and number unless the adjective modifies the object of a prepositional phrase:

un equipo magnífico de exploradores	un grupo de exploradores magníficos
a great team of explorers	a team of great explorers
una multitud contenta de gente	una multitud de gente contenta
a happy crowd of people	a crowd of happy people

Descriptive adjectives as nouns: noun deletion

Descriptive adjectives may be nominalized by nouns.[2] Although English may add *one*, Spanish does not add **uno, una, -s**:

Compró los pantalones grises.	**Compró los grises.**
He bought the grey pants.	He bought the grey ones.
También compró esa corbata azul.	**También compró esa azul.**[3]
He also bought that blue tie.	He also bought that blue one.
Acaban de llegar unos estudiantes peruanos.	**Acaban de llegar unos peruanos.**
Some Peruvian students have just arrived.	Some Peruvians have just arrived.

Nominalization of adjectives by noun deletion is normally used to avoid repeating the noun:

Compró los pantalones grises y también los azules.	He bought the grey pants and also the blue ones.
Acaban de llegar unas estudiantes peruanas y unas chilenas.	Some Peruvian and some Chilean students have just arrived.

NOMINALIZATION OF ADJECTIVAL CLAUSES

An adjectival clause introduced by **que** modifying a noun may also be nominalized by noun deletion:[4]

Los pantalones que compró son grises.	**Los que compró son grises.**
The pants he bought are grey.	The ones he bought are grey.

---

2. Descriptive adjectives may also be nominalized by the neuter **lo**: **lo bueno**, *the good thing;* **lo malo**, *the bad thing.* See The nominalizer **lo**, Repaso 16.
3. See Demonstratives as nominalizers, Repaso 8.
4. See Relative pronouns without definite antecedents, Repaso 20.

La corbata que compró es azul.
The tie he bought is blue.

Las estudiantes que llegaron son peruanas.
The students that arrived are Peruvian.

La que compró es azul.
The one he bought is blue.

Las que llegaron son peruanas.
The ones who arrived are Peruvian.

Reflexive pronouns

FORMS

me	myself	nos	ourselves
te	yourself (**tú**)	os	yourselves
se	himself / herself / yourself (**Ud.**) / itself	se	themselves / yourselves

1. Except for **se**, the third-person singular and plural form, reflexive pronouns have the same forms as direct and indirect object pronouns:

   DIRECT OBJECT: **Me llevó de compras.**   She took me shopping.
   INDIRECT OBJECT: **Me compró estos zapatos.**   She bought these shoes for me.
   REFLEXIVE: **Me puse los zapatos nuevos.**   I put on the new shoes.

2. There is no gender distinction in the third person as there is for direct object pronouns (**lo, la**):

   La invité (a ella).   I invited her.
   Lo invité (a él).   I invited him.
   Él se vistió de gris.   He dressed in gray.
   Ella se vistió de rojo.   She dressed in red.

3. The same reflexive forms are used for both direct and indirect object constructions:

   DIRECT OBJECT
   Pedro se lavó.
   Peter washed himself.

   INDIRECT OBJECT
   Pedro se lavó las manos.
   Peter washed his hands.

4. In English, reflexive pronouns may be omitted in unambiguous sentences. In Spanish, reflexive forms are required with all reflexive constructions:

   Me bañé.   I bathed.
   Me afeité.   I shaved.
   Se curó.   He healed.

TRUE REFLEXIVE CONSTRUCTIONS

In a true reflexive sentence the subject performs and receives the action of the verb. The subject is, thus, the instigator of the event as well as its direct or indirect object. The reflexive relationship is expressed through reflexive pronouns.

REFLEXIVES AS DIRECT OBJECTS

Subject is also Direct Object	Performs Action and Receives it as D.O.	Verbal Action	
(yo)	Me	bañé.	I bathed (myself).
(tú)	Te	bañaste.	You bathed (yourself).
(ella)	Se	lavó.	She washed (herself).
(él)	Se	lavó.	He washed (himself).
(yo)	Me	afeité.	I shaved (myself).
(Ud.)	Se	afeitó.	You shaved (yourself).
(ellos)	Se	defienden.	They defend themselves.
(Uds.)	Se	defienden.	You defend yourselves.
(nosotros)	Nos	defendemos.	We defend ourselves.

1. Reflexive pronouns are used as direct objects when the subject both performs and receives the action;
2. Similar constructions exist in English, but in English reflexive pronouns may be omitted if there is no ambiguity:

   I bathed (myself) before going out.

3. Reflexive pronouns are required in Spanish whenever the sentence has reflexive meaning:

   Me bañé antes de salir.

REFLEXIVES AS INDIRECT OBJECTS

Subject is also Indirect Object	Performs Action and Receives it as I.O.	Verbal Action	Direct Object	
(yo)	Me	lavé	las manos.	I washed my hands.
(él)	Se	cubrió	los pies.	He covered his feet.
(ella)	Se	compró	un vestido.	She bought herself a dress.
(nosotros)	Nos	conseguimos	un trabajo.	We found ourselves a job.

1. Reflexive indirect object constructions normally take a direct object: **las manos, los pies,** etc.
2. Reflexive pronouns function as indirect objects when the subject performs the action and is involved in it or affected by it in some way: **Nosotros nos conseguimos un trabajo.**

USE OF REFLEXIVES AS INDIRECT OBJECTS

Reflexive indirect objects have essentially the same functions as nonreflexive indirect objects. Reflexives as indirect objects are used:

1. To express the involvement of the subject as performer and receiver of the action when the verb takes a direct object:

Pedro se formó una visión optimista del mundo.	vs.	**Su recorrido le formó una visión optimista del mundo**
Peter developed an optimistic vision of the world.		His journey gave him an optimistic vision of the world.
Subject: Peter		*Subject:* His vision
Direct Object: an optimistic vision	vs.	*Direct Object:* an optimistic vision
Indirect Object: Peter himself		*Indirect Object:* him (Peter)

    Él se dijo: la gente es buena. vs. **Yo le dije: la gente es buena.**
    He said to himself: people are good. / I told him: people are good.

2. To express the involvement of the subject as performer and receiver of a benefit:

    Me corté el pelo. vs. **Ella me cortó el pelo.**
    I cut my hair. / She cut my hair for me.

    Se afeitó la barba. vs. **El le afeitó la barba.**
    He shaved his beard. / He shaved his beard (did it for him).

    Nos compramos ropa nueva. vs. **Nos compraron ropa nueva.**
    We bought ourselves new clothes. / They bought new clothes for us.

3. To express the involvement of the subject as performer and receiver of a service or disservice when the direct object is a personal possession, such as body parts, personal belongings, or clothing. In these cases English uses a possessive instead of a reflexive pronoun:

    Él lavó la ropa. vs. **Ella le lavó la ropa.**
    He washed his clothes. / She washed his clothes.

    Me cubrí los pies. vs. **Ellos me cubrieron los pies.**
    I covered my feet. / They covered my feet.

    Ella se lastimó el brazo. vs. **El le lastimó el brazo.**
    She hurt her arm. / He hurt her arm.

    (Yo) me gasté todo el dinero. vs. **Ella me gastó todo el dinero.**
    I spent all my money. / She spent all my money.

4. To express the involvement of the subject as performer and receiver of an action when the latter is of "special interest" for him or her. There is no equivalent construction in English; such situations are expressed either by prepositional phrases or different lexical items:

    Nos protegimos las manos del frío. vs. **Nos protegieron las manos del frío.**
    We protected our hands from the cold. / They protected our hands from the cold.

    Se tomó un galón de agua. vs. **Ellos le tomaron el galón de agua.**
    He drank up a gallon of water. / They drank his gallon of water.

    (Ella) se hizo un abrigo nuevo. vs. **La modista le hizo un abrigo nuevo.**
    She had a new coat made (for herself). / The dressmaker made her a new coat.

REFLEXIVES AS RECIPROCAL PRONOUNS

UNAMBIGUOUS RECIPROCAL MEANING

Nosotros nos escribimos con frecuencia.	We write (to one another) frequently.
La gente no siempre se comunica bien.	People do not always communicate well.
Uds. se ven regularmente.	You see each other regularly.

AMBIGUOUS RECIPROCAL MEANING

True reflexive:

Nunca nos entendemos completamente.	We never understand ourselves fully.
¿Se conocen Uds. bien?	Do you know yourselves well?

RECIPROCAL ACTION:

Nunca nos entendemos el uno al otro.	We never understand each other.
No se conocen los unos a los otros.	They don't know each other.

1. The reflexive pronouns **nos** and **se** are used to express reciprocal action;
2. Context usually clarifies reciprocal meaning;
3. There are some instances, however, when the same sentence may be interpreted in two ways: as a true reflexive construction or as a reciprocal action. To avoid ambiguity:

   a. If a true reflexive meaning is intended, the prepositional reflexive **a sí mismos** is added for the third person plural. For the first person plural **a nosotros mismos** is used:

La gente no se conoce a sí misma.	People don't know themselves.
Pedro no se entendía a sí mismo.	Peter did not understand himself.
Nunca nos entendemos completamente a nosotros mismos.	We never understand ourselves fully.

   b. If a reciprocal meaning is intended, the reciprocal forms **uno al otro, mutuamente, entre sí,**[5] **entre nosotros**, are used:

Se respetan el uno al otro.	They respect one another.
Se admiran mutuamente.	They admire one another.
Se comunican entre sí.	They communicate with one another.
Se odiaban los unos a los otros.	They hated each other.
Nos defendíamos mutuamente.	We defended each other.

4. The forms vary in gender and number to agree with the subject: **a sí misma, los unos a los otros,** for example;

Ella no se respeta a sí misma.	She has no respect for herself.
Ellos se respetan los unos a los otros.	They respect each other.

5. In Spanish, reflexive pronouns must be used if reciprocal action is intended. In English reciprocal pronouns may be omitted when the meaning is not ambiguous:

La gente no siempre se comunica bien. (entre sí)	People do not always communicate well. (with one another)

---

5. **Entre sí** is only used for the third person. For the first-person plural, **entre nosotros** is used:

ellos / ustedes **se conocen entre sí**	they / you know each other
nos conocemos entre nosotros	we know each other

Lexical Usage

Adjective position and meaning change

Some Spanish adjectives may acquire special meanings depending on whether they are placed before or after the noun they modify. The following are the most frequently used adjectives that may alter their meaning:

After Noun	Before Noun
antigua	
ancient, old	*former, first*
Los exploradores antiguos eran hombres tenaces y audances. The old explorers were tenacious and strong men.	**La antigua capital de Guatemala fue destruida por un terremoto.** The former (first) capital of Guatemala was destroyed by an earthquake.
diferente	
different	*various*
Los conquistadores españoles se encontraron con un mundo diferente. The Spanish conquerors found a different world.	**También se encontraron con diferentes tipos humanos.** They also found various human types.
grande	
big	*great*
Cabeza de Vaca no era un hombre grande. Cabeza de Vaca was not a big man.	**Fue un gran explorador.** He was a great explorer.
nuevo	
brand new	*another one*
La expedición para explorar el suroeste partió en un barco nuevo. The expedition to explore the Southwest left in a brand new ship.	**En Tejas naufragó y construyeron un nuevo barco.** They were shipwrecked in Texas and thus built another ship.
pobre	
indigent, not rich	*unfortunate, pitiful*
un explorador pobre a poor explorer	**un pobre explorador** an unfortunate explorer

After Noun	Before Noun
triste	
sad, not happy, disillusioned	*without status, hopeless*
Al final de su vida era una persona triste.	Cuando era joven, tenía un espíritu audaz, no era un triste explorador.
At the end of his life he was a sad (disillusioned) person.	When he was young, he had a daring spirit, he was not a sad explorer.
viejo	
elderly, old	*former, long-standing*
Salió con un señor viejo.	Salió con su viejo amigo.
He went out with an elderly man.	He went out with his old (long-standing) friend.

1. When any of the preceding adjectives occurs with an adverb of intensity, such as **muy, bastante,** or **demasiado,** the modified adjective is placed after the noun:

Pedro conoció bastante gente nueva.	Peter met a lot of new people.
Cabeza de Vaca tuvo un final muy triste.	Cabeza de Vaca had a very sad ending.

2. The meaning of **muy grande** and **muy viejo** is determined by context:

No hay duda que fue un hombre muy grande debido a su espíritu humanitario y generoso.	There is no doubt that he was a very great man because of his humanitarian and generous spirit.
Eran hombres grandes y fuertes.	They were tall and strong men.
Era una amistad muy vieja.	It was a friendship of very long standing.
Era una mujer muy vieja.	She was a very old woman.

3. The basic meaning of **antiguo,** *ancient, old;* **diferente,** *different;* **nuevo,** *brand new;* and **pobre,** *poor,* is not altered when these adjectives are modified by an adverb of intensity:

un territorio muy antiguo	a very old territory
un mundo demasiado diferente	a rather different world
una costumbre bastante nueva	a rather new custom
una gente muy pobre	a very poor people

Lectura

Reading, writing, and oral responses

Read the following passage. Study the uses of the preterit and imperfect, true reflexives constructions, reflexives as reciprocal pronouns, and adjective position. Be prepared to answer the questions orally in class. Your instructor may ask you to write the answers to the questions.

Cabeza de Vaca y Peter Jenkins: Dos valientes exploradores

Alvar Núñez Cabeza de Vaca, un desafortunado[1] explorador español del siglo XVI, y Peter Jenkins, un desilusionado estudiante norteamericano del siglo XX, vivieron odiseas similares. Ambos recorrieron los Estados Unidos a pie. En 1973, Peter Jenkins caminó de Nueva York a Nueva Orleans y de allí siguió a California. En esa atrevida aventura, Peter Jenkins anduvo un total de 5.000 millas, casi la misma distancia que Cabeza de Vaca recorrió en el siglo XVI. ¿Pero qué buscaba este ambicioso explorador moderno? Peter Jenkins iba en busca de su propia identidad: nacional y personal. Peter quería recobrar su verdadero orgullo nacional y reafirmar su fe en la humanidad. Pero al mismo tiempo Peter deseaba conocerse a sí mismo. Quería conocer sus propias virtudes y debilidades; quería lograr un sueño de juventud.

Cabeza de Vaca, en su búsqueda ansiosa y desesperada por volver a encontrar la civilización perdida, recorrió 6.000 millas pero bajo circunstancias diferentes y condiciones adversas.

Cabeza de Vaca era miembro de la desastrosa expedición española que llegó a Florida en 1527. Junto con un grupo de unos cien hombres decidió llevar la expedición hacia el interior y continuar la exploración. Mientras exploraban nuevas tierras, el barco en que llegaron partió sin ellos. De repente, los hombres se encontraron abandonados y perdidos en la densa selva y los peligrosos pantanos de la Florida. Pero gracias a su espíritu indómito y fuerte construyeron nuevos barcos y partieron. La mala suerte los perseguía. Naufragaron cerca de una isla desconocida a la que le dieron el nombre de Mal Hado,[2] y que más tarde iba a ser Galveston, Texas. En esa ocasión sólo cuatro hombres sobrevivieron. La verdadera desventura[3] de Cabeza de Vaca comenzó entonces. Cuando los cuatro hombres avanzaban hacia el interior, una tribu hostil de indios los tomó prisioneros. Durante seis años vivieron allí como esclavos hasta que finalmente lograron escapar. Perdido en un mundo desconocido, Alvar Núñez continuaba su marcha por tierras áridas y desiertas. Quería encontrar el mar del Sur y poder regresar a la civilización.

Alvar Núñez Cabeza de Vaca y Peter Jenkins se parecen porque ambos tenían gran resistencia física. Ambos eran hombres valientes. Pero también se diferencian uno del otro. Cuando Peter comenzó su recorrido, siguió un itinerario conocido. Normalmente, caminaba 20 millas en unas 8 horas cada día. Cuando tenía hambre o sed paraba en algún mercado y se compraba algo o paraba en algún restaurante donde se alimentaba. En una sola ocasión se tomó 2 galones de líquido: jugo de naranja, Coca-Cola, leche y agua. Peter salió de su casa con sólo 600 dólares y pensaba vivir con 5 dólares diarios. Quería completar su recorrido en nueve meses pero éste le tomó 4 años porque en varias ocasiones se encontró sin un centavo. Así cada vez que le faltaba dinero se conseguía un trabajo.

---

1. *unfortunate*
2. *literally, Bad Omen, the Isle of Misfortune*
3. *real misfortune*

Repaso 9

A medida que Peter Jenkins recorría pueblos, ciudades y aldeas conocía a mucha gente. La gente le preguntaba quién era, de dónde venía y qué hacía. Cuando les contaba sus planes aventureros muchas de esas personas lo invitaban a su casa. Allí descansaba, se bañaba, se afeitaba y se lavaba la ropa. A Peter le gustaban todas estas aventuras. Los paisajes naturales que vio de su país le parecieron maravillosos. Pero sobre todo a Peter le encantó la gente trabajadora y optimista que conoció. No sabía que en el mundo había tanta gente acogedora y generosa. Peter Jenkins se formó una nueva visión de su país. Pronto se curó de sus propias dudas y recobró sus esperanzas en el hombre. En ese sentido Peter Jenkins tuvo una experiencia afortunada: pudo vencer una desilusión pasajera de juventud.

Cuando Cabeza de Vaca se vio libre en el desierto, no sabía ni de dónde venía ni adónde iba. No había ni mapas ni caminos. No se imaginaba qué podía encontrar. Sólo le interesaba regresar a la civilización perdida. Después de dos años de incesante marcha por Tejas, Nuevo México y Arizona llegó a San Miguel de Culiacán, México en 1536. Así terminaron ocho años de increíbles sufrimientos y peligros imprevistos.

¿Cómo sobrevivió Cabeza de Vaca? ¿Cómo se alimentaba? ¿Cómo se protegía del calor? ¿Cómo se vestía cuando hacía frío? ¿Cómo se cubría los pies para no lastimarse? Cabeza de Vaca se alimentaba con lo que encontraba. No se envenenó milagrosamente. No tenía nada para protegerse del tiempo. No se vestía porque no tenía ni ropa ni zapatos y a veces iba desnudo y descalzo.[4] Se lavaba cuando podía, y sólo de vez en cuando,[5] se cortaba el pelo o las uñas.

Durante su recorrido Cabeza de Vaca encontró una gran diversidad de tribus indígenas. Algunas eran de indios hostiles, otras eran amistosas. ¿Cómo se dirigía Cabeza de Vaca a estos habitantes nativos? ¿Cómo se comunicaban hombres de lenguas y costumbres tan distintas? Aparentemente, se entendían por señas.[6] Es evidente, que también se respetaban los unos a los otros porque al fin y al cabo, Cabeza de Vaca llegó vivo a México donde escribió sus memorias.

Este gran explorador español, un hombre de espíritu indómito y de increíbles recursos, descubrió y exploró el sudoeste norteamericano. Cabeza de Vaca se formó una visión amplia de la humanidad y desarrolló un enorme sentido humanitario. Pero él y sus contemporáneos no se entendían. Años más tarde, cuando fue Gobernador del Paraguay, Cabeza de Vaca quiso poner en práctica esa visión humanitaria que adquirió durante su interminable odisea por el sudoeste norteamericano. Sus contemporáneos pensaban que era un gobernante demasiado generoso y tolerante. Pocos le reconocían sus grandes virtudes personales. El pobre Cabeza de Vaca terminó desterrado y enjuiciado[7] en España. En ese sentido Cabeza de Vaca, a diferencia de Peter Jenkins, fue un desafortunado explorador que tuvo un triste final[8] y murió desilusionado.

---

4. *naked and barefoot*
5. *once in a while*
6. *by signs*
7. *exiled and tried in court*
8. *sad ending*

Preguntas de comprensión

1. ¿Quiénes eran Cabeza de Vaca y Peter Jenkins?
2. ¿Cómo se parecen estos dos hombres?
3. ¿Qué motivos llevaron a Peter Jenkins a su ambiciosa aventura?
4. ¿Por qué se encontró Cabeza de Vaca perdido y abandonado en la Florida?
5. ¿Qué aventuras increíbles pasó en su recorrido de Florida a México?
6. ¿Qué hacía Peter Jenkins cuando la gente que conocía lo invitaba a su casa?
7. ¿Por qué no ocurría igual con Cabeza de Vaca?
8. ¿En qué sentido tuvo Peter Jenkins una experiencia afortunada?
9. ¿Cómo influyeron en Cabeza de Vaca todas las experiencias que vivió?
10. ¿En qué sentido fue Cabeza de Vaca un desafortunado explorador español?

Preguntas para conversar

Answer the following questions with complete statements when your instructor calls on you. You may organize your answers before coming to class.

1. ¿Qué piensa Ud. de Cabeza de Vaca? ¿Le parece a Ud. que fue un gran hombre? ¿Por qué?
2. ¿Qué aspectos le impresionaron más de su aventura?
3. ¿En qué sentido fue mucho más fácil el recorrido que hizo Peter Jenkins?
4. Peter Jenkins escribió un libro sobre sus experiencias. ¿Lo leyó alguno de Uds.? ¿Qué más puede decirnos de Jenkins?
5. ¿Qué aspectos le impresionaron a Ud. sobre Peter Jenkins?
6. ¿En base a qué experiencias se formó Ud. una idea de los Estados Unidos? ¿Qué regiones conoce Ud.? ¿Cómo cree Ud. que es la gente de este país?
7. ¿En qué basan los norteamericanos su orgullo nacional? Explique su opinión.
8. ¿En qué sentido son los norteamericanos personas de mentalidad amplia y libre? Explique con ejemplos concretos.
9. ¿Cuáles son los sueños de juventud que Ud. quiere ver realizados?
10. ¿Cuando Ud. tiene alguna desilusión pasajera cómo se cura Ud. de ella? ¿Qué cosas le permiten a Ud. mantener su optimismo y su vitalidad?

Temas para comentar

Dénos su opinión...

1. La forma de vencer nuestras dudas.
2. La forma de mantener nuestra fe en la humanidad.

3. La manera de protegernos de nuestros enemigos.
4. El modo de entendernos mejor con personas de condición o nacionalidad distintas.

Técnicos de televisión en una de las salas de la SIN (Spanish International Network).

Repaso 10

Grammar review
> Indefinites
> More reflexive constructions

Lexical usage
> Spanish equivalents of *to learn*
> False cognates

Lectura: La TV: Objeto omnipresente en todo hogar moderno

Grammar Review

Indefinites

Indefinite words describe quantity, selection, and distribution. Most indefinite words modify or replace nouns. Some modify verbs. Some indefinites have already been introduced under indefinite words and their negative counterparts.[1]

INDEFINITES EXPRESSING QUANTITY

demasiado, -a	*too much*
demasiados, -as	*too many*
Pasamos demasiado tiempo con el televisor puesto.	We spend too much time with the TV set on.
Hay demasiados anuncios comerciales.[2]	There are too many commercials.
mucho, -a	*a great deal of* *a lot (of), lots of* *much, too much*

---

1. See Repaso 8.
2. When the noun modified by the indefinite word is deleted, the indefinite functions as a noun substitute: **Hay demasiados anuncios comerciales, ¿verdad?—Sí, hay demasiados.**

muchos, -as	*a great many* / *many, lots of*

No hay mucho tiempo para leer. There isn't much time to read.
Muchos se quejan de eso. Many complain about that.

poco, -a	*little*
pocos, -as	*few, a few*

Tienen poco interés por la lectura. They have little interest in reading.
¿Cuántas personas visitan las bibliotecas?—Pocas. How many people visit the libraries?—Few.

más	*more*
menos	*less, fewer*

Los niños necesitan leer más. Children need to read more.
Deben ver menos televisión. They should watch less television.

bastante, -s	*plenty of* / *quite a few*

En esta ciudad hay bastantes museos para visitar. There are plenty of museums to visit in this city.
Así me entretengo bastante. I entertain myself plenty that way.

suficiente, -s	*enough*

No tengo suficiente tiempo para verlos bien. I don't have enough time to see them well.
También hay suficientes conciertos. There are also enough concerts.

varios, -as	*some* / *several* / *various* (different)

Vimos a varios artistas famosos. We saw several famous artists.
Prefiero hacer varias cosas en vez de ver televisión. I prefer to do various (different) things rather than watch TV.

todo / toda + noun	*every*, in a universal sense

Todo or **toda** in the singular and without the article is equivalent to the English *every* when it is used to signal a noun in a general, universal sense.

No todo hábito es contagioso. Not every habit is contagious. (*Habit* in the general sense)

Debemos evitar toda mala influencia. We must avoid every bad influence. (*Influence* in the general sense)

todos los / todas las + noun	*every*, in the sense of 'all of a limited amount'; *every one . . . , each one of . . .*

Todos or **todas** in the plural followed by the definite article **los** or **las** is equivalent to the English *every* when it is used to mean all of a limited amount.

Repaso 10

Todos los programas son en español.	Every program is in Spanish.
Todas las noticias vienen de México.	Every piece of news comes from México.
Leo el periódico todos los días.	I read the newspaper every day. (every one of the days; each one of the days)
Veo la televisión todas las noches.	I watch television every night. (each one of the nights)

todo, -a / **todos, -as** + { Definite article, Possessive or Demonstrative } + noun *all (of)*

Puse la televisión todo el día.	I put the television on all day long.
Vi a todos mis artistas favoritos.	I saw all of my favorite artists.
Escuché todas las canciones.	I listened to all of the songs.
Me entretuve toda la tarde.	I entertained myself all afternoon long.

Todo, -a, todos, -as may also be used as noun substitutes:

¿Invitaste a todas las chicas?	Did you invite all of the girls?
—Sí, las invité a todas.	—Yes, I invited all of them.
Todo está listo para la fiesta.	Everything is ready for the party.
¿Vienen todos los estudiantes?	Are all of the students coming?
—Sí, todos vienen.	—Yes, they are all coming.

todo / **toda** + indefinite article + noun — *a whole / an entire*

Pasamos todo un día frente a la televisión.	We spent a whole (an entire) day in front of the TV.
No la veíamos en toda una semana.	We hadn't watched it for a whole (an entire) week.

IDIOMATIC EXPRESSIONS WITH *TODO*

todo el mundo	everybody	en todas partes	everywhere
a todo color	in full color	de todos colores	of all colors
a todas horas	at all hours	de todo tamaño	of all sizes
de todos modos	anyway, at any rate	de todos (los) estilos	of all styles
de todas maneras		de todos (los) modelos	of all models

INDEFINITES THAT DESCRIBE DISTRIBUTION

ambos, -as

Ambos televisores son modelos nuevos.	Both TV sets are new models.
Ambas televisiones son a colores.	Both are color televisions.

cada — *every / each*

Hay noticias cada hora.	There is news every hour.
Cada vez dan más información.	Each time they give more information.

cada uno, -a — *each*
cada cual — *each one*

Cada uno (cada cual) dice algo diferente.	Each one is saying something different.

(los, las) demás	*(the) other(s)*
Los demás no saben que sucede.	The others don't know what is happening.

INDEFINITES THAT EXPRESS SELECTION

cierto, -a **ciertos, -as**	*certain*
Ciertos programas de televisión son excelentes.	Certain TV programs are excellent.
Pero hay cierta influencia nociva.	But there is a certain harmful influence.
tal	*such(a)*
tales	*such*
Tal influencia es peligrosa.	Such influence is dangerous.
Tales programs no valen la pena.	Such programs are not worthwhile.
otro, -a	*another, other, one other*
otros, -as	*other, others*
Otro día vamos al cine.	We'll go to the movies another day.
¿No hay otra película buena?	Isn't there another good film?
Las otras ya las vimos.	We already saw the others.

Otro precedes most indefinite words:

No hay ningún otro programa.	There is no other program.
¿Hay alguna otra película española?	Is there any other Spanish movie?

Otro may either precede or follow the indefinites **mucho** and **tanto** and cardinal numerals:

muchas otras ventajas **otras muchas ventajas**	*many other advantages*
otros tantos problemas **tantos otros problemas**	*so many other problems*
diez otras razones **otras diez razones**	*ten other reasons*
cualquier[3] **cualquiera**	*any(thing)* *any ... at all* *any ... whatever* *(just) anyone*
Los niños se entretienen con cualquier programa.	Children entertain themselves with any program.
Ven cualquier cosa.	They just watch anything.
La imagen visual atrae a cualquiera.	The visual image attracts everyone.
cualquiera que	*whoever*
Cualquiera que se interesa por la lectura no depende de la televisión.	Anyone who is interested in reading doesn't depend on television.

---

3. The plural **cualesquier(a)** is rare in everyday speech. **Un cualquiera/una cualquiera** mean *an ordinary, vulgar person, a nobody*: **Ese tipo es un cualquiera,** *That guy is a nobody.*

Repaso 10

More reflexive constructions

INHERENT REFLEXIVES

acordarse de to remember	Ustedes no se acuerdan de las cosas que dicen.	You don't remember the things you say.
arrepentirse de to regret, to be sorry	¡Tampoco nos arrepentimos!	We are not sorry either!
burlarse de to make fun of	Él se burla de todo el mundo.	He makes fun of everybody.
portarse (comportarse) to behave	Sí, me porto muy mal.	Yes, I behave badly.
jactarse to brag about, boast of	Además, te jactas de tu conducta.	Besides, you brag about your behavior.
darse cuenta to realize	Ayer nos dimos cuenta de eso.	We realized that yesterday.
atreverse a to dare	Casi no me atrevo a hablar.	I almost don't dare speak.

1. A number of commonly used verbs in Spanish are called *inherent reflexives* because they always require the reflexive form;
2. With these verbs the reflexive forms **me, te, se,** etc., cannot be omitted;
3. Most of these verbs are not reflexive in English;
4. **Quedarse** functions as an inherent reflexive verb when it means *to remain or stay in a place*, thus requiring the reflexive forms:

   El verano pasado me quedé en la ciudad.   Last summer I remained (stayed) in the city.

5. Some Spanish inherent reflexives are:

abstenerse	to abstain	**equivocarse**	to make a mistake
cerciorarse	to ascertain, to make certain	**graduarse**	to graduate
		quejarse	to complain
enorgullecerse	to pride oneself, to take pride	**reírse**	to laugh
		refriarse	to catch a cold

VERBS OF INNER PROCESSES IN REFLEXIVE CONSTRUCTIONS

ofenderse Cuando me lo dijeron me ofendí.	*to get offended* When they told me about it I got offended.
enojarse También me enojé mucho.	*to get or become angry.* I also got very angry. I also became very angry.

sorprenderse (de)	*to be or become surprised*
Se sorprendió de mi reacción.	He was surprised at my reaction.
	He became surprised at my reaction.
preocuparse	*to worry*
¿Por qué te preocupas?	Why do you worry?
olvidarse (de)	*to forget (about)*
Nosotros ya nos olvidamos de eso.	We already forgot about that.
calmarse	*to calm down*
Necesito calmarme.	I need to calm down.
alegrarse (de)	*to be or become happy (glad)*
Nos alegramos de verte mejor.	We are happy to see you better.
sentirse	*to feel*
¿Te sientes complacido?	Do you feel pleased?
emocionarse (de)	*to be or become moved (by)*
Sí, me emociona tu honestidad.	Yes, I am moved by your honesty.

1. There are some reflexive constructions in which the subject is not the instigator but the experiencer of the event. Verbs of emotion and inner processes fall into this category;
2. The reflexive forms **me, te, se,** etc., signal the subject's involvement in the event;
3. Spanish reflexives with verbs of inner processes do not correspond to English reflexive verbs but rather have other English equivalents:

Spanish reflexive	English *to get* or *to be,* or *to become* + past participle
aburrirse	to get, be, or become bored
ajustarse	to get, be, or become adjusted
alarmarse	to get or be alarmed
asustarse	to get or be scared
casarse	to get or be married
comprometerse	to get, be, or become engaged
disgustarse	to get or be angry (displeased, mad)
divorciarse	to get or be divorced
educarse	to get or be educated
emocionarse	to get or be moved
enfermarse	to get, be, or become sick
entristecerse	to get, be, or become sad
horrorizarse	to get or be horrified
interesarse	to get, be, or become interested

Spanish reflexive	English verb + complement
arriesgarse (a)	to risk, to jeopardize
criarse	to grow up, to be raised
dedicarse (a)	to devote oneself to
decidirse (a)	to make up one's mind (to)
divertirse	to have a good time, to enjoy oneself
dormirse	to fall asleep
empeñarse en	to insist upon
enamorarse (de)	to fall in love (with)
enterarse de	to find out about
entretenerse (con)	to entertain oneself (with)
molestarse (en)	to bother (to)
negarse (a)	to refuse (to)
sentirse (+ adv.) (... **mal, bien**)	to feel (+ adv.) (... bad, well)
sentirse (+ adj.) (... **complacido, contento**)	to feel (+ adj.) (... pleased, happy)
verse (+ complement) (**obligado, comprometido, bien vestido**)	to see oneself, find oneself (+ complement) (forced, engaged or committed, well dressed, etc.)

Spanish reflexive	English verb without object or complement
calmarse / tranquilizarse	to calm down
despertarse	to wake up
mejorarse	to improve, to get better, to recover

NONREFLEXIVE VERSUS REFLEXIVE VERBS OF INNER PROCESSES

Verbs of inner processes	
NONREFLEXIVE CONSTRUCTION	REFLEXIVE CONSTRUCTION
Marta la enojó. Martha made her angry.	**Marta se enojó.** Martha got angry.
Ese programa me ofendió. That program offended me.	**Yo me ofendí con ese programa.** I was offended by that program.
La noticia nos asustó. The news scared us.	**Nos asustamos con la noticia.** We were scared by the news.
Los educadores decidieron el resultado. The educators decided the outcome.	**Los educadores se decidieron a mejorar la situación.** The educators decided to improve the situation.

1. In the nonreflexive constructions above, the subject causes the event: **Ese programa** (subject and cause of the event) **me ofendió;**
2. In the reflexive constructions of inner process above the subject is the experiencer of the event; therefore, the reflexive form is required with the subject: **Yo** (subject) **me ofendí** (experiences the event) **con ese programa;**
3. In some instances, depending on whether the verb is used in a reflexive or nonreflexive construction, there may be a slight change in meaning:

Nonreflexive	Reflexive
arriesgar: *to risk, jeopardize*	**arriesgarse:** *to expose oneself*
Él no arriesga su vida. He doesn't risk his life.	**No se arriesga a peligros innecesarios.** He doesn't expose himself to unnecessary danger.
comprometer: *to commit, to compromise*	**comprometerse:** *to get engaged*
Comprometió sus ahorros. He committed his savings. **Comprometió su carrera.** He compromised his career.	**Se comprometió demasiado joven.** He got engaged when he was too young.
empeñar: *to pawn*	**empeñarse en:** *to insist upon*
Ella empeñó sus joyas. She pawned her jewels.	**Se empeñó en hacerlo.** She insisted upon doing it.
enterar: *to inform*	**Enterarse:** *to find out*
Él enteró a todo el mundo. He informed everyone.	**Todo el mundo se enteró.** Everyone found out.
mejorar: *to improve*	**mejorarse:** *to get better, recover*
Su salud mejoró mucho. His health improved a lot.	**Se mejoró mucho.** He got a lot better. He recovered a lot.
negar: *to deny*	**negarse:** *to refuse*
Ellos negaron la verdad. They denied the truth.	**Se negaron a decir la verdad.** They refused to tell the truth.
enamorar: *to court*	**enamorarse:** *to fall in love*
La enamoró durante el verano. He courted her during the summer.	**Se enamoró de ella durante el verano.** He fell in love with her during the summer.

4. Reflexive constructions of inner processes cannot always be equated with English *be* sentences. English *be* sentences are often equivalent to **estar** sentences in Spanish which express a resultant condition:[4]

He got mad.	**Se enojó.**
He was mad. (condition)	**Estaba enojado.**

---

4. See **Ser** + past participle to form the passive voice, Repaso 14. Also see **Estar** + past participle for resultant conditions, Repaso 13.

She became sad.	Se entristeció.
She was sad. (condition)	Estaba entristecida.
He is easily offended (gets).	Se ofende fácilmente.
He is very offended with you. (condition)	Está muy ofendido contigo.
She was (became) very surprised at the news.	Se sorprendió mucho con la noticia.
She is still surprised. (condition)	Todavía está sorprendida.

VERBS OF MOVEMENT WITH THE REFLEXIVE SE

Verbs of movement	
Without **se** (verbs need an object)	With **se** (verbs need no object)
acostar *to put to bed* **Acostamos a los niños temprano.** We put the children to bed early.	**acostarse** *to go to bed, to lie down* **Nosotros nos acostamos tarde.** We went to bed late.
sentar *to seat* **Senté a los invitados primero.** First I seated the guests.	**sentarse** *to sit (down)* **Me senté con ellos después.** Then I sat (down) with them.
acercar *to bring near to* **Acercamos el televisor para ver mejor.** We brought the TV set closer in order to see better.	**acercarse** *to come or move close to* **Nos acercamos al televisor para ver mejor.** We moved close to the TV set in order to see better.

1. A number of Spanish verbs of movement may be used with or without the reflexive particle;
2. In nonreflexive constructions, some verbs of movement need a direct object; in reflexive constructions, the verb does not need a direct object;
3. Some verbs of movement can only be used with the reflexive particle:

agacharse	to stoop, to squat
escaparse	to run away, to escape, to flee
fugarse	to run away, to escape, to elope

4. Other verbs of movement that may be used with reflexives:

alejar	to move something away	**alejarse**	to move away
bajar	to bring something down	**bajarse**	to get off; to come down
ir	to go	**irse**	to leave, depart; to go away
levantar	to lift	**levantarse**	to get up; to stand up
marchar	to march	**marcharse**	to leave, depart
meter	to put into	**meterse**	to get into; to meddle; to become involved with
mover	to move (something)	**moverse**	to move (about)
mudar	to move, to change (location, clothing)	**mudarse**	to move, to change (location, clothing)

parar	to stop (something)	pararse	to stand up; to get up; to stop
pasar	to pass, to go by	pasarse (+ noun)	to spend (+ noun)
		pasarse el día	to spend the day
retirar	to withdraw, to move away	retirarse	to withdraw, to retire
salir	to go out, to leave	salirse	to get out of something or someplace
separar	to separate, to divide	separarse	to separate (oneself or from one another)
subir	to raise, to go up	subirse	to climb (up)
volver	to return	volverse	to turn around; to turn back

5. In some instances, depending on whether the verb is used with or without a reflexive particle, there is a change in meaning:

Pasamos por su casa.
We went by their house.

Nos pasamos la noche frente al televisor.
We spend the evening in front of the television.

Primero separaron todo.
First they divided everything.

Luego se separaron.
Then they separated (from one another).

Retiramos la solicitud.
We withdrew the application.

Nos retiramos temprano esa noche.
That evening we retired early.

Se retiró muy joven.
He retired very young.

6. **Venir** and **pasear** are two verbs of movement that can also be used with a reflexive: **venirse, pasearse.** However, since there is no significant change in meaning, the reflexive is optional;

Vine (**me vine**) **en auto.** — I came by car.
Paseamos (nos paseamos) todas las tardes. — We walk around every afternoon.

7. Many of these verbs of movement with **se** correspond in English to inf + adverb:

levantarse — to get up

Lexical Usage

Spanish equivalents of to learn

1. **Aprender,** to learn in the sense of acquiring knowledge:

   El niño aprendió a poner la televisión. — The child learned how to turn on the TV.
   Si lee más, aprende más. — If he reads more, he learns more.

2. **Saber,** in the preterit or **enterarse de,** to learn in the sense of finding out or hearing about something:

   Lo supe (me enteré) anoche cuando dieron las noticias. — I learned (found out) about it last night when they gave the news.

False cognates

> **realizar,** to accomplish, carry out, fulfill, or to realize in the sense of to bring into reality or to make real.
> **darse cuenta (de),** to realize
>
> | | |
> |---|---|
> | Un grupo de educadores realizó una encuesta nacional. | A group of educators carried out a national survey. |
> | Alicia realizó sus sueños. | Alice realized her dreams. (Her dreams became reality) |
> | Se dieron cuenta de que hay un gran número de analfabetos. | They realized that there is a large number of illiterates. |

Lectura

Reading, writing, and oral responses

Read the following passage. Study the uses of the reflexive constructions and indefinites. Be prepared to answer the questions orally in class. Your instructor may ask you to answer the questions in writing.

La TV: Objeto omnipresente en todo hogar moderno

No hay persona u objeto más omnipresente en un hogar norteamericano que la televisión. En casi todos los hogares encontramos al menos un televisor y en un 50% de ellos hay dos o más. El norteamericano se levanta y se acuesta con la televisión puesta. Se entretiene con la televisión, se siente menos solo con ella. En fin, se pasa demasiadas horas al día, unas seis o siete con el televisor en acción.

Esto no quiere decir que el adulto se sienta durante seis horas consecutivas a ver la televisión. Este no es el caso, pero muchas veces la gente no se da cuenta, ni se acuerda que tiene la televisión puesta. Muchos simplemente se olvidan de apagar el aparato mientras se dedican a otras tareas. Los adultos, en general, no se dan cuenta de cómo este hábito contagioso influye en las generaciones más jóvenes. Los padres se sorprenden cuando se enteran que los niños de edad pre-escolar ven más de 23 horas de televisión a la semana. Aún peor,[1] estos niños se entretienen con cualquier programa y se dejan influenciar por toda clase de anuncios comerciales.[2] En fin, este hábito domina la vida del niño de edad pre-escolar.

---

1. *even worse*
2. *are influenced by all kinds of commercials*

Cuando calculamos[3] las horas de televisión que cada uno de nosotros acumula a través de los años, entonces nos horrorizamos. Por ejemplo, un joven de 18 años llega a la universidad con 15.000 horas de televidente,[4] cifra bastante alarmante cuando pensamos que durante sus años de escuela sólo acumuló 11.000 horas como estudiante. Es decir, hoy día el individuo se cría y se educa[5] bajo la influencia decisiva de este invento moderno.

Los educadores se quejan desde hace años de los efectos nocivos[6] de este mal nacional. El vicio comienza ya en la infancia. El niño que se divierte primordialmente por medio de la televisión cuando llega a la escuela se interesa poco por la lectura. Además se comporta en el aula de forma bastante pasiva y no realiza todo su potencial. Muchos sicólogos se preocupan porque piensan que la juventud de hoy tiene quizás un cierto exceso de fantasía y no tiene suficiente iniciativa. Los educadores y los sicólogos tienen bastante razón pero los demás no hacen nada. Pocos nos molestamos en encontrar una solución. Pocos nos decidimos en romper el círculo vicioso y limitar el uso en el hogar de este mágico invento.

No obstante, su influencia es nociva y peligrosa. Cuando recientemente, nos enteramos por una encuesta nacional[7] que un gran número de graduados de escuela secundaria eran prácticamente analfabetos,[8] el país entero se alarmó y se sorprendió. Es cierto que hay muchos otros aspectos sociales que debemos tomar en consideración. Además, tampoco podemos negar que la televisión puede contribuir de manera saludable[9] y positiva. En efecto, hay muchos programas de carácter histórico, geográfico, artístico, científico, cultural y social que contribuyen a ampliar nuestros conocimientos. Pero también debemos reconocer sus efectos nocivos, sobre todo en las generaciones más jóvenes.

El peligro consiste en el hecho de que todos nosotros nos sentimos atraídos y seducidos[10] por la presencia en el hogar de la imagen visual que en muchos casos nos llega viva y al instante. No nos damos cuenta, pero fácilmente nos metemos en mundos de experiencias diferentes, algunas placenteras,[11] otras desagradables. Por otro lado, dependemos prácticamente de la televisión para conocer la realidad exterior y enterarnos de los acontecimientos cotidianos.[12] A través de los noticieros que nos presenta la televisión nos sentimos como verdaderos testigos[13] de todo acontecimiento exterior y alejado de nuestra experiencia real. Así pues ante ese dilema nadie se atreve a prohibir

---

3. *estimate*
4. *TV viewer*
5. *is raised and educated*
6. *harmful effects*
7. *national survey*
8. *illiterates*
9. *healthy*
10. *attracted and seduced*
11. *pleasant*
12. *daily events*
13. *feel as true witnesses*

Repaso 10

totalmente[14] este objeto omnipresente de todo hogar moderno y romper el círculo vicioso.

Preguntas de comprensión

1. ¿Por qué dice el artículo que no hay objeto más omnipresente en todo hogar moderno que la televisión?
2. ¿Cómo domina la televisión la vida del niño de edad pre-escolar?
3. ¿Por qué dice el artículo que hoy día el individuo se cría y se educa bajo la influencia de este mágico invento?
4. ¿De qué se quejan los educadores?
5. ¿Por qué muchos sicólogos se preocupan?
6. ¿Por qué se sorprendió y se alarmó el país entero?
7. ¿En qué consiste el peligro de la televisión?
8. ¿Por qué no se atreve nadie a romper el círculo vicioso?

Preguntas para conversar

Answer with a complete statement the following questions as your instructor calls on you. You may organize your thoughts before coming to class.

1. ¿Con qué programas de televisión se divierte Ud. más? ¿Por qué se divierte Ud. con esos programas?
2. ¿Se sorprende Ud. del tiempo que la gente se pasa con la televisión puesta? ¿Qué le parece a Ud.?
3. ¿Por qué se queja Ud. del exceso de anuncios que hay en la televisión? ¿Se ofende Ud. del contenido de algunos anuncios? Diga que anuncios lo ofenden y explique por qué.
4. ¿Cuando Ud. crecía, veía Ud. mucha televisión? ¿Se quejaban sus padres de eso? ¿Qué pensaba Ud. entonces? ¿Qué piensa Ud. ahora?
5. ¿Se preocupa Ud. de la influencia negativa que puede tener la televisión en los jóvenes? ¿Por qué?
6. ¿Le preocupa a Ud. la falta de interés en la lectura? ¿Por qué es peligrosa esta tendencia?
7. ¿Se alarma Ud. del exceso de violencia que hay en la televisión? ¿Por qué es un mal ejemplo para la juventud?
8. ¿Por qué cree Ud. que la gente se pasa tantas horas con la televisión? ¿Quiénes son los que más la ven?
9. ¿Con qué otros medios, aparte de la televisión, nos podemos entretener? ¿De qué otras maneras se divierte Ud.?
10. ¿Cuáles son los aspectos positivos de la televisión? ¿Cuáles son los mejores programas de contenido informativo y educacional?

---

14. *totally ban, forbid*

Temas para comentar

Dénos su opinión...

1. Las ideas de la vida norteamericana que se forma la gente en el extranjero en base a programas de televisión como *Dallas, Dynasty* o *Falcon Crest*.
2. Las presiones que causan los anuncios comerciales en niños y jóvenes.
3. Los estereotipos sobre el matrimonio, la infidelidad y el divorcio en las telenovelas.
4. El uso y el abuso del alcohol y las drogas para aliviar las tensiones.

La Sortija, típico juego del gaucho argentino en días de fiesta. P. Maggi, 1956.

Repaso 11

Review of verb forms: the present participle
    Regular **-ndo** forms
    Stem-changing **-ndo** forms: e → i; o → u
    Orthographic changes: **-iendo** → **-yendo**
    Two verbs with special **-ndo** forms
    Estar in progressive construction forms

Grammar review
    Use of progressive constructions
    Other progressive constructions
    Other uses of the **-ndo** form
    Spanish equivalents for the English *-ing*

Lexical usage
    English verbs with more than one Spanish equivalent

Lectura: El vaquero y el gaucho: Dos figuras míticas

Review of Verb Forms: The Present Participle

Regular **-ndo** *forms*

Infinitive	Stem	Ending	**-ndo** form
hablar	habl-	ando	hablando
comer	com-	iendo	comiendo
vivir	viv-	iendo	viviendo

1. The ending **-ando** is added to the stem of **-ar** verbs;
2. The ending **-iendo** is added to the stem of **-er** and **-ir** verbs.

Stem-changing -ndo forms: e → i; o → u

Infinitive	Stem changes	Ending	-ndo form
decir	dec- → dic-	+ iendo	diciendo
dormir	dorm- → durm-		durmiendo

1. -ir-ending verbs that undergo a vowel change in the third-person preterit show the same change when forming the present participle: stem vowel e becomes i; stem vowel o becomes u;
2. Some other similar verbs are:

competir	compitiendo	seguir	siguiendo
mentir	mintiendo	sentir	sintiendo
pedir	pidiendo	sonreír	sonriendo
preferir	prefiriendo	venir	viniendo
reír	riendo	morir	muriendo

Orthographic changes: -iendo → -yendo

Infinitive	Stem	Ending	-ndo form
caer	ca-		cayendo
contribuir	contribu-		contribuyendo
destruir	destru-		destruyendo
huir	hu-	+ yendo	huyendo
leer	le-		leyendo
oír	o-		oyendo
traer	tra-		trayendo

1. The ending -iendo becomes -yendo when it is added to a stem that ends in a vowel;
2. Compounds of these verbs follow the same pattern: atraer → atrayendo; distraer → distrayendo, for example.

Two verbs with special -ndo forms

	ir	yendo[1]
	poder	pudiendo

---

1. Spanish orthography does not accept -ie at the beginning of a word; hence i becomes y.

Estar *in progressive construction forms*

Tense	Auxiliary estar	Main verb -ndo
Present	estoy, estás, está estamos, estáis, están	hablando
Preterit	estuve, estuviste, estuvo estuvimos, estuvisteis, estuvieron	
Imperfect	estaba, estabas, estaba estábamos, estabais, estaban	leyendo
Future	estaré, estarás, etc.	
Conditional	estaría, estarías, etc.	
Present Subjunctive	esté, estés, etc.	escribiendo
Imperfect Subjunctive	estuviera, estuvieras, etc.	

1. Progressive constructions are formed with the verb **estar** conjugated according to the different tenses and persons, followed by the **-ndo** form of the main verb;
2. The English equivalent is *to be* + *-ing*;
3. Other progressive constructions are formed with **seguir, continuar, ir,** and **andar,** followed by the **-ndo** form of the main verb.[2]

Grammar Review

Use of progressive constructions

THE PRESENT AND IMPERFECT PROGRESSIVES

The Spanish present and imperfect tenses have parallel uses within the present and past, respectively. Since they describe ongoing, habitual, and subsequent events, which in English are normally rendered by progressives, Spanish progressives are less frequent than English progressives.

1. **Estar** progressives in the present and imperfect are used to describe the unfolding of an action or its simultaneous occurrence with another event:

¿Por qué estás dudando?	Why are you doubting?
¿Por qué estaba dudando?	Why was she doubting?
Veo que está lloviendo.	I see that it is raining.
Vi que estaba lloviendo.	I saw that it was raining.

---

2. Only the present, preterit, and imperfect progressive constructions are reviewed in this lesson. See Repaso 15 for Future and conditional progressive constructions. See Repaso 18 for Present and imperfect subjunctive progressive constructions.

Ella me está esperando.	She is waiting for me.
Ella me estaba esperando.	She was waiting for me.

2. **Estar** progressives are not used to describe or anticipate events. The simple present, the future, **ir a** + inf., or the imperfect tense are used instead:

Me voy (iré, voy a ir) a la finca esta tarde.	I am leaving for the ranch this afternoon.
Mi esposa (llega, va a llegar) mañana.	My wife is arriving tomorrow.
Nuestros amigos vienen el viernes.	Our friends are coming on Friday.
Vamos a darle una fiesta de despedida a Isabel.	We are giving Isabel a farewell party.
Ella se casa pronto.	She is getting married soon.
Dejan el trabajo y se van a España.	They are quitting their job and are leaving for Spain.
Van a tomar un mes de vacaciones.	They are taking a month's vacation.
Mis amigos van a llevar la bebida.	My friends are taking the drinks.
Mi familia va a mandar la comida.	My family is sending the food.

3. **Estar** progressives are not used to describe habitually repeated or indefinitely extended events. The simple present and imperfect are used instead:

Va a la granja todas las semanas.	He is going to the farm every week.
Iba a la granja todas las semanas.	He was going to the farm every week.
Tiene problemas con la cosecha.	He is having problems with the harvest.
Tenía problemas con la cosecha.	He was having problems with the harvest.
El banco llama todos los días.	The bank is calling every day.
El banco llamaba todos los días.	The bank was calling every day.

THE PRETERIT PROGRESSIVE

1. The simple preterit describes the occurrence of completed events. The Spanish preterit progressive describes the unfolding of completed or terminated events. Since the English past progressive does not imply the completion of an event, the Spanish preterit progressive is equivalent to the English simple past or the past perfect progressive:

Él estuvo trabajando toda la mañana.	He worked all morning long. He had been working all morning long. (He spent the whole morning working.)
Estuve buscándote todo el día.	I looked for you all day long. I had been looking for you all day long. (I spent the whole day looking for you.)
Estuvimos hablando hasta las doce.	We talked until twelve.

2. The preterit progressive cannot be used to describe the simultaneous occurrence of two actions. In this context the imperfect progressive or the simple imperfect is used:

Cuando llegué, él estaba afeitándose (se afeitaba).	When I arrived, he was shaving.

| Cuando entró, los niños estaban viendo (veían) la televisión. | When I walked in, the children were watching TV. |
| Cuando me fui, ella todavía estaba vistiéndose. (se vestía) | When I left, she was still dressing. |

3. The preterit progressive, like the simple preterit, takes time adverbials of definite duration, such as **desde, hasta, tres años,** etc., that limit the ongoing nature of the event up to a given point:

Estuvieron viviendo en la finca hasta recientemente.	They were living on the farm until recently.
Estuve trabajando con ellos hasta ayer.	I was working with them until yesterday.
Estuvimos criando ganado hasta el mes pasado.	We were raising cattle until last month.

Other progressive constructions

THE SPANISH EQUIVALENTS OF *"TO KEEP ON + ING"*

Tense	Auxiliaries seguir/continuar	Main verb -ndo
Present	sigo, continúo	
Preterit	seguí, continué	hablando
Imperfect	seguía, continuaba	
Future	seguiré, continuaré	leyendo
Conditional	seguiría, continuaría	
Pres. Subjunctive	siga, continúe	escribiendo
Imp. Subjunctive	siguiera, continuara	

1. Progressive constructions with **seguir** and **continuar** are formed the same way as **estar** progressives: the auxiliary is conjugated according to the tense and person intended and is followed by the **-ndo** form of the main verb;
2. Progressives with **continuar** and **seguir**, which are interchangeable in meaning, differ from **estar** progressives insofar as they not only describe the ongoing nature of an event but its duration or repetition;
3. **Continuar** and **seguir** progressives may take adverbials indicating repetition or extension in time, such as **todas las tardes, cada tanto, por mucho tiempo;**
4. The English equivalent of these constructions is *to continue + -ing* or *to keep on + -ing:*

Continúan (siguen) usando viejos métodos de cultivo.	They continue using old methods of cultivation.
El gobierno continúa (sigue) construyendo carreteras.	The government keeps on building highways.
También continuó (siguió) desarrollando la industria petrolera.	It also continued developing the oil industry.

La economía continuaba (seguía) mejorando cada día.	The economy kept on improving every day.
La gente continuaba (seguía) viviendo bien.	People kept on living well.

IR, VENIR, ANDAR + -NDO FORM

Ir, venir, and **andar** progressives[3] describe duration or repetition as well as progression in time and/or space;

1. **Ir** progressives describe duration or repetition as well as progression from a given point of reference onward; that is, from the speaker's narrative present toward a subsequent point in time:

El uso excesivo de pesticidas va contaminando el ambiente.	The excessive use of pesticides is polluting the environment.
Vamos destruyendo muchos bosques.	We are destroying many forests.
Muchas plantas van desapareciendo poco a poco.	Many plants are slowly disappearing.
El gobierno va tomando medidas.	The government is taking measures.
El gobierno iba tomando medidas.	The government was taking measures.
El gobierno fue tomando medidas.	

2. **Venir** progressives describe duration or repetition as well as progression from the past toward the speaker's point of reference, that is, from the past toward the speaker's narrative present. **Venir** progressives may occur with the temporal expressions **desde, desde hace/hacía,** or **hace/hacía que:**

El país viene mejorando el sistema de transporte.	The country has been improving the transportation system.
Viene construyendo ferrocarriles nuevos.	It has been building new railroads.
La gente venía insistiendo en mejores caminos.	The people had been insisting on better roads.
Los agricultores vienen quejándose hace años.	The farmers have been complaining for years.
Los ganaderos venían quejándose hace años.	The cattlemen had been complaining for years.

3. **Andar** progressives describe duration or repetition as well as indefinite direction in space:

Anda criando caballos.	He goes about raising horses.
Andaba criando caballos.	He went about raising horses.
Ando invirtiendo mucho dinero.	I am investing a lot of money.
Andaba invirtiendo mucho dinero.	I was investing a lot of money.
Andamos protegiendo la industria ganadera.	We are protecting the cattle industry.
Andábamos protegiendo la industria ganadera.	We were protecting the cattle industry.

---

3. Progressive constructions with **ir, venir,** and **andar** are formed the same way as other progressives: the auxiliaries **ir, venir,** and **andar** are conjugated according to the different tenses and persons followed by the **-ndo** form of the main verb.

Other uses of the -ndo form

SPANISH -NDO FORM AS AN ADVERBIAL

The Spanish **-ndo** form functions as an adverbial in all contexts except progressive constructions (**está hablando, continúa leyendo**). As an adverbial the **-ndo** form may follow or precede the verb it modifies:

Pasarás los exámenes estudiando. **Estudiando pasarás los exámenes.**	You will pass the exams by studying.

The **-ndo** form may take direct, indirect, and reflexive pronouns, which are attached to this form:

Se pasa el día entero mirándola.	He spends the whole day watching it.
Enseñándole a leer, mirará menos televisión.	By teaching him how to read, he will watch less television.
No lo vas a convencer enojándote.	You are not going to convince him by getting angry.

The **-ndo** form may be equivalent to the English *-ing* form or to phrases and clauses introduced by different relators, or it may be rendered by a completely different sentence. The English *-ing* form has many functions and is less commonly used as an adverbial than the Spanish **-ndo** form. As an adverbial the **-ndo** form is used:

1. To describe the manner in which an action is carried out. This is the most frequent use and only one for which Spanish has no alternative construction:

¿Cómo podemos mejorar la situación?	How can we improve the situation?
—Podemos mejorar la situación desarrollando la industria.	—We can improve the situation by developing industry.
¿Cómo podemos desarrollar la industria?	How can we develop industry?
—Podemos desarrollar la industria invirtiendo más capital.	—We can develop industry by investing more capital.
¿Cómo se pasan el fin de semana muchos niños?	How do many children spend their weekend?
—Se pasan el fin de semana mirando la televisión.	They spend their weekend watching television.

2. To describe the cause or time of an event. This usage may be expressed with alternative constructions:

Lo compré pensando que estaba de moda.	I bought it thinking that it was in fashion.
Lo compré porque pensaba que estaba de moda.	I bought it because I thought it was in fashion.
Es Ud. muy paciente escuchándome.	You are very patient in listening to me.
Es Ud. muy paciente ya que me escucha.	You are very patient because you listen to me.
Gastaba demasiado dinero viajando tanto.	She spent a lot of money travelling so much.

Gastaba demasiado dinero ya que viajaba tanto.	She spent a lot of money because she travelled so much.
Me enteré de la noticia leyendo el periódico.	I learned about the news while reading the paper.
Me enteré de la noticia al leer el periódico.	I learned about the news while reading the newspaper.
Viéndolos llegar, él salió enseguida.	Seeing them arrive, he left right away.
Al verlos llegar, él salió enseguida.	When he saw them arrive, he left right away.

3. To describe the condition under which an event is carried out. This usage may be expressed by alternative constructions:

Viviendo en una ciudad grande nos vamos a aburrir menos.	By living in a large city we will be less bored.
Al vivir en una ciudad grande nos vamos a aburrir menos.	
Pidiendo un préstamo al banco podemos comprar la finca.	By asking the bank for a loan we can buy the farm.
Si pedimos un préstamo al banco podemos comprar la finca.	If we ask the bank for a loan we can buy the farm.
Saliendo temprano, llegaremos a tiempo.	By leaving early, we'll arrive on time.
Si salimos temprano, llegamos a tiempo.	If we leave early, we'll arrive on time.

4. The **-ndo** form may have the same or a different subject from the conjugated verb. If the subject is different, a subject noun or pronoun follows the **-ndo** form:

Estando yo cansado, me retiré en seguida.	Being tired, I went to bed immediately.
Estando ella cansada, yo me retiré enseguida.	Since she was tired, I went to bed immediately.
Los alumnos aprenden mejor escuchando al profesor.	The students learn better by listening to the teacher.
Hablando el profesor, los alumnos escuchan.	When the teacher speaks, the students listen.

Spanish equivalents for the English -ing

The Spanish **-ndo** form cannot function as a noun or a noun modifier as the English *-ing* form does. Therefore,

1. To express the equivalent of the English *-ing* as a noun modifier, Spanish uses:

   a. Adjectives:

un alma **viviente**	a living soul
una posibilidad **interesante**	an interesting possibility
música **bailable**	dancing music

Repaso 11

b. Past participles for postures, as well as for qualities and conditions when no adjective ending in -or or -nte exists:

parado	standing	**aburrido**	boring
acostado	lying down	**entretenido**	entertaining
sentado	sitting down	**divertido**	amusing
reclinado	reclining	**atrevido**	daring

c. **de** + noun or inf.:

papel de escribir	writing paper	**competencia de natación**	swimming competition
lecciones de montar	riding lessons		
máquina de lavar	washing machine	**equipo de cacería**	hunting equipment
		carrera de veleros	sailing regatta

d. Clauses:

los agricultores que solicitan ayuda económica	the farmers applying for economic aid
las leyes que protegen el medio ambiente	the laws protecting the environment
la finca que da al río	the ranch overlooking the river

2. To express the equivalent of the English *-ing* as a noun, Spanish uses nouns and infinitives as:

a. Subject:

Su escritura es difícil de leer.	His writing is difficult to read.
Bailar es divertido.	Dancing is fun.
La natación es un buen deporte.	Swimming is a good sport.

b. Object of a verb:

Prefiere la lectura.	He prefers reading.
Le encanta viajar.	She loves travelling.
Prefiero la pesca a la cacería.	I prefer fishing to hunting.

c. Object of a preposition:

Lo tomó sin darse cuenta.	He took it without realizing it.
Insiste en realizarlo.	He insists on carrying it out.
No pierdo nada con enterarme.	I lose nothing by finding out.

Lexical Usage

English verbs with more than one Spanish equivalent

EQUIVALENTS OF "TO ENJOY"

1. **Divertirse,** *to enjoy; to amuse oneself*:

Me divierto bailando.	I enjoy myself dancing.
Me divierto mucho cuando salimos a bailar.	I enjoy myself a lot when we go out dancing.
Cuando los veo actuar, me divierto mucho.	When I see them acting, I get very amused.

2. **Pasarlo bien,** *to have a good time:*

Siempre lo pasamos muy bien en tu casa.	We always have a good time at your place.
Cuando vamos a tu casa lo pasamos bien.	When we go to your house we have a good time.

3. **Disfrutar (de), gozar (de)** ... *to enjoy, take pleasure, pride, satisfaction in; to enjoy the benefits of, take advantage of* ... :

Espero gozar (disfrutar) de las vacaciones.	I hope to enjoy my vacation.
Disfruto (Gozo) mucho estando en la playa.	I take pleasure in being on the beach.
Goza (Disfruta) mucho trabajando.	He enjoys working.
La semana próxima comienza a gozar (disfrutar) de unas merecidas vacaciones.	Next week he begins to enjoy (the benefits of) a well-deserved vacation.
Es mejor gozar (disfrutar) de las oportunidades cuando todavía existen.	It is better to take advantage of opportunities while they still exist.

Lectura

Reading, writing, and oral responses

Read the following passage. Study the uses of the progressive constructions and other uses of the **-ndo** form. Be prepared to answer the questions orally in class. Your instructor may ask you to answer the questions in writing.

El vaquero y el gaucho: Dos figuras míticas

El vaquero, figura mítica del pasado, está desapareciendo. Pero la leyenda se continúa manifestando en el arte. El vaquero sigue siendo hoy una figura favorita del sudoeste norteamericano y del cine. El vaquero norteamericano, igual que el gaucho argentino, fue adquiriendo importancia y popularidad por razones similares. El vaquero se fue transformando en una figura importante cuando comenzó la conquista del desierto y la cría del ganado a gran escala. Los vaqueros fueron ganando fama no sólo por las cosas que hacían sino por los ideales que representaban. Los vaqueros arreaban el ganado[1] de los rancheros a los pueblos donde había ferrocarril. Como la travesía por regiones desiertas era muy peligrosa, el vaquero iba ganando fama y reputación por su valor, por su amor a la vida independiente, por sus cantos y sus dichos.[2] El caballo era la posesión más preciada de un vaquero.

---

1. *used to drive the cattle*
2. *songs and sayings*

Era el único medio de transporte que tenía a mano. Cuando durante las largas travesías por el desierto iba faltando el agua, los vaqueros preferían dársela a su caballo. Junto a su caballo, el vaquero también estimaba su guitarra. Tocando la guitarra y cantando el vaquero se entretenía cada noche después de su larga travesía.

La industria ganadera fue apareciendo después de la guerra civil. Los rancheros tejanos iban comenzando en esa época la cría de los "Longhorns" que luego vendían en el este. Un bovino costaba cinco dólares en Tejas. En el este o en Chicago costaba de cuarenta a cincuenta dólares. Mucha gente fue enriqueciéndose[3] de esa forma. Los famosos bovinos tejanos, como los caballos de los vaqueros, descienden del ganado que trajeron los españoles.

Aunque la industria ganadera siguió creciendo, los vaqueros fueron desapareciendo. La vida del vaquero fue perdiendo su aspecto aventurero a medida que iba aumentando la red de ferrocarriles. Más tarde, cuando apareció el camión,[4] el vaquero se estableció de manera permanente[5] en los ranchos. Hoy en día las máquinas están haciendo muchos de los trabajos que antes hacían los vaqueros.

El gaucho argentino desempeñó un papel similar[6] al vaquero norteamericano. Pero se sigue distinguiendo de éste porque el gaucho estuvo participando activamente en la guerra de la independencia y en la conquista del desierto argentino. En esta última los argentinos iban desplazando[7] a los indios hacia el sur de Buenos Aires. A fines del siglo pasado, cuando terminó la conquista del desierto, empezó la inmigración en masa y se fue desarrollando la industria y el comercio. El gaucho siguió perdiendo importancia y poco a poco fue desapareciendo. Esta figura mítica de la pampa argentina pasó a la historia antes que el vaquero norteamericano. A fines del siglo pasado ya iban apareciendo numerosas novelas y poemas. *Don Segundo Sombra* y *Martín Fierro* continúan siendo las obras literarias más famosas y conocidas. Gracias a sus autores, Ricardo Güiraldes y José Hernández, todavía hoy seguimos celebrando las figuras legendarias y humanas, solitarias y sabias, del hombre del campo argentino. Aunque el vaquero tradicional sólo sigue existiendo como un mito, muchos de sus ideales siguen sobreviviendo: el amor a la independencia y a la naturaleza, su música y vestimenta.[8] Hoy más que nunca, éstas siguen estando de moda entre la juventud. Los "Levi", los pantalones originales de los vaqueros, son prácticamente un uniforme en el mundo occidental. La pintura y sobre todo la música del oeste siguen siendo expresiones artísticas muy populares entre jóvenes y viejos.

Preguntas de comprensión

1. ¿De qué manera se continúa manifestando en el arte la leyenda del vaquero?
2. ¿Por qué fue adquiriendo importancia y popularidad el vaquero?

---

3. *began to get rich*
4. *truck*
5. *settled down permanently*
6. *played a similar role*
7. *began to displace*
8. *clothing*

3. ¿Qué características le fueron creando fama y reputación al vaquero?
4. ¿Cómo se divertía el vaquero?
5. ¿Cómo se fue enriqueciendo mucha gente cuando apareció la industria ganadera?
6. ¿Por qué se fue perdiendo la figura del vaquero?
7. ¿Cómo se sigue distinguiendo el gaucho argentino del vaquero norteamericano?
8. ¿Cuándo comenzaron a desarrollarse la industria y el comercio en la Argentina?
9. ¿Cómo seguimos celebrando hoy la figura del gaucho?
10. ¿De qué manera siguen sobreviviendo hoy los ideales del vaquero?

Preguntas para conversar

Answer the following questions with complete statements when your instructor calls on you. You may organize your answers before coming to class.

1. ¿En qué regiones de los Estados Unidos existió el vaquero y por qué?
2. ¿Por qué razones pasó el vaquero a ser una figura popular del cine norteamericano?
3. ¿Cómo son los vaqueros que siguen representando en el cine? ¿Qué valores de los vaqueros seguimos celebrando?
4. ¿Qué actor del cine norteamericano fue el vaquero más popular? ¿Por qué?
5. ¿Cuándo y por qué adoptaron los jóvenes la vestimenta de los vaqueros? ¿Por qué son tan populares los "Levi" en todo el mundo?
6. ¿Por qué es tan popular la música del oeste en los Estados Unidos? ¿A quiénes les gusta?
7. ¿Dónde sigue habiendo festivales de música del oeste? ¿Quiénes son los cantantes más populares hoy en día?
8. Los vaqueros mejicanos que cantan se llaman mariachis. ¿Tuvo Ud. alguna vez la ocasión de oírlos? ¿Dónde y cuándo? ¿Le gustaron a Ud.?
9. En el sudoeste son populares los rodeos. ¿Asistió Ud. alguna vez a un rodeo? ¿Por qué es popular este deporte tan peligroso?
10. *Martín Fierro* es la obra máxima del folklore argentino. ¿Conoce alguno de Uds. algún aspecto de la sabiduría popular del gaucho?

Temas para comentar

Dénos su opinión...

1. Los aspectos positivos y negativos de la competencia en la sociedad en que vivimos.
2. La forma en que cada persona puede ir mejorando el mundo de las personas que lo rodean.

3. La actitud que uno debe mantener para ir teniendo éxito en la vida.
4. Algunas de las cosas que van contaminando nuestro ambiente y que deben tener solución.

Ceremonia inaugural de los Juegos Olímpicos de verano de 1984, Coliseo de Los Ángeles.

Repaso 12

Grammar review
    Uses of the infinitive
    More reflexive constructions
    More on position of object pronouns and reflexives

Lexical usage
    English verbs with more than one Spanish equivalent

Lectura: El despertar de una tradición

Grammar Review

Uses of the infinitive

THE INFINITIVE AS OBJECT OF A VERB

Verb + inf.	Verb + inf. or verb + -*ing*
Puede competir.	He can (is able to) compete.
Debe asistir.	He must attend.
Quiere lucirse.	He wants to excel.
Necesita entrenarse.	He needs to be trained.
Empezaron a jugar.	They began to play. (playing)
Van a ganar.	They are going to win.
Vinieron a participar.	They came to participate.
Se pusieron a practicar.	They began to practice. (practicing)
Trata de nadar todos los días.	He tries to swim every day.
Acaba de correr tres millas.	He has finished running three miles.
Tenemos que entrenarnos bien.	We have to train ourselves well.
Hay que hacer más ejercicio.	One has to do more exercise. (We must do more exercise.)
Había que levantarse temprano.	One had to get up early.

1. The Spanish infinitive, which is differentiated from other verb forms by its **-ar, -er,** or **-ir** ending, functions as a noun;
2. In verb + inf. constructions, the infinitive is the object of the conjugated verb. The English equivalents are the infinitive or the *-ing* form:

Quería ganarles.	He wanted to win.
Esperaba lograrlo.	He hoped to achieve it.
Evitaba cansarse.	He avoided getting tired.
Negaba admitirlo.	He denied admitting it.

3. Although in English the verb + inf. construction occurs without a preposition, in Spanish some verbs take a preposition and others do not:

Necesita practicar más.	He needs to practice more.
Quiere competir mejor.	He wants to compete better.
Vamos a esquiar en el agua.	We are going water-skiing.
Tratan de patinar en el hielo.	They try to ice-skate.

4. With **tener** and **hay, había,** etc., **que** is required before the infinitive, e.g., **tener que** + inf. and **hay que** + inf., respectively:

Teníamos que ganar.	We had to win.
Había que lucirse.	One had to excel.

5. When an English verb takes a preposition, the *-ing* form is used instead of the infinitive. This construction is equivalent in Spanish to verb + preposition + inf.:

Insistía en participar.	He insisted on participating.
Sueña con ir a los juegos.	He dreams about going to the games.
Se cansó de correr.	He got tired of running.
Demoró en partir.	He was late in departing.
Tu trabajo consiste en entrenarlo mejor.	Your job consists of training him better.

6. The infinitive may take direct and indirect object pronouns and reflexives, which follow and are attached to it:

No quisieron invitarlos.	They did not want to invite them.
No podían ganarles.	They couldn't win against them.
Prefirieron retirarse de la competencia.	They prefered to withdraw from the competition.
Ahora tratan de mejorarse.	Now they are trying to improve.
Tuvieron que suspenderlos.	They had to suspend them.
Decidieron no dársela.	They decided not to give it to them.

7. **Continuar** and **seguir** cannot take an infinitive; they take only the **-ndo** form:

Continúa fumando demasiado.	He continues to smoke too much. (He continues smoking too much.)
Sigue tomando mucho.	He keeps on drinking a lot.

SUBJECTS WITH VERB + INF. CONSTRUCTIONS

1. Except for verbs of perception and persuasion, which may take an infinitive with a different subject from that of the conjugated verb, in

Spanish the subject of the conjugated verb and of the infinitive must be the same:

(Yo) Quiero asistir.	I want to attend.
(Ella) Insiste en competir.	She insists on competing.
(Él) Necesita practicar más.	He needs to practice more.
(Ud.) Empezó a hacerlo.	You began doing it.

2. Verbs of perception and verbs of persuasion may have an infinitive with a different subject from that of the conjugated verb:
    a. Verbs of perception (**sentir, ver, oír,** etc.):

    | Yo sentí volver al entrenador. | I heard the coach return. |
    | Yo lo sentí volver. | I heard him return. |
    | Ella vio llegar a los deportistas. | She saw the athletes arrive. |
    | Ella los vio llegar. | She saw them arrive. |
    | Él oyó discutir al entrenador. | He heard the coach arguing. |
    | Él lo oyó discutir. | He heard him arguing. |

    b. Verbs of persuasion (**dejar, hacer, ordenar, impedir,** etc.):

    | El entrenador dejó descansar a los jugadores. | The coach allowed the players to take a rest. |
    | Él los dejó descansar. | He allowed them to take a rest. |
    | El entrenador le hizo correr seis millas a José. | The coach forced José to run six miles. |
    | Los médicos le ordenaron alimentarse mejor a Juan. | The doctors ordered John to nourish himself better. |
    | Los médicos le ordenaron alimentarse mejor. | The doctors ordered him to nourish himself better. |
    | Su salud le impedía hacer ejercicio a ella. | Her health prevented her from doing exercise. |
    | El médico me prohibió fumar a mí. | The doctor forbade me to smoke. |
    | Yo les permití tomar una cerveza a los atletas. | I allowed the athletes to drink a beer. |
    | Yo les permití tomar una cerveza. | I allowed them to drink a beer. |

THE INFINITIVE AS MODIFIER

To qualify nouns:

el privilegio de asistir	the privilege of attending
el temor de perder	the fear of losing
esta playa no es para bucear	this beach is not for diving

To qualify adjectives:

Están contentos de participar.	They are happy to participate.
Están cansados de correr.	They are tired of running.
Están entrenados para ganar.	They are trained to win.

To qualify verbs:

No los reconocí al verlos.	I did not recognize them when I saw them.
Hablaba sin parar.	She talked without stopping.
Perdieron por no practicar.	They lost because they didn't practice.
No ganas nada con discutir.	You gain nothing by arguing.
Hay que luchar para triunfar.	One must struggle in order to succeed.

1. Like other nouns in Spanish, when used as a modifier (qualifying nouns, adjectives, and verbs), the infinitive must be introduced by a preposition;
2. As a modifier the infinitive may serve the following functions:

    a. It may qualify nouns and adjectives. The most common construction is **de** + inf.:

la oportunidad de ganar	the opportunity to win
el miedo de competir	the fear of competing
están orgullosos de participar	they are proud to participate
están temerosos de perder	they are afraid of losing

    b. It may qualify verbs. The most common construction is **al** + inf.:

Al verlos competir me sorprendí.	I got surprised when I saw them compete.
Al saber que ganaron me alegré.	Upon finding out that they won I became happy.
Al conocerlos me gustaron mucho.	When I met them I liked them a lot.

    c. It may describe purpose and condition. The most common construction is **para** + inf.:

Es buena playa para correr olas.	It is a good beach for surfing.
Cozumel es buen lugar para bucear.	Cozumel is a good place for diving.
Vamos a Tahoe para esquiar.	We are going to Tahoe to ski.
No debemos fumar para mantener la salud.	We shouldn't smoke in order to maintain our health.
Hay que hacer ejercicio para desarrollar destreza física.	One must do exercise in order to develop physical dexterity.

3. Note that whereas English uses the *-ing* form in addition to the infinitive, Spanish uses only the infinitive in these cases.

THE INFINITIVE AS SUBJECT OF A SENTENCE

El bucear es peligroso.	Diving is dangerous.
El tomar mucho el sol no es bueno.	Too much sun bathing is not good.
Ese fumar continuo es nocivo.	That incessant smoking is harmful.
Su beber excesivo me preocupa.	Her excessive drinking worries me.

Repaso 12 187

1. The Spanish infinitive, being a verbal noun, may be used as the subject of a sentence;
2. The infinitive may be preceded by an article, a demonstrative or a possessive pronoun;
3. The infinitive may take adjectives or adverbs:

Ese fumar excesivo me molesta.	That excessive smoking bothers me.
Fumar excesivamente es nocivo.	Smoking excessively is harmful.
Un buen empezar es importante.	A good beginning is important.
Empezar bien es importante.	To begin well is important.
Ese continuo beber es peligroso.	That incessant drinking is dangerous.
Beber continuamente es peligroso.	Drinking incessantly is dangerous.

4. The infinitive may be followed by a subject pronoun or by a noun functioning as a subject introduced by **de**. In the latter case, the infinitive must take a definite article:

(El) recibir las medallas es un gran honor para los atletas.	Receiving the medals is a great honor for the athletes.
(El) perder una carrera es una desilusión.	Losing a race is a disappointment.
El despertar de esa tradición tuvo lugar en Grecia.	The awakening of that tradition took place in Greece.
El pasar del tiempo trae nuevos deportes.	The passing of time brings about new sports.

5. As subject, the Spanish infinitive may be equivalent to either the *-ing* form or the infinitive, as both of these forms can function as nouns in English.

THE INFINITIVE IN PREDICATE NOUN POSITION

Recibir un primer premio es lucirse.	To receive a first prize is to excel.
Verlos triunfar es enorgullecerse.	To see them succeed is to take pride.
El ganar consiste en trabajar duro y dedicarse.	Winning consists of working hard and dedicating oneself.
Suspender las Olimpíadas es romper con una tradición.	To suspend the Olympics is to break with a tradition.

1. A sentence with an infinitive as a subject may have another infinitive functioning as a predicate noun;
2. The linking verb is normally **ser;**
3. These sentences are found in poetic prose and in proverbs, but are rare in the spoken language;
4. The English equivalents are the infinitive or the *-ing* form.

More reflexive constructions

REFLEXIVE CONSTRUCTION FOR UNPLANNED EVENTS

Event unplanned	Event deliberate
Se + I.O. + verb + subject (subject = inanimate object)	Subject + verb + direct object
Se me rompió la bicicleta. I broke the bicycle.	(Yo) rompí la bicicleta.
Se me rompieron los patines. I broke my skates.	(Yo) rompí los patines.
Se nos agotaron las fuerzas. We exhausted our strength.	(Nosotros) agotamos las fuerzas.
Se le olvidó la medalla. He forgot the medal.	Dejó la medalla en el gimnasio. He left the medal at the gym.
Se le olvidaron los premios. He forgot the prizes.	Dejó los premios en el estadio. He left the prizes in the stadium.

1. Unplanned or involuntary events may be expressed by the reflexive **se** + indirect object pronoun + verb;
2. The grammatical subject in these sentences is actually an inanimate object;
3. The verb is in the third-person. It is either singular or plural to agree with the subject;
4. The indirect object pronoun signals the person who experiences the event or unintentionally causes it to occur;
5. Physiological and emotional processes that develop within a human subject must be expressed by the reflexive construction for unplanned events:

Se le subió la presión.	His blood pressure went up.
Se le subió el colesterol.	Her cholesterol went up.
Se le bajó la fiebre.	Her fever dropped.
Se le torció el tobillo.	She twisted her ankle.
Se me llenó el corazón de alegría.	My heart was filled with joy.
Se me partía el alma.	My heart was breaking.
Se me hizo la luz de repente.	Suddenly I saw the light.

REFLEXIVE SE TO SIGNAL AN INDEFINITE SUBJECT

Se juega mucho al béisbol aquí.	One plays baseball a lot here.
Se dice que es el deporte más popular.	They say it is the most popular sport.
Se espera siempre mucha gente en los partidos.	They always expect a large crowd at the games.
Se encuentra a niños, jóvenes y viejos en los juegos.	One finds children, young people and old people at the games.

Se venden las entradas por todas partes.	Tickets are sold everywhere.
Se acepta sólo dinero en efectivo.	They only accept cash.
Se aceptan cheques o tarjetas de crédito a veces.	They sometimes accept checks or credit cards.
Se practican otros deportes también.	They also practice other sports.
Se organizan toda clase de equipos.	They organize all kinds of teams.
Uno se acostumbra a ver los eventos por televisión.	One gets used to watching the events on T.V.

1. The reflexive **se** may signal an indefinite subject equivalent to the English indefinite subject *one* or the familiar *you* or *they* and the implied agent of *be* passives:

   Se espera mucha gente. They expect a large crowd.
   A large crowd is expected (by them).

2. The verb is in the third-person singular:

   Se juega mucho al béisbol aquí. A lot of baseball is played here.
   Se juega un partido hoy. A match will be played today.
   Se encuentra a niños y a viejos en los juegos. One finds children and young people at the games.

3. However, if the object is an inanimate plural noun, the verb is in the plural:

   Se juega al béisbol aquí. BUT: **Se juegan otros deportes también.**
   They play baseball here. They also play other sports.
   Se juega un partido hoy. **Se juegan dos partidos hoy.**
   A match will be played today. Two matches will be played today.
   Se acepta sólo dinero en efectivo. **Se aceptan cheques a veces.**
   They only accept cash. Sometimes they accept checks.

4. The impersonal **uno** must be added in indefinite **se** sentences formed with a reflexive verb:

   Uno se acostumbra a jugar algún deporte. One gets used to playing some sport.
   Uno se cansa de hacer mucho ejercicio. One gets tired of exercising too much.
   Uno se aburre de ver un mal partido. One gets bored watching a poor match.

More on position of object pronouns and reflexives

1. Object pronouns and reflexives may either precede a helping verb or follow the infinitive in verb + inf. constructions. Indirect object pronouns precede direct object pronouns:

   Debes llamarme pronto. You should call me soon.
   Me debes llamar pronto.

   Quiero comprársela. I want to buy it from (for) him.
   Se la quiero comprar.

Voy a vendérselas.	I am going to sell them to him.
Se las voy a vender.	
Acaba de irse.	He has just left.
Se acaba de ir.	

2. Object pronouns and reflexives may either precede **estar** or follow the **-ndo** form in progressive constructions:

Está vistiéndose.	She is getting dressed.
Se está vistiendo.	
Estuve explicándoselo.	I was explaining it to him.
Se lo estuve explicando.	
Estuvimos entrenándolos.	We were training them.
Los estuvimos entrenando.	
Anda diciéndoselo a todo el mundo.	She is telling it to everybody.
Se lo anda diciendo a todo el mundo.	
Sigue llamándonos.	He keeps on calling us.
Nos sigue llamando.	
Siguen ganándonos.	They keep on winning against us.
Nos siguen ganando.	

3. In other verbal constructions, object pronouns and reflexives go with the form they logically belong to:

Espero conseguírselo.	I hope to get it for him.
Insiste en decírselo.	He insists on saying it to him.
Sueña con hacerse famoso.	He dreams about becoming (making himself) famous.
Se enorgullecen de ganar.	They take pride on winning.
Me enojó de verlos jugar mal.	I got angry of watching them play poorly.
Se cansó de esperarla.	He became tired of waiting for her.

Lexical Usage

English verbs with more than one Spanish equivalent

1. **Volver (a)** and **devolver:** *to return:*

Van a volver al estadio.	They are going to return to the stadium.
Querían volver enseguida.	They wanted to return right away.
Voy a devolver la medalla porque no me la merezco.	I am going to return the medal (take it back) because I don't deserve it.
Quieren devolverles el premio.	They want to return the prize to them.
¿Cuándo volviste a trabajar?	When did you return to work?

2. **Ahorrar** and **salvar:** *to save:*

Piensan ahorrar todo su sueldo.	They plan to save all her salary.

Repaso 12

Sólo ahorrando cada centavo van a poder pagar las deudas y salvar las propiedades.	Only by saving every penny will they be able to pay their debts and save their properties.
Sus amigos lo salvaron.	His friends saved him.

3. **Pasar** and **gastar:** *to spend:*

¿Cómo pasaste el fin de semana?	How did you spend your weekend?
Pasé el tiempo viendo las Olimpíadas por la televisión.	I spent my time watching the Olympics on television.
Gasta mucho dinero en viajes.	She spends a lot of money on travel.

4. **Sostener** and **mantener:** *to support (financially, ideologically, or physically):*

Trabaja para sostener (mantener) a su hija.	She works to support her daughter.
Como es el único hijo, tiene que sostener (mantener) a sus padres.	Since he is the only son, he has to support his parents.
Tienes que sostener tus argumentos si quieres convencernos.	You must support your arguments if you want to convince us.
Ese atleta no es lo suficientemente fuerte para sostener tanto peso.	That athelete is not strong enough to hold so much weight.

5. **Soportar:** *to support* or *hold something physically; to endure, stand, withstand (support):*

El techo del estadio no pudo soportar el peso del hielo.	The stadium's roof could not withstand the weight of the ice.
El equipo no puede soportar tanta presión.	The team cannot stand so much pressure.
¡Cómo puedes soportar a ese jugador!	How can you stand that player!

Volver a + *inf.* and ponerse a + *inf.*

1. **Volver a** + *inf.* may be used to express the idea of doing something again; of going back to doing or achieving something:

El equipo mexicano volvió a participar. (El equipo mexicano participó nuevamente *or* participó otra vez.)	The Mexican team participated again.
Volvieron a ganar la carrera de maratón. (Ganaron la carrera de maratón nuevamente.)	They won the marathon race again.
¿Cuándo vuelve a jugar tu equipo? (¿Cuándo juega tu equipo nuevamente?)	When does your team play again?

2. **Ponerse a** + *inf.* is used to express the idea of beginning to do something; of setting oneself to doing something:

Se pusieron a discutir con el entrenador.	They began to argue with the coach.
Se puso a pelear cuando perdió.	He began to fight when she lost.
Todas las mañanas se pone a hacer ejercicio.	Every morning he exercises.
Cuando se pone a ver un evento deportivo se olvida de todo.	When he watches a sport's event he forgets about everything.

Lectura

Reading, writing, and oral responses

Read the following passage. Study the uses of the infinitive constructions and the reflexive **se**. Be prepared to answer the questions orally in class. Your instructor may ask you to answer the questions in writing.

El despertar de una tradición

Los primeros juegos olímpicos comenzaron a celebrarse[1] en Grecia en el año 776 antes de Cristo. Después de varios siglos de no realizarse, hoy día los juegos olímpicos o las famosas olimpíadas se organizan y se celebran cada cuatro años. Como en la Grecia antigua estos acontecimientos deportivos se realizaban con bastante regularidad, fue a partir de esa fecha cuando se comenzó a contar el calendario.[2]

Durante la celebración de las olimpíadas existía la costumbre de suspender todas las hostilidades y guerras. De esa manera, los juegos podían realizarse dentro de un espíritu de paz y amistad y lograr con ello uno de sus principales objetivos: promover la paz y unir las diversas[3] comunidades griegas que no siempre se entendían entre sí.

Pero la celebración de los juegos también respondía a otro factor importante. En Grecia se adoraban y se cultivaban la salud, la fuerza y la belleza física. Poseer estos tres atributos era para los griegos casi una religión. Si se tiene en cuenta que la salud y la fuerza física son cualidades indispensables de todo buen soldado, entonces uno no se extraña de la importancia que los griegos daban a desarrollar y mantener un cuerpo sano.

La tregua de paz era algo sagrado. Todos los participantes tenían que aceptarla incondicionalmente y ninguno debía violar bajo ninguna circunstancia[4] tal código de honor. Todo atleta en Grecia aspiraba a participar porque el competir en los juegos era una gran distinción. El privilegio de asistir, la ocasión de demostrar la fuerza y la destreza y la oportunidad de ganar hacía sentir orgullosos a los participantes.[5] En efecto, al entrar cada atleta al estadio se anunciaban[6] su nombre y su país de origen. El público lo recibía con gran entusiasmo sin importar[7] de dónde venía. Así, pues, las olimpíadas vinieron a ser símbolo de paz y vínculo de hermandad[8] entre los pueblos. Pero las olimpíadas también contribuyeron a despertar[9] una con-

---

1. *began to be held, celebrated*
2. *they began to count the days*
3. *promote peace and unify the various*
4. *under no circumstances could violate*
5. *made the participants feel proud*
6. *they would announce*
7. *without minding*
8. *a brotherhood link*
9. *contributed to awakening*

Repaso 12

ciencia de orgullo nacional. Al volver a sus países los atletas ganadores[10] son verdaderos héroes.

El representar honorablemente a su país en los juegos olímpicos continúa siendo hoy la ambición más grande de todo joven deportista. Los pueblos del mundo tienen que mantener viva la antorcha griega y deben continuar una de las tradiciones clásicas más hermosas.

Preguntas de comprensión

1. ¿Cuándo y dónde se comenzaron a celebrar los juegos olímpicos?
2. ¿Cómo se comenzó a contar el calendario?
3. ¿Qué costumbre existía en Grecia durante las olimpíadas? ¿Por qué?
4. ¿Cuál era uno de los objetivos principales de las olimpíadas?
5. ¿A qué otro factor importante respondía la celebración de los juegos olímpicos?
6. ¿Por qué se cultivaban en Grecia la fuerza física y la salud?
7. ¿A qué aspiraba todo joven atleta en Grecia? ¿Por qué?
8. ¿Qué se hacía al entrar los atletas al estadio?
9. ¿Qué atributos personales puede desarrollar un deportista al participar en las olimpíadas?
10. ¿Por qué deben los pueblos del mundo continuar esta tradición clásica?

Preguntas para conversar

Answer the following questions with complete statements when your instructor calls on you. You may organize your answers before coming to class.

1. ¿Por qué hoy en día se da tanta importancia a los deportes?
2. ¿Qué deportes se cultivan más en los Estados Unidos? ¿Y en Suramérica? ¿Y en Europa?
3. ¿Qué países se distinguen en "soccer"? ¿Y en natación? ¿Y en el maratón? ¿Sabe Ud. quiénes son algunos atletas famosos? ¿Conoce Ud. a algún deportista famoso?
4. ¿Cómo tratan en los Estados Unidos a los deportistas?
5. ¿Qué oportunidades tiene aquí un deportista para desarrollar su talento? ¿Qué tipo de deportes le gusta practicar a Ud.? ¿Prefiere Ud. participar en deportes de invierno o en deportes de verano? ¿Por qué?
6. ¿Prefiere Ud. participar en deportes de equipo o en deportes individuales? ¿Qué ventajas ofrece el participar en deportes de equipo? ¿Y en deportes individuales?
7. ¿Por qué se debe hacer ejercicio físico? ¿Por qué decían los griegos, "cuerpo sano, mente sana"? ¿Qué quiere decir eso?
8. ¿Por qué se dice que el fumar no es bueno para la salud? ¿Y el tomar alcohol? ¿Y el comer en exceso?
9. ¿Qué otras cosas es necesario hacer para mantener la salud?
10. ¿Qué tipos de ejercicio físico están muy de moda hoy? ¿Qué tipo de ejercicio físico le gusta hacer a Ud.?

---

10. *the winning athletes*

11. ¿Qué piensa Ud. de la idea de celebrar juegos olímpicos?
12. ¿Vio Ud. por televisión las olimpíadas de verano en 1984? ¿Qué puede decirnos Ud. de esos juegos? ¿Dónde se celebraron? ¿Qué competencias le gustaron más? ¿Por qué? ¿Qué atletas norteamericanos se distinguieron? ¿Alguno de Uds. pudo asistir a esos juegos? ¿Qué puede Ud. contarnos de esa celebración?

Temas para comentar

Dénos su opinión...

1. Sobre por qué es tan agradable ganar y tan difícil perder.
2. Sobre por qué es tan difícil cambiar las tradiciones y costumbres de la gente.
3. El entusiasmo de la gente por los grandes deportistas.
4. La mejor manera de mantenerse en buen estado de salud.

Vista parcial de uno de los grandes almacenes de Bogotá, Colombia.

Repaso 13

Review of forms; the past participle: *-do* form
    Regular past participles
    Irregular past participles
    Compound tenses: **haber** + past participle
    Compound tense progressive constructions

Grammar review
    The present perfect indicative
    The past perfect indicative
    The present and past perfect progressives
    Estar + past participle for resultant conditions
    Other uses of the past participle

Lexical usage
    English verbs with more than one Spanish equivalent

Lectura: El gran almacén: Una idea comercial que ha hecho historia

Review of Forms: The Past Participle: *-do* Form

Regular past participles

Infinitive	Stem	Ending	**-do** form
hablar	habl-	ado	hablado
comer	com-	ido	comido
vivir	viv-	ido	vivido

1. The ending **-ado** is added to the stem of **-ar** verbs;
2. The ending **-ido** is added to the stem of **-er** and **-ir** verbs;
3. A written accent mark over the **i** of **-ido** is required in all verbs ending in

-er whose stems end in a strong vowel since no diphthong is formed:

creer   cre- + ido   creído
leer   le- + ido   leído

4. The past participle of **oír** also requires an accent mark: **oído**;
5. The past participles of verbs ending in **-uir** do not require a written accent mark as a diphthong is formed: **destruir: destruido; influir: influido.**

Irregular past participles

abrir	abierto	poner	puesto
cubrir	cubierto	resolver	resuelto
decir	dicho	romper	roto
escribir	escrito	satisfacer	satisfecho
hacer	hecho	ver	visto
imprimir	impreso	volver	vuelto
morir	muerto		

1. The above verbs have special forms for the past participle;
2. The verb **freír** has a regular and an irregular form: **freído** and **frito**;
3. Compounds of verbs with irregular past participle forms normally follow the same pattern. Some examples are:

cubrir	descubrir	descubierto
decir	predecir	predicho
escribir	describir	descrito
hacer	deshacer	deshecho
poner	componer	compuesto
volver	devolver	devuelto

4. The following compound verbs, however, have regular past participle forms:

bendecir	bendecido
maldecir	maldecido
corromper	corrompido

The forms **bendito, maldito,** and **corrupto** are adjectives and cannot be used with **haber** in compound tenses.

Compound tenses: **haber** + *past participle*

Tense	Auxiliary haber	Main verb -do
Present perfect	he, has, ha hemos, habéis, han	hablado
Past perfect	había, habías, había habíamos, habíais, habían	comido

Repaso 13

Tense	Auxiliary **haber**	Main verb **-do**
Future perfect	habré, habrás, etc.	
Conditional perfect	habría, habrías, etc.	
Present perfect subjunctive	haya, hayas, etc.	**vivido**
Past perfect subjunctive	hubiera, hubieras, etc.	

1. Compound tenses are formed with the auxiliary verb **haber** conjugated according to the tense and person intended, followed by the past participle of the main verb;
2. In these constructions the past participle is invariable in form and always ends in **-o**;
3. The English equivalent is *to have* + past participle;
4. Uses of the present perfect and the past perfect indicative tenses are reviewed in this lesson.[1]

Compound tense progressive constructions

Compound progressive tense	Auxiliary **haber**	Past participle **estar**	Main verb **-ndo**
Present perfect	he, has, ha hemos, habéis, han	estado	hablando
Past perfect	había, habías, había habíamos, habíais, habían	estado	trabajando
Future perfect Conditional perfect	habré, habrás, etc. habría, habrías, etc.	estado	leyendo
Present perfect subjunctive Past perfect subjunctive	haya, hayas, etc. hubiera, hubieras, etc.	estado	durmiendo

1. Compound tense progressive constructions are formed with the auxiliary verb **haber** conjugated according to the tense and person intended, followed by the past participle of **estar** (**estado**) and the **-ndo** form of the main verb;
2. The English equivalent is *to have been* + *-ing*;
3. Uses of the present perfect progressive and the past perfect progressives of the indicative are reviewed in this lesson.[2]

---

[1] See Repaso 15 for Future and conditional compound tenses. See Repaso 19 for Compound tenses of the subjunctive.

[2] See Repaso 19 for Compound tense progressives of the subjunctive. Since the future perfect and the conditional perfect progressives are rarely used, these constructions are not discussed in this book.

Grammar Review

The present perfect indicative

1. The present perfect describes completed events in the past that have been ongoing up to the present or that have consequences bearing upon the present. For this reason the present perfect may be used with time adverbials such as **esta semana, estos meses,** or **este año** that show the action as extending into the present:

Han tenido una venta especial durante este mes.	They have had a special sale during this month.
Han vendido mucho últimamente.	They have sold a lot lately.
Han ganado mucho dinero este año.	They have made a lot of money this year.

2. The present perfect describes events that began earlier and that are still ongoing within the speaker's present. The simple present may also be used in Spanish in this context:

Ha trabajado en ese almacén desde que terminó la escuela.	He has worked in that store since he finished school.
(**Trabaja en ese almacén . . .**)	
Ha deseado encontrar otro trabajo desde hace meses.	He has wanted to find another job for months.

3. The Spanish present perfect may be used to refer to both definite and indefinite past time, as opposed to the English present perfect, which is used only in relation to indefinite past time. When a definite past time is mentioned, English uses the simple past:

Spanish	English
Indefinite past time	
PRESENT PERFECT	PRESENT PERFECT
Roberto no ha llegado todavía.	Roberto hasn't arrived yet.
No se ha enterado aún.	He hasn't found out about it yet.
No lo he visto desde anoche.	I haven't seen him since last night.
Definite past time	
PRESENT PERFECT OR PRETERIT	SIMPLE PAST
Roberto ha llegado esta mañana. **Roberto llegó esta mañana.**	Roberto arrived this morning.
Lo ha sabido ayer. **Lo supo ayer.**	He found out about it yesterday.
Lo he visto hace poco. **Lo vi hace poco.**	I saw him a while ago.

Repaso 13

The past perfect indicative

The past perfect describes completed events prior to another past event or to a given past time. The use of the past perfect is the same in Spanish and in English:

OTHER PAST EVENT OR GIVEN PAST TIME	PRIOR COMPLETED EVENT
Cuando compraron su casa, When they bought their house	el dólar no había aún perdido su valor. the dollar had not lost its value yet.
Antes de comprarla, Before buying it,	habían visto muchas otras. they had seen many others.
Por mucho tiempo For a long time	ellos habían previsto la crisis económica. they had foreseen the financial crisis.

The present and past perfect progressives

The present perfect describes completed events within the extended present. The past perfect describes completed events prior to another event or point within the past. The present and past perfect progressives describe the ongoing nature of events within the extended present and past respectively:

Han estado envolviendo regalos hoy. They have been wrapping gifts today.
Habían estado comprando regalos ayer. They had been buying gifts yesterday.

Han estado entregando pedidos hoy. They have been delivering orders today.
Habían estado despachando paquetes ayer. They had been mailing packages yesterday.

The English present and past perfect progressives are used for ongoing events that began earlier and that are still continuing at a later time within the extended present and past respectively. In Spanish the simple present and imperfect tenses with the temporal expressions **hace/hacía ... que** or **desde hace/hacía ...** are more common than the progressives:[3]

| She has been selling clothes for years. | **Hace años que vende ropa.** |
| She had been selling clothes for years. | **Hacía años que vendía ropa.** |

| They have been buying from her for months. | **Hace meses que le compran.** |
| They had been buying from her for months. | **Hacía meses que le compraban.** |

---

[3]. See **Hacer** in temporal expressions, Repaso 3, and More on **hacer** in temporal expressions, Repaso 7.

Estar + *past participle for resultant conditions*

Previous action or event	Resultant condition
Situaron el nuevo almacén en el centro. They put the new store downtown.	**El nuevo almacén está situado en el centro.** The new store is located downtown.
Los clientes se sentaron. The customers sat down.	**Los clientes están sentados.** The customers are seated.
La vendedora se paró. The clerk stood up.	**La vendedora está parada.** The clerk is standing.
Amueblamos el apartamento. We furnished the apartment.	**El apartamento está amueblado.** The apartment is furnished.
Cerraron los almacenes hoy. The stores closed today.	**Los almacenes están cerrados hoy.** The stores are closed today.
Ella se viste a la moda. She dresses according to what is in fashion.	**Ella está vestida a la moda.** She is dressed according to what is in fashion.
Envolvieron los regalos. They wrapped the gifts.	**Los regalos están envueltos.** The gifts are wrapped.

1. **Estar** + past participle describes the location, position, or condition of a subject;
2. Since the past participle functions here as an adjective, it must agree in gender and number with the subject;
3. The condition is the result of a previous complete action or is simultaneous with an ongoing event:

   a. Action or event completed: Condition—result of a previously completed action or event:

   Pagaron los muebles. **Los muebles están pagados.**
   They paid for the furniture. The furniture is paid for.

   Alquilaron el apartamento. **El apartamento está alquilado.**
   They rented the apartment. The apartment is rented.

   Instalaron las luces. **Las luces están instaladas.**
   They installed the lights. The lights are installed.

   b. Action or event ongoing: Condition—simultaneous with ongoing action or event:

   La cajera se entretiene con los clientes. **La cajera está entretenida con los clientes.**
   The cashier busies herself with the customers. The cashier is busy with the customers.

   El gerente se preocupa. **El gerente está preocupado.**
   The manager worries. The manager is worried. (concerned)

In these cases, a phrase indicating the agent may be included:

Un gerente supervisa las ventas.
A manager supervises the sales.

Las ventas están supervisadas por un gerente.
The sales are supervised by a manager.

Una cajera especial acepta las devoluciones.
A special cashier accepts the returns.

Las devoluciones son aceptadas por una cajera especial.
The returns are accepted by a special cashier.

4. The construction **estar** + past participle is very common with:
   a. Verbs of motion which give place to postures:

   Se acostó.
   He lay down.

   Está acostado.
   He is lying down.

   Se levantó.
   He got up.

   Está levantado.
   He is up.

   Se paró.
   He got up.

   Está parado.
   He is standing.

   Se arrodilló.
   He knelt.

   Está arrodillado.
   He is kneeling.

   Se sentó.
   He sat down.

   Está sentado.
   He is sitting.

   b. Transitive verbs, that is, verbs requiring an object:

   Instalaron los artefactos eléctricos.
   They installed the electrical appliances.

   Los artefactos eléctricos están instalados.
   The electrical appliances are installed.

   c. Intransitive reflexives:

   Ella se viste bien.
   She dresses well.

   Ella está bien vestida.
   She is well dressed.

5. Some **estar** + past participle constructions cannot be thought of as resulting from previous events:

   Perú está situado al norte de Chile.
   Perú is located north of Chile.

   Manhattan está rodeada de agua.
   Manhattan is surrounded by water.

Other uses of the past participle

PAST PARTICIPLES AS ADVERBIALS

Hemos llegado cansados de las compras. We have come back tired from shopping.
Traemos los regalos ya envueltos. We bring the gift already wrapped.
Hechos los paquetes los vamos a despachar por correo. Once the packages are ready we are going to mail them.

1. The past participle may also function as an adverbial, modifying both the subject and the verb;

2. This function is similar to that of adjectives used as adverbials: **Baila bonito,** *She dances gracefully;*
3. The past participle agrees in gender and number with the noun it modifies.

PAST PARTICIPLES AS NOUNS

acabado	finish	**hecho**	fact, event
bordado	embroidery	**herido**	wounded
delegado	delegate	**invitado**	guest
desconocido	stranger	**pecado**	sin
dicho	saying	**pedido**	order, request
empleado	employee	**puesto**	job, position
fracasado	failure	**vuelto**	change
graduado	graduate		

1. A few past participles have been used as nouns so frequently that they have become accepted as nouns;
2. Other past participles assume a noun function either by noun deletion or by the neuter **lo:**[4]

Sólo vi la casa alquilada.	I only saw the rented house.
Sólo vi la alquilada.	I only saw the rented one.
El apartamento amueblado lo vendieron.	They sold the furnished apartment.
El amueblado lo vendieron.	They sold the furnished one.

Lexical Usage

English verbs with more than one Spanish equivalent

EQUIVALENTS OF *"TO BECOME"*

1. **Ponerse** + adjective: *to become,* in the sense of acquiring, assuming, or taking on a certain temporary condition or state:

Se puso muy enfermo.	He became very ill.
Se puso muy preocupada.	She became very concerned.
Se puso muy triste.	He became very sad.
Se puso muy alegre.	She became very happy.

The construction **ponerse** + adjective may correspond in some instances to a reflexive construction with verbs of emotion or perception:

Me puse muy alegre.	I became very happy.
Me alegré mucho.	

---

4. See Descriptive adjectives as nouns: noun deletion, Repaso 9, and The nominalizer **lo,** Repaso 16.

Me puse bastante alarmado.	I became rather alarmed.
Me alarmé bastante.	
Se puso muy emocionada.	She became very excited (moved).
Se emocionó mucho.	
Se puso bastante disgustada.	She became quite displeased.
Se disgustó bastante.	
Nos pusimos tristes con la noticia.	We became sad at the news.
Nos entristecimos con la noticia.	
Nos pusimos muy preocupados.	We became very concerned.
Nos preocupamos mucho.	

2. **Llegar a ser:** *to become something* as a result of a process or an event; *to come to be:*

Llegó a ser un comerciante hábil.	He became a clever merchant.
Gracias a su habilidad en los negocios llegó a ser el dueño del almacén.	Thanks to his business skills he became the owner of the store.
Llegó a ser un hombre muy rico.	He came to be (became) a very rich man.

3. **Hacerse:** *to become,* in the sense of achieving or attaining a certain condition:

Muy pronto se hizo dueño de varios almacenes grandes.	Very soon he became the owner of several department stores.
Se ha hecho muy famoso.	He has become very famous.
Su cadena de almacenes se ha hecho muy popular.	His chain of stores has become very popular.

4. **Convertirse(en):** *to become,* in the sense of *turn into, change into, convert into:*

Él se ha convertido en un gran vendedor.	He has become a great salesman.
Su almacén se ha convertido en el más barato de la ciudad.	His store has turned into the least expensive one in town.
Se convirtió en un almacén de ropa fina pero con muy buenas rebajas.	It changed into a fine clothing store but with very good discounts.

5. **Ser de, hacerse de:** *to become of, happen to:*

¿Qué es de tu hermano, que no lo veo nunca?	What has become of your brother that I never see him?
¿Qué se hizo de tu hermano que no lo volví a ver?	What happened to your brother that I never saw him again?
¡Qué será de él!	Who knows what will become of him!

Lectura

Reading, writing, and oral responses

Read the following passage. Study the uses of the compound tenses of the indicative, compound and progressive tenses, **estar** + past participle for resultant conditions, and other uses of the past participle. Be prepared to answer the questions orally in class. Your instructor may ask you to answer the questions in writing.

El gran almacén: Una idea comercial que ha hecho historia

Una buena idea siempre ha sido algo que ha valido una fortuna[1]—más aún si ésta ha contribuido a alterar el curso de nuestras costumbres. Muchas de esas innovaciones que en un principio nos han parecido sin importancia son las que, en realidad, han influido de manera más permanente en nuestro vivir cotidiano. Si pensamos, por ejemplo, como se ha desarrollado el comercio, vemos que la aparición de los grandes almacenes[2] ha sido una de esas ideas ingeniosas que han hecho historia.

Hasta el siglo pasado la gente satisfacía sus necesidades personales comprando en pequeñas tiendas y mercados especializados que surgían según las exigencias de la moda y las demandas del consumidor.[3] Si bien es cierto que ese tipo de comercio sigue teniendo su encanto, nunca ha sido la manera más práctica ni más económica de ir de compras.

En 1852 se le ocurrió a un conocido comerciante francés llamado Boucicaut la brillante idea de consolidar en un solo lugar la venta de una variedad de productos y mercancía que hasta entonces los comerciantes habían estado vendiendo en pequeñas tiendas y negocios.[4] Con la creación del primer gran almacén de París, "Bon Marché", este ingenioso comerciante no sólo había contribuido al desarrollo y progreso de una de las ciudades más atractivas del mundo, sino que sus innovaciones mercantiles inspiradas en el sentido común han venido a constituir hoy la base del arte de vender.

El comercio había estado basado hasta entonces en el regateo.[5] A ningún comerciante se le había ocurrido exhibir la mercancía. No se habían inventado las vidrieras.[6] Comprada la mercancía el cliente no podía devolverla. Los comerciantes estaban acostumbrados a un aumento del 40% sobre el costo de fabricación. La reducción drástica del precio, las rebajas, las ventas y ofertas especiales y las liquidaciones eran prácticas desconocidas. Tampoco existía la costumbre de envolver la mercancía o de entregar los pedidos a domicilio o despacharlos por correo.

Pero Boucicaut se había resuelto a romper con todas esas costumbres mercantiles anticuadas. Exhibió su mercancía, le puso precio fijo y estaba satisfecho[7] con sólo un aumento del 20% sobre el costo. Una vez vendida la mercancía si al cliente no le gustaba o no le convenía, éste podía devolverla. Al establecer precios fijos el dueño del almacén ya no tenía que perder el tiempo regateando con los clientes y podía dedicar su atención como comprador[8] a la selección de pedidos. Surgieron entonces los empleados de comercio quienes estaban supervisados por el dueño o por un gerente.

---

1. *has been worth a fortune*
2. *large department stores*
3. *consumer demands*
4. *small stores and shops*
5. *bargaining*
6. *display windows*
7. *was satisfied*
8. *as a buyer*

Toda Europa había criticado a Boucicaut porque sus innovaciones estaban dirigidas en contra de costumbres muy establecidas y aceptadas. Vender a precios fijos y ofrecer rebajas era como robarle la clientela[9] a los otros comerciantes. Los pequeños comerciantes estaban alarmados y verdaderamente preocupados. Tenían miedo de quedar arruinados.[10] El propio socio de Boucicaut se puso tan alarmado que terminó perdiendo su puesto y su fortuna.

Boucicaut había comenzado su negocio vendiendo telas y tejidos. Poco a poco fue expandiendo su mercancía con trajes hechos a la medida, bordados finos, accesorios con acabados novedosos[11] y toda clase de productos nunca antes vistos. Desde un principio su ética comercial y sus objetivos habían sido servir al consumidor de la mejor manera posible. A pesar de la oposición que había encontrado, el público estaba impresionado con Boucicaut. Éste le había ofrecido al consumidor mercancía de excelente calidad a precios relativamente módicos.[12] Mientras que al principio sus competidores se habían opuesto a esas prácticas, en cosa de pocos años otros comerciantes en las principales ciudades de Europa y América habían establecido sus grandes almacenes. Guiado por una nueva ética comercial Boucicaut había revolucionado el comercio. Su fortuna personal y su puesto en la historia de los negocios estaban asegurados.

Preguntas de comprensión

1. ¿Por qué ha sido la creación del gran almacén una de esas ideas que han hecho historia?
2. ¿Cómo satisfacía la gente sus necesidades hasta el siglo pasado?
3. ¿A quién se le ocurrió la brillante idea de crear un gran almacén?
4. ¿Cuáles habían sido hasta entonces algunas de las costumbres mercantiles?
5. ¿Por qué las innovaciones de ese comerciante han venido a constituir hoy la base del arte de vender?
6. ¿Cómo han surgido los empleados de comercio?
7. ¿Por qué estaban alarmados y preocupados los comerciantes europeos?
8. ¿En qué estaba basada la nueva ética comercial?
9. ¿Por qué, a pesar de todo, el público estaba impresionado?
10. ¿Qué hicieron después esos comerciantes que se habían opuesto a la idea del gran almacén?

Preguntas para conversar

Answer the following questions with complete statements when your instructor calls on you. You may organize your answers before coming to class.

1. ¿Ha tenido Ud. alguna idea interesante? ¿La ha podido Ud. realizar? ¿Ha sido Ud. una persona de mucha imaginación? ¿Qué cosas ha querido Ud. hacer? ¿Las ha hecho?

---

9. *stealing the clientele*
10. *of going bankrupt*
11. *with innovating (novel) finishing touches*
12. *at relatively reasonable prices*

2. ¿Qué clase de trabajos ha tenido Ud.? ¿Ha trabajado Ud. en algún gran almacén? ¿En algún supermercado? ¿En algún hospital? ¿En algún periódico? ¿En alguna farmacia? ¿En alguna oficina? ¿Dónde había trabajado antes? ¿Qué tipo de trabajos había hecho cuando estaba en la escuela secundaria? ¿Dónde ha estado Ud. trabajando últimamente?
3. ¿Qué ideas nuevas tiene Ud. para mejorar la condiciones donde Ud. trabaja?
4. ¿Qué ideas nuevas conoce Ud. que han mejorado el mundo del comercio en los últimos años?
5. ¿Prefiere Ud. hacer sus compras en los grandes almacenes o en tiendas pequeñas? Explique por qué y las ventajas de hacerlo en uno u otro lugar.
6. ¿Cómo hace Ud. sus compras? ¿Las paga al contado o las compra a crédito? ¿Cuáles son las ventajas y desventajas de cada uno?
7. ¿Qué le parece a Ud. la nueva idea de alquilar autos a largo plazo en vez de comprarlos? ¿Qué ventajas y desventajas tiene esa innovación?
8. ¿Ha obtenido Ud. tarjetas de crédito en esta ciudad? ¿Qué ventajas tiene el tener crédito?
9. ¿Cómo han influido en Ud. los anuncios comerciales de diversos productos? ¿Se deja Ud. llevar por ellos?
10. ¿Cómo han cambiado sus compras debido al alto costo de la vida? ¿Qué cosas ha eliminado Ud. de sus gastos?

Temas para comentar

Dénos su opinión...

1. Sobre las ventajas de los precios fijos y el regateo.
2. Sobre las ventajas y desventajas de comprar con tarjetas de crédito.
3. La costumbre de comprar: necesidad o modo de diversión.
4. La manera más práctica y económica de ir de compras.

Ruinas de la antigua catedral de Panamá la Vieja.

Repaso 14

Grammar review

    Reflexives with inanimate subjects: passive reflexives

    Ser + past participle *versus* **estar** + past participle

Lexical usage

    English equivalents of **despedir**

    English verbs with more than one Spanish equivalent

Lectura: **Panamá La Vieja: Ciudad que fue saqueada y destruida**

Grammar Review

Reflexives with inanimate subjects: passive reflexives

Se inundó la casa.	The house flooded.
Se congelaron las cañerías.	The water pipes froze.
Se derrumbó el techo.	The roof collapsed.
Se cayeron los cuadros.	The pictures fell down.
Se mancharon las alfombras.	The rugs got stained.
Se contaminó el aire.	The air got (became) polluted.

1. Reflexive constructions with inanimate subjects are used when the event is caused by an unknown force. No human agent is presupposed:

    Se inundó la casa.　　　　The house flooded.

2. These constructions can take only phrases that show causes; they cannot take agents:

    Se congelaron las cañerías debido al frío.　　　　The water pipes froze due to the cold weather.

211

3. The verb agrees with the subject. The subject, however, tends to follow the verb;
4. Since inanimate subjects cannot act upon themselves, reflexives with inanimate nouns are called *passive reflexives*;
5. In English, passive reflexives may be equivalent to intransitive verbs, and to passives with *get* and *become*.

USE OF PASSIVE REFLEXIVES

Passive reflexives are used:

1. To describe events for which no agent is stated:

Se rompió la ventana.	The window got broken.
Se mancharon las alfombras.	The rugs got stained.
Se contaminó el agua.	The water got (became) polluted.
Se mojaron los libros.	The books got wet.

2. To describe events caused by unknown forces or natural phenomena:

Se quemó el bosque.	The forest burned down.
Se inundó la ciudad.	The city flooded.
Se maduraron las frutas.	The fruit ripened.
Se hundieron las naves.	The ships sank.

SER + PAST PARTICIPLE TO FORM THE PASSIVE VOICE

Active	Passive
Un pescador descubrió el tesoro. A fisherman discovered the treasure.	**El tesoro fue descubierto por un pescador.** The treasure was discovered by a fisherman.
Un vecino ha identificado las joyas. A neighbor has identified the jewels.	**Las joyas han sido identificadas por un vecino.** The jewels have been identified by a neighbor.
Todos las admiraban. Everyone admired them.	**Eran admiradas por todos.** They were admired by everyone.
Las autoridades informarán a los dueños. The authorities will notify the owners.	**Los dueños serán informados por las autoridades.** The owners will be informed by the authorities.

1. Passive sentences contain grammatical subjects that are acted upon by an agent;
2. Active sentences become passive by making the direct object the subject of the passive sentence and the subject the agent in the passive sentence;
3. A passive sentence is formed with **ser** + past participle;
4. **Por** introduces the agent;
5. The tense of **ser** remains the same as it was in the active sentence;

Repaso 14

6. The past participle agrees in number and gender with the passive subject;
7. In spoken Spanish active sentences are more frequent than **ser** passives. The latter are used mostly in journalistic prose.

SER PASSIVES WITH HUMAN SUBJECTS

Un pescador y un joyero han sido acusados de robo.	A fisherman and a jeweler have been accused of robbery.
Fueron arrestados por la policía.	They were arrested by the police.
Los arqueólogos extranjeros fueron desterrados del país.	The foreign archaeologists were expelled from the country.

1. **Ser** passives with human subjects occur with verbs other than those of emotion, perception, change, and memory;
2. They are used in formal prose when a passive subject is emphasized and the human agent is unknown or undisclosed;
3. In informal contexts, oral or written, English *be* passives should be rendered as active sentences: *They were arrested by the police,* **La policía los arrestó.** If the English *be* passive contains no agent, an active sentence with the verb in the third person or a sentence with the indefinite **se** may be used: *They were arrested,* **Los arrestaron** or **Se les arrestó.**

SER PASSIVES WITH INANIMATE SUBJECTS

La búsqueda fue suspendida por las autoridades.	The search was suspended by the authorities.
Las autoridades suspendieron la búsqueda.	
El tesoro fue confiscado por la policía.	The treasure was confiscated by the police.
La policía confiscó el tesoro.	
Los hallazgos fueron confirmados (por los arqueólogos).	The discoveries were confirmed (by the archaeologists).
(Los arqueólogos) Confirmaron los hallazgos.	

1. **Ser** passives with inanimate subjects can be used with all inanimate subjects when a human agent is specified or presupposed;
2. These are more frequent than passives with human subjects because inanimate nouns cannot act upon themselves;
3. In informal speech, active sentences are more idiomatic.

RESTRICTION OF *SER* PASSIVES

Although Spanish **ser** passives and English *be* passives are formed essentially in the same way, Spanish usage is much more limited than English usage. English passives cannot always be rendered through **ser** passives. Different constructions may have to be used.

Passives with human subjects

ENGLISH	SPANISH
Be passives may occur:	Instead of **ser** passives:
1. With verbs of emotion, perception, change, and memory, which imply the human subject's involvement or participation in the action: They were seen at the beach. He was heard talking to the police.	1. An active construction must be used for verbs of perception: **Los vieron en la playa.** **Lo oyeron hablar con la policía.**
	A reflexive verb is used for verbs of emotion, change, and memory:
He was mocked by everyone. He was changed by the shock. Bad experiences are easily forgotten.	**Todos se burlaban de él.** **Se transformó debido al golpe.** **Uno se olvida fácilmente de las malas experiencias.**
2. With sentences containing either the direct or indirect object as passive subject and containing an agent:	2. An active sentence must be used since in Spanish making the direct object the passive subject is not idiomatic and the indirect object cannot be made a passive subject:
Active sentence The city authorities gave me the permit.	**Las autoridades de la ciudad me dieron el permiso.**
Direct object made passive subject The <u>permit</u> was given to me by the city authorities.	**El permiso me lo dieron las autoridades de la ciudad.**

(The emphasis placed upon the passive subject in English is rendered in Spanish by putting the direct object in subject position.)

Indirect object made passive subject I was given the permit by the city authorities.	**A mí me dieron el permiso las autoridades de la ciudad.**

(The emphasis placed upon the passive subject in English is rendered in Spanish by using the emphatic prepositional form a **a mí** ... with the indirect object in subject position.)

3. With sentences containing an indirect object as passive subject without an agent: They were shown the jewels. (The jewels were shown to them.) We were given the gold. (The gold was given to us.)	3. An active sentence with the verb in the third person is used: **Les enseñaron las joyas.** **Nos dieron el oro.**

Passives with human subjects

ENGLISH	SPANISH
	or the more formal indefinite **se** construction:
	Se les enseñaron las joyas.
	Se nos dio el oro.

Passives with inanimate subjects

ENGLISH	SPANISH
Be passives with inanimate subjects when an agent is not specified or presupposed:	*Ser* passives are ungrammatical within this context. A passive reflexive construction occurs:
The money was lost.	**Se perdió el dinero.**
The jewels were damaged.	**Se dañaron las joyas.**
	or an impersonal **se** is used:
The search for the Moctezuma treasure was suspended.	**Se suspendió la búsqueda del tesoro de Moctezuma.**
Excavating is forbidden by law.	**Se prohibe excavar por ley.**

MORE ON REFLEXIVE SE TO SIGNAL AN INDEFINITE SUBJECT

Varias personas fueron acusadas de robo.	Several persons were accused of robbery.
Se acusó a varias personas de robo.	
Se les acusó de robo.	They were accused of robbery.
Una mujer fue arrestada.	A woman was arrested.
Se arrestó a una mujer.	
Se la arrestó.	She was arrested.
Los ladrones fueron identificados.	The thieves were identified.
Se identificó a los ladrones.	
Se les identificó.	They were identified.
Agradecieron a los policías su ayuda.	The police officers were thanked for their help.
Se agradeció a los policías su ayuda.	
Se les agradeció su ayuda.	They were thanked for their help.

1. Indefinite **se** sentences may take a human direct object:

   | **Se arrestó a una mujer.** | A woman was arrested. |

2. The human direct object noun must be introduced by the personal **a**:

   | **Se identificó a los ladrones.** | The thieves were identified. |

3. The verb occurs in the third-person singular:

   | **Se respeta a los policías.** | Police officers are respected. |

4. A pronoun may be substituted for a definite, human direct object; **le/les** for masculine, **la/las** for feminine:

   | **Se admira a los hombres honestos.** | Honest men are admired. |
   | **Se les admira.** | They are admired. |

   | **Se respeta a la mujer.** | A woman is respected. |
   | **Se la respeta.** | She is respected. |

5. Indefinite, nonspecific human direct objects need not be introduced by the personal **a**. The verb agrees in number with the noun phrase. Like other indefinite noun phrases, they cannot be replaced by an object pronoun:

   | **Se busca abogado.** | Lawyer (is) sought. |
   | **Se buscan abogados.** | Lawyers are sought. |

   | **Se necesita persona con experiencia.** | Experienced person (is) needed. |
   | **Se necesitan personas con experiencia.** | Experienced persons are needed. |

6. Indefinite **se** sentences may take direct and indirect objects. If a sentence contains both, a pronoun may be substituted for the indirect, but not for the direct object:

   | **Se agradece a los policías su ayuda.** | The police officers are thanked for their help. |
   | **Se les agradece su ayuda.** | They are thanked for their help. |

   | **Se devolvió el dinero a su dueño.** | The owner was given back his money. |
   | **Se le devolvió el dinero.** | He was given back his money. |

TENSE RESTRICTIONS IN **SER** PASSIVE CONSTRUCTIONS

1. The present and imperfect tenses are not used in **ser** passives unless the event refers to repeated actions. English passives in the present and past are rendered in Spanish by active sentences or passive reflexives:

The hearing is conducted by a very competent judge.	**Un juez muy competente preside la audiencia.**
The charges are going to be submitted now.	**Los cargos se van a presentar ahora.**
The role of defender was held by a very clever lawyer.	**Un abogado muy hábil tiene la función de defensor.**
The sentence is decided today.	**La condena se decide hoy.**

2. The present and past progressives are not used in **ser** passives. An English *be* passive in the progressive is rendered by a simple tense:

   | They are being accused. | **Son acusados.** |
   | They were being accused. | **Eran acusados.** |

Ser + *past participle* versus estar + *past participle*

In Spanish **ser** is used for the passive voice while **estar** is used for resultant conditions. English uses *be* for both. Only sometimes does English distinguish between the two:

The letters were written by the judge.   Las cartas fueron escritas por el juez.
The letters were well written.   Las cartas estaban bien escritas.

He was accused of perjury.   Fue acusado de jurar en falso.
He was detained in jail.   Estaba detenido en la cárcel.

To arrive at the distinction signalled in Spanish by different forms (**ser** or **estar** + past participle), English speakers should rely on the meaning of the sentence:

The documents were written in English.	
Resultant condition; emphasis on the *condition:* **Los documentos estaban escritos en inglés.**	Passive construction; emphasis on the *action:* **Los documentos fueron escritos en inglés.** **Se escribieron los documentos en inglés.**
(cuando escribían los documentos, los escribían *en inglés*) (when they wrote the documents, they wrote them *in English* [not in Spanish])	(alguien *escribió* los documentos en inglés) (someone *wrote* the documents in English)
We were invited to the hearing.	
Estábamos invitados a la audiencia. (we were *guests* at the hearing)	**Fuimos invitados a la audiencia.** (someone *invited* us to the hearing)
They were arrested.	
Estaban arrestados. (they were arrested) or (in jail)	**Fueron arrestados.** **Se les arrestó** (someone arrested them)

Lexical Usage

English equivalents of **despedir**

1. **Despedir:** *to say good-bye, farewell:*

    Ayer despedimos a los abogados.   Yesterday we said good-bye to the lawyers.
    Los han despedido con muchas fiestas.   They have been given many farewell parties.

    El juez los despidió en el aeropuerto ayer.   The judge said farewell (good-bye) to them at the airport yesterday.

2. **Despedirse:** *to say good-bye to one another:*

   | Hoy nos volvimos a despedir. | Today we said good-bye to each other again. |

3. **Despedir:** *to dismiss, lay off from work:*

   | Varios funcionarios públicos han sido despedidos. | Several government officials have been dismissed. |
   | Fueron despedidos por cometer fraude. | They were dismissed for perpetrating a fraud. |

4. **Despedir,** *to emit, discharge:*

   | Los sistemas de emisión en los nuevos autos están hechos para no despedir tantos gases nocivos. | The emission systems in the new cars are built in order not to discharge so many harmful gases. |

English verbs with more than one Spanish equivalent

EQUIVALENTS OF "TO FAIL"

1. **Fracasar:** *to fail, to not succeed, to flunk:*

El abogado fracasó en defenderlo.	The lawyer failed in defending him.
La búsqueda del tesoro fracasó.	The search for the treasure did not succeed (failed).
Casi la mitad de la clase fracasó el último examen.	Almost half the class failed the last exam.
Fracasó el tercer grado.	He failed the third grade.

2. **Dejar de:** *to fail, to not do something expected or required:*

El deja de hacer lo que le pide el profesor.	He fails to do what his teacher asks him to do.
Dejaron de asistir a la reunión.	They failed to attend the meeting.
¡No dejes de llamarme más tarde!	Don't fail to call me later!

3. **Faltar a:** *to fail; to disappoint; to deceive:*

   | El acusado ha faltado a la verdad. | The defendant has failed to tell the truth. |
   | Has faltado a todas tus promesas. | You have failed to fulfill all of your promises. |

EQUIVALENTS OF "TO BURN"

1. **Quemar; poner fuego; prender fuego; incendiar:** *to burn (down), set (on) fire:*

Durante la conquista de México, Cortés quemó las naves.	During the conquest of Mexico, Cortes burned down the ships.
Los abogados quemaron los documentos para destruir toda evidencia.	The lawyers set the documents on fire in order to destroy all evidence.
Un grupo de bandoleros puso (prendió) fuego a la hacienda, destruyendo toda la cosecha.	A group of vandals set the ranch on fire, thus destroying the entire crop.
El enemigo incendió la ciudad.	The enemy set the city on fire.

2. **Arder:** *to be on fire, be burning:*

El bosque todavía ardía.	The fire was still burning.
Cuando paso mucho tiempo en el agua, los ojos me arden.	When I spend too much time in the water my eyes burn.

3. **Quemarse:** *to burn down (up):*

Se quemaron las naves.	The ships burned down.
Se quemó el motor.	The engine burned up.

4. **Incendiarse:** *to catch fire:*

Se incendiaron las naves.	The ships caught fire.
Se incendió el motor.	The engine caught fire.

Lectura

Reading, writing, and oral responses

Read the following passage. Study the uses of passive constructions and their equivalents and **ser** + past participle vs. **estar** + past participle. Be prepared to answer orally in class the questions that follow. Your instructor may ask you to answer the questions in writing.

Panamá La Vieja: Ciudad que fue saqueada y destruida

Portobelo, que está situado en Panamá, fue el puerto más importante del Istmo en el Atlántico durante el siglo 17 y parte del 18. Debido a su estratégica posición geográfica, Portobelo se convirtió[1] en esa época en el centro mercantil más activo del imperio español. Allí se celebraban anualmente ferias mercantiles[2] donde se encontraban todos los productos comerciales del Nuevo y del Viejo Mundo. De España venían las naves cargadas[3] de mercancías para todo el comercio de Centro y Suramérica. Del Ecuador, Perú, Bolivia, Chile y la Argentina, por tierra y por mar, se mandaban a Panamá los tesoros reales, los productos y los dineros de los comerciantes. Toda el área de Portobelo era transformada varias veces al año en un extenso e importante mercado. Se calcula que en las ferias menores las transacciones llegaban a cinco millones de pesos. Pero se sabe que la mayoría de las veces la suma pasaba de veinte millones.

Cuando se terminaban las ferias, Portobelo se transformaba en una ciudad tranquila porque las actividades comerciales entre las colonias españolas estaban restringidas por la Corona.[4] Sin embargo, debido al intercambio

---

1. *became*
2. *trading fairs*
3. *ships loaded with* . . .
4. *were restricted by the Crown*

mercantil y a las riquezas que estaban acumuladas en la ciudad, la población se encontraba constantemente amenazada por piratas.[5] Ya en el siglo 16 se habían iniciado los asaltos. Nombre de Dios, otra población vecina, había sido atacada por Francisco Drake. La población pudo defenderse y sus riquezas no fueron saqueadas. Sin embargo, Drake no estaba satisfecho y no se desanimó.[6] Atravesó el Atlántico, bajó hasta el estrecho de Magallanes, y empezó a cazar fortuna[7] desde Chile hacia el norte subiendo por la costa del Pacífico. En el Perú los transportadores de uno de los tesoros más ricos del continente, el oro y la plata que se enviaban a España, fueron sorprendidos y asaltados por Drake y sus corsarios. El tesoro fue capturado y de allí Drake se dirigió nuevamente a Panamá. La ciudad había sido advertida y prevenida[8] de su llegada, todos estaban preparados para el asalto.

La expedición de Drake fue derrotada,[9] y al poco tiempo el pirata se enfermó y murió. Sus restos fueron arrojados[10] al mar en Portobelo. Setenta años más tarde, otro pirata inglés, Enrique Morgan se decidió a conquistar el tesoro de Portobelo. La ciudad fue invadida, saqueada y vencida. Los piratas se retiraron cuando recibieron la suma de un cuarto de millón de pesos. Un año y medio más tarde la ciudad de Panamá en el Pacífico fue asaltada por Morgan. Panamá se defendió pero fue derrotada. Los tesoros de las iglesias, del gobierno y de los comerciantes fueron capturados. Sólamente se salvó el altar mayor de la catedral que era de oro y que había sido enterrado.[11] Durante la lucha entre piratas y españoles la ciudad fue incendiada por Morgan. Cuando Morgan se fue, se llevó cientos de bultos cargados[12] de oro, plata, joyas y mercancías diversas. Entre el incendio y el saqueo de la ciudad, Panamá, la ciudad más rica y hermosa después de Lima y México en esa época, quedó totalmente destruida. Aún hoy en día pueden verse las ruinas de la antigua Catedral de Panamá la Vieja, que fue incendiada por el pirata en 1671. Dos años más tarde fue fundada la nueva ciudad de Panamá. El viejo altar de oro fue desenterrado y colocado más tarde en la iglesia de San José. Los asaltos de piratas y corsarios no se acabaron, pero como la ciudad estaba arruinada, sus asaltos fueron dirigidos a poblaciones menores. Los antiguos cazadores de fortuna[13] se retiraron cuando se dieron cuenta que no quedaban tesoros por saquear. Con el tiempo, Panamá se recuperó de sus infortunios.[14] Desde la época colonial había sido un punto de cruce[15] de rutas comerciales en este hemisferio, no de la industria o de la agricultura, sino del intercambio mercantil. Gracias a su posición geográfica había tenido una vida económica rica. Después de la época colonial recobró vitalidad económica y hoy en día es un centro importante del comercio internacional y centro bancario de Sur América donde se encuentran depositados millones y millones de dólares.

---

5. *threatened by pirates*
6. *did not get discouraged*
7. *began his fortune hunt*
8. *had been warned and prevented*
9. *defeated*
10. *his remains were thrown out*
11. *had been buried*
12. *hundreds of sacks loaded with*
13. *fortune hunters*
14. *misfortunes*
15. *crossroads*

Preguntas de comprensión

1. Explique cómo y por qué se había convertido Portobelo en un centro mercantil importante durante el siglo 16.
2. ¿Por quiénes eran amenazadas algunas ciudades coloniales? Explique.
3. ¿Qué cuenta la lectura sobre Francisco Drake?
4. ¿Cuándo fue atacada la ciudad de Portobelo?
5. ¿Qué cuenta la lectura sobre el asalto a la vieja ciudad de Panamá?
6. ¿Por qué era considerada Panamá una ciudad importante durante la colonia? ¿Y hoy en día?

Preguntas para conversar

Listen carefully to the questions and respond with a complete sentence. You may organize your answers before coming to class.

1. Los bienes ajenos siempre han sido objeto de codicia. ¿Por qué se les temía a los piratas antiguamente?
2. La piratería era casi una institución hace varios siglos. ¿Por qué no eran perseguidos o condenados los piratas?
3. ¿Cuáles han sido los piratas más conocidos? ¿Qué se sabe de ellos?
4. Los piratas eran ladrones. ¿Quiénes nos protegen de los ladrones hoy en día?
5. ¿Qué se hace con los ladrones hoy en día?
6. ¿Por qué se respeta a los policías? ¿Qué servicios nos extienden ellos?
7. ¿Cómo deben ser tratados los delincuentes? ¿Qué pasos se deben seguir después de detenerlos?
8. ¿Por qué deben ser respetadas las leyes en una sociedad? ¿Cuál es la función de las leyes?
9. ¿Qué reglas debe seguir Ud. en la universidad? ¿Y en el dormitorio? ¿Cree Ud. que esas reglas son justificadas?
10. ¿Qué reglas debe Ud. seguir en su trabajo? ¿Cree Ud. que se le trata justamente? ¿Se le paga a Ud. bien? ¿Se le trata con cortesía?

Temas para comentar

Dénos su opinión...

1. Las consecuencias materiales, sociales y emotivas que tienen los desastres naturales como inundaciones, terremotos, incendios.
2. Las condiciones bajo las cuales se les debe dar o negar el exilio a refugiados políticos.
3. El trato que se le debe dar a un empleado cuando no cumple con sus obligaciones.
4. Las medidas que un paciente debe tomar cuando no ha sido tratado satisfactoriamente por su médico.

Sala de control, Centro Espacial Kennedy, Cabo Cañaveral, Florida.

Repaso 15

Review of verb forms: future and conditional tenses
    Future tense
    Conditional tense
    Future and conditional compound tenses
    Future and conditional progressive constructions

Grammar review
    Use of the future and conditional tenses

Lexical usage
    English verbs with more than one Spanish equivalent

Lectura: ¿Cómo nos comunicaremos en el siglo XXI?

Review of Verb Forms: Future and Conditional Tenses

Future tense

VERBS WITH REGULAR FUTURE STEMS

comprar	vender	recibir
comprar é	vender é	recibir é
comprar ás	vender ás	recibir ás
comprar á	vender á	recibir á
comprar emos	vender emos	recibir emos
comprar éis	vender éis	recibir éis
comprar án	vender án	recibir án

1. With the exception of twelve basic **-er** and **-ir** verbs, all Spanish verbs form the future tense by using the infinitive as a stem and adding the personal endings;
2. The endings for **-ar, -er,** and **-ir** verbs and for regular and irregular verbs are the same;
3. Except for the first-person plural, the stress always falls on the last syllable, which requires a written accent mark;
4. The English equivalents are *will...*, *shall...*, *must...*, *might* + main verb or a paraphrase, depending on the context:

Yo lo compraré.	I will buy it.
Tú no me lo comprarás.	You shall not buy it for me.
Lo venderán en todas partes, (probablemente).	They must sell it everywhere. They probably sell it everywhere.
Será muy caro, pero te lo compraré de todos modos.	It might be too expensive but I'll buy it for you anyway.

VERBS WITH IRREGULAR FUTURE STEMS

VERBS WITH R IN THE STEM

Infinitive	Stem	Altered stem	Personal endings
caber	cab-	cabr-	
haber	hab-	habr-	-é, -ás, -á
poder	pod-	podr-	-emos, -éis, -án
querer	quer-	querr-	
saber	sab-	sabr-	

VERBS WITH DR IN THE STEM

Infinitive	Stem	Altered stem	Personal endings
poner	pon-	pondr-	
salir	sal-	saldr-	-é, -ás, -á
tener	ten-	tendr-	-emos, -éis, -án
valer	val-	valdr-	
venir	ven-	vendr-	

VERBS WITH VERY IRREGULAR STEMS

Infinitive	Stem	Altered stem	Personal endings
decir	dec-	dir-	-é, -ás, -á
hacer	hac-	har-	-emos, -éis, -án

All other compound verbs derived from the above follow the same pattern of

Repaso 15

conjugation in the future:

componer	compondré, compondrás, etc.
contener	contendré, contendrás, etc.
sobresalir	sobresaldré, sobresaldrás, etc.
convenir	convendré, convendrás, etc.
contradecir	contradiré, contradirás, etc.
deshacer	desharé, desharás, etc.

Conditional tense

VERBS WITH REGULAR CONDITIONAL STEMS

comprar		**vender**		**recibir**	
comprar	ía	vender	ía	recibir	ía
comprar	ías	vender	ías	recibir	ías
comprar	ía	vender	ía	recibir	ía
comprar	íamos	vender	íamos	recibir	íamos
comprar	íais	vender	íais	recibir	íais
comprar	ían	vender	ían	recibir	ían

VERBS WITH IRREGULAR CONDITIONAL STEMS

Infinitive	Stem	Altered stem	Personal endings
caber	cab- + r	cabr-	
haber	hab- + r	habr-	
poder	pod- + r	podr-	
querer	quer- + r	querr-	-ía
saber	sab- + r	sabr-	-ías
poner	pon- + dr	pondr-	-ía
salir	sal- + dr	saldr-	-ímos
tener	ten- + dr	tendr-	-íamos
valer	val- + dr	valdr-	-ían
venir	ven- + dr	vendr-	
decir	dec-	dir-	
hacer	hac-	har-	

1. The conditional tense is formed by adding the personal endings to the regular infinitive forms or to the altered stems, just as in the future tense;
2. The stems of the future and the conditional are the same; only the personal endings differ;
3. The personal endings for **-ar, -er,** and **-ir** verbs and for regular and irregular verbs are the same throughout the conditional;
4. The stress always falls on the first vowel of the personal ending and a written accent mark is required: **-í-;**

5. All compound verbs derived from the basic twelve verbs with irregular stems follow similar patterns of conjugation: **compondría, contendrían, convendríamos**, etc.;
6. The English equivalents are *would, should, could* + main verb or a paraphrase, depending on the context:

La vendería enseguida.	She would sell it right away.
Ella me la vendería (posiblemente).	She would probably sell it to me.
No deberías venderla.	You shouldn't sell it.

Future and conditional compound tenses

FUTURE PERFECT TENSE

Future tense of **haber**	+	Past participle
habré habrás habrá habremos habréis habrán		comprado vendido recibido

1. The future perfect tense is formed by the future forms of the auxiliary **haber** followed by the past participle of the main verb;
2. The English equivalents are *will have...*, *must have...* or *might have...* + past participle or a paraphrase, depending on the context:

Para mañana ya lo habrá recibido.	By tomorrow she will have received it already.
Lo habrá mandado ayer (probablemente).	He must have sent it yesterday. He probably sent it yesterday.
Habrá costado mucho pero lo compró de todos modos.	It might have cost a lot but she bought it anyway.

CONDITIONAL PERFECT TENSE

Conditional tense of **haber**	+	Past participle
habría habríamos habrías habríais habría habrían		comprado vendido recibido

Repaso 15

1. The conditional perfect tense is formed by the conditional tense of the auxiliary **haber** followed by the past participle of the main verb;
2. The English equivalents are *would have...*, *must have...*, *might have...*, *should have...* + past participle or a paraphrase, depending on the context:

La habría vendido a ese precio.	He would have sold it at that price.
Ella habría pagado bastante (probablemente).	She must have payed plenty. She probably has payed plenty.
Habría sido cara pero la compró de todos modos.	It might have been expensive but she bought it anyway.
No deberías haberla comprado.	You should not have bought it.

Future and conditional progressive constructions

FUTURE PROGRESSIVE

Future tense of estar	+	Main verb -ndo
estaré estaremos estarás estaréis estará estarán		viajando

1. The future progressive construction is formed by **estar** conjugated in the future followed by the **-ndo** form of the main verb;
2. The English equivalent is a form of *to be* in the future + the *-ing* form of the main verb:
   Para entonces estaremos viajando. By then we will be travelling.

CONDITIONAL PROGRESSIVE

Conditional tense of estar	Main verb -ndo
estaría estaríamos estarías estaríais estaría estarían	viajando

1. The conditional progressive construction is formed by **estar** conjugated in the conditional followed by the **-ndo** form of the main verb;
2. The English equivalent is *would be* + *-ing* or *might have been* + *-ing*:

   Quizás estarían comprando los regalos. They might have been buying the gifts.

Grammar Review

Use of the future and conditional tenses

THE FUTURE TENSE

The future tense, equivalent to several English constructions, depending on the context, is used:

1. To describe the intent to act or to anticipate future events.[1] In this context the future is equivalent in English to *will*:

La ciencia avanzará mucho en los próximos años.	Science will advance a great deal in the coming years.
Podremos explotar la energía solar.	We will be able to exploit solar energy.
La medicina curará muchas enfermedades.	Medicine will cure many diseases.
Descubriremos nuevos secretos genéticos.	We will discover new genetic secrets.

2. To describe conjecture or probability about ongoing or subsequent events. Probability in the present and future is rendered in English through the auxilary *must* or a paraphrase:

¿Dónde estará Carlos ahora? —Estará en el hospital.	Where do you suppose Carlos is now? —He must be (should be) at the hospital now. —I suppose he is at the hospital now. —Possibly he is at the hospital now.
¿Qué hora será?	What time is it? What time do you suppose it is?
¿Podremos curar el cáncer?	Do you suppose we'll be able to cure cancer?
—Posiblemente[2] lo curaremos muy pronto.	—Possibly we'll cure it very soon. —I suppose we'll cure it very soon.

3. To describe concession about ongoing or subsequent events. Concession is rendered in English through the auxiliary *might*:

La medicina avanzará mucho pero no puede curar un resfriado. (La medicina está progresando pero no puede curar un resfriado.)	Medicine might advance a great deal but it cannot cure a cold. (Medicine is progressing but it cannot cure a cold.)
La industria producirá muchas cosas nuevas pero el aire se contamina.	Industry might produce (be producing) new things, but the air gets polluted.

---

1. See Uses of the present tense, Repaso 1, and Other uses of the present with future meaning, Repaso 3.
2. For emphasis, an adverb of probability such as **probablemente, posiblemente, quizás,** or **a lo mejor** may be used with these future-tense constructions.

Repaso 15

| La tecnología progresará más, pero no podremos controlar el clima. | Technology might progress more, but we'll not be able to control the weather. |

4. To express a command, equivalent in English to *shall*:

No jurarás en falso.	You shall not perjure yourself.
Yo diré toda la verdad.	I shall tell the whole truth.
De ningún modo renunciará.	In no way shall he resign.
Todos lo defenderemos.	We shall all defend him.

THE CONDITIONAL TENSE

The future tense describes an event as subsequent to the moment of speech. The simple conditional describes the event as subsequent to a given point within a past time perspective.

The conditional, which is equivalent to several English constructions, depending on the context, is used:

1. To describe the intent to act or to anticipate the occurrence of an event within a past time perspective. In this context the conditional is equivalent in English to *would* + main verb:

   Given point in the past: adverbial of time   *Anticipated subsequent event: conditional*

   A las dos   **saldría de la oficina.**[3]
   At two o'clock   he would leave the office.

   Esa tarde   **verían la casa.**
   That afternoon   they would see the house.

   Previous event expressed:

   Si les gustaba,   **firmarían el contrato y la comprarían.**
   If they liked it,   they would sign the contract and buy it.

   Direct discourse statements in the future take the conditional when rewritten into an indirect discourse statement in the past:

   Direct discourse: *Indirect discourse:*

   A las dos saldrá de la oficina.   **Dijo que a las dos saldría de la oficina.**
   At two o'clock he will leave the office.   He said that at two o'clock he would leave the office.

   Verán la casa esta tarde.   **Dijo que verían la casa esta tarde.**
   They will see the house this afternoon.   He said that they would see the house this afternoon.

2. To describe conjecture or probability about ongoing or subsequent events within a past time perspective. Probability in the past is rendered in English through the auxiliary *might* or through a paraphrase:

   ¿Dónde estaría Carlos cuando lo llamaste?   Where do you suppose Carlos was when you called him?

---

3. The word order in all of these sentences could be inverted: **Saldría de la oficina a las dos; Verían la casa esa tarde;** etc.

—(Probablemente)[4] estaría en el hospital.

—He might have been at the hospital.
—I suppose he was at the hospital.
—Probably he was at the hospital.

¿Qué hora sería cuando llegó a casa?

What time do you suppose it was when he arrived home?

—(Posiblemente) serían las nueve.

—It might have been nine o'clock.
—I suppose it was nine o'clock.
—Possibly it was nine o'clock.

3. To express polite assertions and requests within the present time:

¿Podrías salir de la oficina a eso de las dos?

Could you leave the office around two o'clock?

Deberías verla antes de comprarla.

You should see it before buying it.

IF-CLAUSES WITH THE INDICATIVE

If-clauses describe a hypothetical condition upon which a subsequent event depends. Tense agreement in the two clauses depends on the time sequence in which the condition and the subsequent event take place.

Temporal dimension: present/future	
Condition: 　present tense	Subsequent event: 　future tense 　present tense (future meaning) 　present tense of **ir a** + inf.
Si descubrimos nuevos secretos genéticos, If we discover new genetic secrets,	**curaremos muchas enfermedades.** ... **curamos** ... ... **vamos a curar** ... we will cure many diseases. ... will be curing ... ... are going to cure ...
Si controlamos la industria, If we control industry,	**mantendremos el aire limpio.** ... **mantenemos** ... ... **vamos a mantener** ... we will keep the air clean. ... will be keeping ... ... are going to keep ...
Si nos alimentamos mejor, If we eat better,	**prolongaremos la vida.** ... **prolongamos** ... ... **vamos a prolongar** ... we will prolong our lives. ... prolong ... ... are going to prolong ...

1. The condition is to be fulfilled within the present or the future. Therefore, the verb in the clause describing the condition is in the present tense;

---

4. For emphasis, an adverb of probability such as **probablemente, posiblemente,** or **quizás** may be used in these conditional-tense constructions.

2. The verb in the second clause describing the subsequent event is in the future tense, the present, or the present tense of **ir a** + inf.

Condition:
  imperfect
	Temporal dimension: past
	Subsequent event:
	  conditional tense
	  imperfect tense
	  imperfect tense of **ir a** + inf.

Dijeron que si descubríamos nuevos secretos genéticos,	**curaríamos muchas enfermedades.** ... curábamos ... ... íbamos a curar ...
They said that if we discovered new genetic secrets,	we would cure many diseases. ... would be curing ... ... were going to cure ...
Dijeron que si controlábamos la industria,	**mantendríamos el aire limpio.** ... manteníamos ... ... íbamos a mantener ...
They said that if we controlled industry,	we would keep the air clean. ... would be keeping ... ... were going to ...
Dijeron que si nos alimentábamos mejor,	**prolongaríamos la vida.** ... prolongábamos ... ... íbamos a prolongar ...
They said that if we fed ourselves better,	we would prolong our lives. ... would be prolonging ... ... were going to prolong ...

1. The condition was to have been fulfilled within the past; therefore, the verb in the clause describing the condition is in the imperfect tense;
2. The verb in the second clause describing the subsequent event is in the conditional tense, the imperfect, or the imperfect tense of *ir a* + *inf*.
3. This construction is more frequent in indirect discourse: **dijeron que si . . .**

THE FUTURE PERFECT TENSE

The future perfect, which is equivalent to several English constructions, depending on the context, is used:

1. To describe a future event that will have been completed before another future event or point in time. In this context, the future perfect is equivalent in English to *will have* + past participle:

    Subsequent point in time: time adverbial   *Future event completed: future perfect tense*

    Para las dos   **habré salido de la oficina.**
    By two o'clock   I will have left the office.

Para esta tarde By this afternoon	**habrán visto la casa.** they will have seen the house.
Para la próxima semana By next week	**la habrán comprado.** they will have bought it.
Subsequent event: future tense	*Future event completed: future perfect*
La ciencia curará el cáncer, Science will cure cancer,	**pero habrá descubierto nuevas enfermedades.** but it will have discovered new diseases.
Viajaremos al espacio, We will be travelling in space,	**pero no habremos resuelto los problemas en la tierra.** but we will not have solved our problems on earth.

2. To express conjecture or probability about completed events. The English equivalent is *must have* + past participle or a paraphrase:

Carlos habrá estado en el hospital cuando lo llamaste.	Carlos must have been at the hospital when you called him. Carlos was probably at the hospital when you called him.
Habrán sido las nueve cuando llegó a su casa.	It must have been nine o'clock when he arrived home.

3. To express concession about completed events. Its equivalent in English is *might have* + past participle:

Habremos controlado la genética pero no el clima.	We might have controlled genetics but not the weather.
La medicina habrá curado el cáncer, pero no un resfriado.	Medicine might have cured cancer, but not a cold.

THE CONDITIONAL PERFECT TENSE

The conditional perfect tense, which is equivalent to several English constructions depending on the context, is used:

1. To describe within a past time perspective a subsequent event as completed before another event or point in time. In this context the conditional perfect is equivalent in English to *would have* + past participle:

Subsequent point in time: time adverbial	*Subsequent event completed within past: conditional perfect*
Para esa tarde By that afternoon	**habrían decidido firmar el contrato.** they would have decided to sign the contract.

Repaso 15

Para la semana siguiente	**habría sido imposible comprarla; la habrían vendido.**
By the following week	it would have been impossible to buy it; they would have sold it.

2. To express conjecture or probability within a past time perspective about completed events prior to another past event. In this context, the conditional perfect is equivalent in English to *must have* or *might have* + past participle:

No contestaba cuando lo llamé. (Posiblemente) habría estado en el hospital.	He didn't answer when I called him. He must (might) have been at the hospital.
Estaba muy ocupado. Habría llegado a casa muy tarde.	He was very busy. He must (might) have arrived home very late.

3. To describe concession about completed events within a past time perspective. Its equivalent in English is *might have* + past participle:

Supongo que él habría sido médico pero no cirujano.	I suppose he might have been a doctor, but not a surgeon.
Habrá sido muy inteligente pero no muy dedicado.	He might have been very intelligent but not very dedicated.

4. To express polite assertions and requests with reference to a past time:

Habrías podido salir de la oficina a las dos.	You could have left the office at two o'clock.
¿Habrías ido conmigo a ver la casa?	Would you have gone with me to see the house?

FUTURE AND CONDITIONAL PROGRESSIVE CONSTRUCTIONS

The future describes events that are subsequent to the moment of speech. The conditional describes subsequence within a past time perspective. The future and conditional progressives have the same temporal perspective and may be used with some verbs to describe:

FUTURE PROGRESSIVE: Subsequent ongoing events within present/future perspective	CONDITIONAL PROGRESSIVE: Subsequent ongoing events within past perspective
Ongoing or unfolding events:	
En el siglo veintiuno estaremos viajando por el espacio. During the twenty first century we will be travelling through space.	**Me dijo que en el siglo veintiuno estaríamos viajando por el espacio.** He told me that during the twenty first century we would be travelling through space.
Estaremos volando en naves espaciales. We will be flying in space ships.	**Me aseguró que estaríamos volando en naves espaciales.** He assured me that we would be flying in space ships.

FUTURE PROGRESSIVE:	CONDITIONAL PROGRESSIVE:
Subsequent ongoing events within present/future perspective	Subsequent ongoing events within past perspective
Simultaneously occurring events:	
Yo estaré esperándote en el aeropuerto al regresar tú. I will be waiting at the airport when you return. **Cuando tomes el avión yo estaré pensando en ti.** When you take the plane I will be thinking of you.	**Me prometió que estaría esperándome en el aeropuerto al regresar yo.** He promised me that he would be waiting at the airport for me when I return. **Me dijo que cuando tomara el avión ella estaría pensando en mí.** She told me that when I took the plane she would be thinking of me.
Probability or conjecture:	
¿Qué le estará diciendo ahora? What do you suppose he is telling her now? **¿Cuánto estará ganando ahora?** I wonder how much he is making now.	**¿Qué le estaría diciendo esta mañana?** What do you suppose he was telling her this morning? **¿Cuánto estaría ganando entonces?** I wonder how much he was making then.

OTHER CONSTRUCTIONS EQUIVALENT TO WILL BE/WOULD BE + -ING

In Spanish, the future and conditional progressives are not used to describe the intent or will to act as they are in English. Instead, Spanish uses the following constructions, depending on the time perspective, to express the intent or will to act:

1. The simple future tense, the present tense or the present tense of **ir a** + inf.:

   We will be picking you up at seven. **Te recogeremos a las siete.**
   Te recogemos a las siete.
   Te vamos a recoger a las siete.

   I will be seeing you soon. **Te veré pronto.**
   Te veo pronto.
   Te voy a ver pronto.

2. The simple conditional tense, the imperfect tense, or the imperfect tense of **ir a** + inf.:

   She said they would be picking you up at seven. **Dijo que te recogerían a las siete.**
   Dijo que te recogían a las siete.
   Dijo que te iban a recoger a las siete.

   I told him I would be seeing him soon. **Le dije que lo vería pronto.**
   Le dije que lo veía pronto.
   Le dije que lo iba a ver pronto.

Lexical Usage

English verbs with more than one Spanish equivalent

EQUIVALENTS OF *"TO RAISE"*

1. **Levantar:** *to raise, lift up, pick up:*

Quise levantarlo, pero era muy pesado.	I tried to lift it but it was too heavy.
Lo levantaré si se cae otra vez.	I will pick it up if it falls again.

2. **Subir:** *to raise, increase:*

Le subirán el sueldo.	They will raise (increase) his salary.
El gobierno subirá los impuestos.	The government will raise (increase) taxes.

3. **Criar:** *to raise children or animals:*

Han criado ocho hijos.	They have raised eight children.
Ahora se dedica a criar ganado.	Now he is raising cattle.

4. **Educar:** *to raise (educate, rear) children:*

No hay duda que lo educarán con buenas costumbres.	There is no doubt that they will raise him with good manners.

5. **Cultivar:** *to raise (grow) crops or flowers:*

En esta finca cultivan maíz y cacao.	On this farm they raise corn and cocoa.

EQUIVALENTS OF *"TO REACH"*

1. **Llegar a:** *to reach, arrive at a certain point, goal, or destination:*

Si sigue así, pronto llegará a ser Gerente.	If he keeps going like that, he will soon reach the position of Manager.
Llegaremos a Houston antes de las seis.	We will reach Houston before six.

2. **Alcanzar:** *to reach, attain, catch up:*

Alcanzará una alta posición dentro de la compañía.	He will reach (attain) a high position within the company.
Alcanzará mucho poder.	He will attain great power.
Sus compañeros de trabajo no podrán alcanzarlo.	His co-workers won't be able to catch up with him.

3. **Lograr:** *to attain, achieve a goal:*

Logrará el cargo de Vice Presidente de Ventas.	He will attain the position of Vice President for Sales.
Logrará todos sus propósitos.	He will achieve all of his goals.

Lectura

Reading, writing, and oral responses

Read the following passage. Study the uses of the future and conditional tenses. Be prepared to answer the questions orally in class. Your instructor may ask you to answer the questions in writing.

¿Cómo nos comunicaremos en el siglo XXI?

La televisión habrá sido el aparato doméstico más popular de este siglo. Pero según las proyecciones que se hacen sobre el futuro, las computadoras se habrán convertido en una necesidad indispensable del siglo XXI. La televisión nos habrá entretenido y nos habrá mantenido informados. No hay duda que seguirá haciéndolo, pero las computadoras harán mucho más. Las computadoras nos harán la vida mucho más fácil, nos ahorrarán tiempo,[1] gasolina y viajes innecesarios a bancos, almacenes, bibliotecas y médicos. ¿De qué forma se realizarán todas estas maravillas?[2]

Aparentemente, todo esto se logrará de manera muy sencilla. Antes que nada, Ud. tendrá que instalar una computadora doméstica en su casa. Ésta no será más grande que su televisor y cabrá en cualquier lugar. Su computadora estará conectada a una agencia central, a la cual se conectarán todas las computadoras existentes en la ciudad. Desde esa computadora central saldrá toda clase de información y se le ofrecerá a los abonados[3] toda clase de servicios. Por ejemplo, sin tener que salir de su casa, Ud. podrá ver todos los anuncios comerciales que hasta ahora sólo aparecen en los periódicos. También hará Ud. sus reservaciones de viaje, para el teatro y para eventos deportivos. Ud. podrá hacer reservaciones en restaurantes y clubs, citas con médicos, dentistas y lo mejor es que no tendrá que perder la paciencia con el teléfono. Con sólo apretar un botón[4] Ud. podrá pagar todas sus cuentas. El banco se encargará[5] del resto. En fin, nos comunicaremos a través de las computadoras.

Dicen algunos que en la era de las computadoras[6] también sería posible leer cualquier libro, revista o periódico sin tener que sacarlo de alguna biblioteca o comprarlo en alguna librería. Si Ud. tiene amigos con computadoras en casa, Ud. podrá escribirles cartas o enviarles toda clase de mensajes. Todo esto se

---

1. *will save us time*
2. *wonders*
3. *subscribers*
4. *by just pressing a button*
5. *will take care*
6. *age of computers*

vería escrito en una pantalla.[7] Si Ud. se siente mal, Ud. apretará otro botón y un sistema especial le daría un informe preliminar de su condición. ¡Y Ud. no tendría que salir de casa! Su médico recibiría este informe, lo estudiaría cuidadosamente y luego decidiría qué hacer. Si Ud. sufre algún trastorno emotivo[8] la computadora también le dará un poco de terapia inmediata. En fin, las computadoras del siglo XXI harían una serie de tareas que hoy nos quitan bastante tiempo. Según parece la era de las computadoras nos debería simplificar bastante la vida.

Seguramente Ud. se estará preguntando cuándo sucederá todo esto y más importante aún cuánto costará. El costo de este novedoso aparato sería de unos 3.000 dólares aproximadamente pero podría aumentar según la inflación. De acuerdo con las mismas proyecciones, se calcula[9] que para el año 2.000 todo hogar que hoy posee un aparato de televisión habrá adquirido además una computadora doméstica. Para entonces la producción habrá alcanzado un mayor grado y el precio debería ser accesible a todo consumidor. Para entonces, poseer una computadora sería casi tan importante como tener un auto. Nos parecería la cosa más natural del mundo.

Todo esto, sin duda alguna, será cierto y ocurrirá muy pronto. ¿Pero valdrá la pena[10] todo este sistema? ¿Qué haremos con todo ese tiempo libre que tendríamos? ¿Nos aburriremos más? ¿O estaremos ocupados con otras cosas? ¿Qué haríamos sin esas salidas a almacenes y tiendas que tanto nos entretienen? ¿Continuaremos teniendo los mismos contactos personales que hasta ahora nos han mantenido como seres humanos dentro de una sociedad altamente especializada? ¿O nos convertiremos, al fin y al cabo, en un número más? ¿No nos sentiríamos más solos y aislados? El hombre nunca ha podido detener el progreso. Todo lo contrario. La tecnología es como un aluvión[11] que seguirá avanzando y la era de las computadoras influirá desde luego en todo aspecto social de nuestras relaciones. No sabremos exactamente cuáles serán las consecuencias de esta nueva revolución tecnológica. Pero como ha sido siempre la historia del progreso, tendremos que aceptarlas pero sin deshumanizarnos.

Preguntas de comprensión

1. ¿Para cuándo se convertirán las computadoras en una necesidad indispensable?
2. ¿Qué funciones seguirá teniendo la TV?
3. ¿De qué manera nos facilitarán la vida las computadoras?
4. ¿Cómo se logrará todo esto?
5. ¿Qué tipo de servicios personales se le ofrecerá a los abonados?
6. ¿Qué servicios médicos podrían prestar las computadoras?
7. ¿Para cuándo sucederá esta revolución tecnológica?
8. ¿Qué problemas tendría el hombre en la era de las computadoras?

---

7. *screen*
8. *emotional upset*
9. *it is estimated*
10. *would it be worthwhile*
11. *flood*

Preguntas para conversar

Answer the following questions with complete statements when your instructor calls on you. You may organize your answers before coming to class.

1. ¿Cómo piensa Ud. que será la vida en el año 2.000?
2. ¿Qué adelantos en la medicina le gustaría a Ud. ver? ¿Por qué?
3. ¿Qué adelantos tecnológicos harían la vida más fácil? ¿Por qué?
4. ¿Para cuándo piensa Ud. que estaremos viviendo en la era de las computadoras?
5. ¿Cree Ud. que las computadoras domésticas valdrán realmente la pena? ¿Qué opina Ud.?
6. ¿Qué servicios le parecen a Ud. más útiles? ¿Qué opina Ud.?
7. ¿Qué servicios eliminaría Ud.? ¿Por qué?
8. ¿Qué efectos negativos podrían tener las computadoras?
9. ¿Sería posible controlar la tecnología? ¿Qué medidas habría que adoptar?
10. ¿Cree Ud. que el hombre debería controlar la tecnología? ¿Cuál es su opinión?
11. ¿Qué medidas adoptaría Ud.? ¿Por qué?
12. Si muchos servicios se mecanizan, ¿qué sucederá con el desempleo?

Temas para comentar

Dénos su opinión...

1. Algún personaje famoso de la historia que a Ud. le gustaría conocer. Dé sus razones.
2. Alguna aventura que a Ud. le gustaría vivir. Dé sus razones.
3. Algún problema internacional que a Ud. le gustaría resolver. Dé sus razones.
4. Alguna contribución social que a Ud. le gustaría hacer. Dé sus razones.

Vista panorámica de Bogotá, Colombia.

Repaso 16

Review of verb forms: direct commands
    Formal direct commands
    Informal direct commands

Grammar review
    Position of object pronouns and reflexives with direct commands
    Prepositional reflexive pronouns
    The nominalizer **lo**
    Prepositions **por** and **para**

Lexical usage
    English verbs with more than one Spanish equivalent
    Idiomatic expressions with the neuter **lo**
    Set phrases with **por**

Lectura: Decisiones: Hágalas con calma pero no las posponga

Review of Verb Forms: Direct Commands

Formal direct commands

AFFIRMATIVE AND NEGATIVE COMMANDS: **USTED, USTEDES**

Infinitive	Present indicative 1st-person singular	Stem of formal command	Formal commands Ud.	Uds.
hablar	(yo) hablo	habl-	hable	hablen
leer	leo	le-	lea	lean
escribir	escribo	escrib-	escriba	escriban

Infinitive	Present indicative 1st-person singular	Stem of formal command	Formal commands Ud.	Uds.
	Stem-vowel changes:			
pens<u>ar</u>	piens<u>o</u>	piens-	piens<u>e</u>	piens<u>en</u>
atend<u>er</u>	atiend<u>o</u>	atiend-	atiend<u>a</u>	atiend<u>an</u>
ment<u>ir</u>	mient<u>o</u>	mient-	mient<u>a</u>	mient<u>an</u>
adquir<u>ir</u>	adquier<u>o</u>	adquier-	adquier<u>a</u>	adquier<u>an</u>
record<u>ar</u>	recuerd<u>o</u>	recuerd-	recuerd<u>e</u>	recuerd<u>en</u>
volv<u>er</u>	vuelv<u>o</u>	vuelv-	vuelv<u>a</u>	vuelv<u>an</u>
dorm<u>ir</u>	duerm<u>o</u>	duerm-	duerm<u>a</u>	duerm<u>an</u>
ped<u>ir</u>	pid<u>o</u>	pid-	pid<u>a</u>	pid<u>an</u>
	Stem-consonant changes:			
hac<u>er</u>	hag<u>o</u>	hag-	hag<u>a</u>	hag<u>an</u>
pon<u>er</u>	pong<u>o</u>	pong-	pong<u>a</u>	pong<u>an</u>
tra<u>er</u>	traig<u>o</u>	traig-	traig<u>a</u>	traig<u>an</u>
sal<u>ir</u>	salg<u>o</u>	salg-	salg<u>a</u>	salg<u>an</u>
dec<u>ir</u>	dig<u>o</u>	dig-	dig<u>a</u>	dig<u>an</u>
ten<u>er</u>	teng<u>o</u>	teng-	teng<u>a</u>	teng<u>an</u>
ven<u>ir</u>	veng<u>o</u>	veng-	veng<u>a</u>	veng<u>an</u>
conoc<u>er</u>	conozc<u>o</u>	conozc-	conozc<u>a</u>	conozc<u>an</u>
traduc<u>ir</u>	traduzc<u>o</u>	traduzc-	traduzc<u>a</u>	traduzc<u>an</u>
contribu<u>ir</u>	contribuy<u>o</u>	contribuy-	contribuy<u>a</u>	contribuy<u>an</u>
re<u>ír</u>	rí<u>o</u>	rí-	rí<u>a</u>	rí<u>an</u>
o<u>ír</u>	oig<u>o</u>	oig-	oig<u>a</u>	oig<u>an</u>
v<u>er</u>	ve<u>o</u>	ve-	ve<u>a</u>	ve<u>an</u>
est<u>ar</u>	est<u>oy</u>	est-	est<u>é</u>	est<u>én</u>
d<u>ar</u>	d<u>oy</u>	d-	d<u>é</u>	d<u>en</u>
	Spelling changes:			
venc<u>er</u>	venz<u>o</u>	venz-	venz<u>a</u>	venz<u>an</u>
recog<u>er</u>	recoj<u>o</u>	recoj-	recoj<u>a</u>	recoj<u>an</u>
dirig<u>ir</u>	dirij<u>o</u>	dirij-	dirij<u>a</u>	dirij<u>an</u>
segu<u>ir</u>[1]	sig<u>o</u>	sig-	sig<u>a</u>	sig<u>an</u>
			Spelling changes:	
marc<u>ar</u>	marc<u>o</u>	marc-	marqu<u>e</u>	marqu<u>en</u>
jug<u>ar</u>[2]	jueg<u>o</u>	jueg-	juegu<u>e</u>	juegu<u>en</u>
averigu<u>ar</u>	averigu<u>o</u>	averig-	averigü<u>e</u>	averigü<u>en</u>
alcanz<u>ar</u>	alcanz<u>o</u>	alcanz-	alcanc<u>e</u>	alcanc<u>en</u>

1. **Seguir** also undergoes a stem-vowel change e → i: seguir → sig-.
2. **Jugar** also undergoes a stem-vowel change u → ue: jugar → jueg-.

1. To express a direct command, singular or plural, English simply deletes the subject pronoun *you* from the second-person indicative. Spanish uses

Repaso 16

special command forms depending on whether the form of address is formal (**usted/ustedes**) or familiar (**tú/ustedes**)[3], singular or plural;

2. The verb forms used for the formal direct commands are based on the first-person singular of the present indicative of all verbs (except in the case of **saber, ser,** and **ir**):[4]
   a. Formal direct commands of **-ar** verbs change the **-o** of the present indicative **yo** form to **-e** for the singular **usted** and to **-en** for the plural **ustedes**: **yo hablo** → **hable Ud., hablen Uds.**;
   b. Formal direct commands of **-er** and **-ir** verbs change the **-o** of the present indicative **yo** form to **-a** for the singular **usted** and to **-an** for the plural **ustedes**: **yo leo** → **lea Ud., lean Uds.; yo escribo** → **escriba Ud., escriban Uds.**;
3. The same stem-vowel and stem-consonant changes that occur in many irregular verbs in the **yo** person of the present indicative also occur in the formal direct command forms;
4. The command forms of **estar** have a written accent mark: **esté (Ud.), estén (Uds.)**;
5. The **usted** form of **dar: dé,** has a written accent mark to avoid any possible ambiguity with the preposition **de: de usted,** *from you* vs. **dé usted,** *give;*
6. The same spelling changes undergone by many verbs in the first-person singular of the present indicative also occur in the direct command forms;
7. Verbs ending in **-car, -gar, -guar,** and **-zar** undergo the following spelling changes in the direct command forms in order to represent the same sound of the first-person singular of the present indicative:

c → qu:	marco	marque (Ud.)
g → gu:	juego	juegue (Ud.)
gu → gü:	averiguo	averigüen (Uds.)
z → c:	alcanzo	alcancen (Uds.)

8. The use of subject pronouns with the command forms is optional. They may be included for emphasis. Word order is flexible, but the most common pattern is to place the pronoun after the verb: **Hable Ud., por favor** is the more frequent pattern, but **Ud. hable, por favor** is also possible;
9. Negative **Ud./Uds.** commands are formed by placing the negative **no** before the affirmative command form:

Hable usted.	No hable usted.
	Usted, no hable.
Escriban ustedes.	No escriban ustedes.
	Ustedes, no escriban.

10. Compound verbs based on irregular, stem-changing or spelling changing verbs follow the same patterns to form direct formal commands:

describir	describa Ud.	describan Uds.
devolver	devuelva Ud.	devuelvan Uds.

---

3. In most parts of the Spanish-speaking world, **ustedes** is used as the plural both the formal **usted** and the familiar **tú**. The familiar plural **vosotros** is not used in this book.

4. Actually, the verb forms used for the formal direct commands coincide with the **usted** and **ustedes** forms of the present subjunctive: **que Ud. hable** → **hable Ud.; que Uds. hablen** → **hablen Uds.** See Repaso 17 for the Present subjunctive.

obtener   obtenga Ud.   obtengan Uds.
convencer convenza Ud.   convenzan Uds.
perseguir persiga Ud.   persigan Uds.

FORMAL DIRECT COMMANDS OF **IR**, **SABER**, AND **SER**

ir	saber	ser
vaya	sepa	sea (Ud.)
vayan	sepan	sean (Uds.)

1. The direct formal commands of these three verbs are not based on the **yo** form of the present indicative;
2. These verbs use different stems: **vay-**, **sep-**, and **se-**;[5]
3. The endings **-a** for the singular **usted** and **-an** for the plural **ustedes** are the same for all **-er** and **-ir** verbs including **ir**, **saber**, and **ser**.

Informal direct commands

AFFIRMATIVE COMMANDS: **TÚ, USTEDES**

Infinitive	Present indicative 3rd-person singular	Affirmative **tú** command
hablar	(él) habla	habla
leer	lee	lee
escribir	escribe	escribe
pensar	piensa	piensa
recordar	recuerda	recuerda
pedir	pide	pide
oír	oye	oye
dar	da	da

1. The verb forms used for the informal (or familiar) affirmative commands with **tú** coincide with the third-person singular of the present indicative except in the case of eight verbs that use a shortened form;
2. The following verbs use a special shortened form for the affirmative command with **tú**:

decir	di
hacer	haz
ir	ve
poner	pon
salir	sal

---

5. These formal direct commands also coincide with the **usted**, **ustedes** forms of the present subjunctive: **que Ud. vaya → vaya Ud.**; **que Uds. sepan → sepan Uds.** See Repaso 17 for the Present subjunctive.

Repaso 16

ser	sé
tener	ten
venir	ven

3. The familiar plural **vosotros** command forms are not used in this book. Instead, the command forms of **ustedes** are used as the plural of the **tú** commands.

NEGATIVE COMMANDS: **TÚ, USTEDES**

Infinitive	Ud, command form	Negative **tú** command
hablar	hable	no hables
leer	lea	no leas
escribir	escriba	no escribas
pensar	piense	no pienses
recordar	recuerde	no recuerdes
pedir	pida	no pidas
oír	oiga	no oigas
dar	dé	no des
ir	vaya	no vayas
saber	sepa	no sepas
ser	sea	no seas

1. The verb forms used for the informal (or familiar) negative commands with **tú** are formed by adding -s to the **usted** command forms: **hable Ud.** → **no hables tú;**[6]
2. The command forms of **ustedes** are used for the plural of the **tú** commands.

Grammar Review

Position of object pronouns and reflexives with direct commands

1. In affirmative commands, object pronouns and reflexives follow and are attached to the verb. In these cases, the stressed vowel of the verb requires a written accent mark in order to maintain that stress:

Escríbala Ud. hoy.   Write it today.
Piénselo más.   Think it over.

---

[6]. These negative **tú** command forms coincide with the present subjunctive **tú** form: **que tú hables** → **no hables tú**. See Repaso 17 for the present subjunctive.

Póngalas Ud. allí.	Put them there.
Entrégueselas Ud., por favor.	Hand them over to him, please.
Pídeselas tú, por favor.	Ask him for them, please.
Siéntense aquí.	Sit down here.
Entérate enseguida.	Find out right now.
Decídete pronto.	Decide soon.

The only exception is the **ustedes** form **den**, which does not require a written accent mark when used with only one pronoun:

Denle el permiso.	Give him the permit.
¡Dense prisa!	Hurry up!

BUT:

Dénsela.	Give it to him.

2. In negative commands, object pronouns and reflexives precede the command form and are written separately:

No la escriba Ud.	Don't you write it.
No se las pidas tú.	Don't you ask him for them.
No se sienten aquí.	Don't sit here.
No te levantes todavía.	Don't get up yet.
No te arrepientas.	Don't be sorry.
No te quejes tanto.	Don't complain so much.

Prepositional Reflexive Pronouns

(a) **mí mismo**	(to)	myself	(a) **nosotros mismos**	(to)	ourselves
(a) **ti mismo**	(to)	yourself	(a) **vosotros mismos**	(to)	yourselves
(a) **sí mismo**	(to)	himself / herself / yourself / itself	(a) **sí mismos**	(to)	themselves / yourselves

1. Prepositional reflexive pronouns are used after any simple preposition excepting **con** and **entre**;
2. **Mismo/misma, mismos/mismas** is normally used with these prepositional reflexive pronouns:

(Yo) **me engañé a mí mismo.**	I deceived myself.
(Ella) **se engañó a sí misma.**	She deceived herself.
(Nosotros) **nos engañamos a nosotros mismos.**	We deceived ourselves.
(Ellas) **se engañaron a sí mismas.**	They deceived themselves.

3. **Mí, ti,** and **sí** with the preposition **con** become **conmigo, contigo** and **consigo:**

Me enojé conmigo mismo.	I got mad at myself.
¿Por qué te enojas contigo misma?	Why are you getting mad at yourself?
Se enojaron consigo mismos.	They got mad at themselves.

Repaso 16

Con + subject pronouns + mismo may be used instead of consigo:

Se enojó consigo mismo.	He got mad at himself.
Se enojó con él mismo.	
Se enojaron consigo mismos.	They got mad at themselves.
Se enojaron con ellos mismos.	
Se enojaron con Uds. mismos.	You got mad at yourselves.

4. **Entre sí** may be used with the third-person plural. When there is ambiguity, subject pronouns are used instead of **sí**:

Marta y José se entienden muy bien entre sí.	Marta and José understand each other very well.
Se entienden muy bien entre sí.	They understand each other very well.
Se entienden muy bien entre él y ella.	
Se entienden muy bien entre ellos.	
Tú y José se entienden muy bien entre sí.	You and José understand each other very well.
Se entienden muy bien entre Uds.	You understand each other very well.

But with the other persons subject pronouns are used instead:

Nos entendemos muy bien entre nosotros.	
Nos entendemos muy bien entre tú y yo.	We understand each other very well.
Nos entendemos muy bien entre ella y yo.	

5. Prepositional reflexive pronouns are used:
   a. To express emphasis and/or contrast in true reflexive constructions (where the subject is both performer and receiver of the action):

(Yo) me prometí a mí mismo no hacer tal decisión.	I promised myself not to make such a decision.
(Ella) no se lo puede admitir ni a sí misma.	She cannot even admit it to herself.

   b. For clarity in ambiguous contexts:

   True reflexive:

Se conocen muy bien a sí mismos.	They know themselves very well.

   Reciprocal meaning:

Se conocen muy bien entre sí. (el uno al otro, or mutuamente).	They know each other very well.

6. The adjective **mismo,** normally used with prepositional reflexive pronouns, also occurs with subject pronouns to emphasize the identity of the subject as agent of the event:

Él mismo se levantó.	He got up by himself.
Ella misma se cortó el pelo.	She cut her own hair.
Él mismo admitió su error.	He himself admitted his mistake.
Ellos mismos no lo saben.	They themselves do not know it.
Él mismo se decidió.	He himself decided.

The nominalizer lo

NOMINALIZATION OF ADJECTIVES AND ADJECTIVAL PHRASES WITH LO

lo + nominalized adjective	thing aspect the ... part of, about ... side
La primera cosa que debes hacer es identificar el problema. Lo primero que debes hacer es identificar el problema.	The first thing you must do is to identify the problem.
La parte complicada es recoger la informacíon necesaria. Lo complicado es recoger la información necesaria.	The complicated part is to gather the necessary information.
El aspecto delicado es estudiar las alternativas. Lo delicado es estudiar las alternatives.	The difficult aspect is to study the alternatives.
El paso difícil es llegar a una solución. Lo difícil es llegar a una solución.	The difficult step is to arrive at a solution
La cosa peor es no hacer la decisión. Lo peor es no hacer la decisión.	The worst thing is not to make the decision.

lo + nominalized adjective	what is ... ... things
Siempre escoje las cosas caras. Siempre escoje lo caro.	He always chooses what is expensive.
Las cosas finas nunca son baratas. Lo fino nunca es barato.	Fine things are never cheap.
Por supuesto, no le gustan las cosas viejas. Por supuesto, no le gusta lo viejo.	Of course, he doesn't like old things.

lo + nominalized stressed possessives	what ...
Las cosas mías son tuyas también. Lo mío es tuyo también.	What is mine is also yours.
Le dio a José las cosas nuestras. Le dio a José lo nuestro.	She gave José what is ours.

Repaso 16

lo + nominalized stressed possessives	what ...
Las cosas suyas no son mías. Lo suyo no es mío.	What is hers is not mine.

lo + de + nominalized adjectival phrase	the (that) business of (about) ... ... matter ... ... affair ... ... problem ... the part of ... -'s part
El hacer decisiones no es fácil. Lo de hacer decisiones no es fácil.	The business of making decisions is not easy.
Ese asunto de la huelga de empleados es serio. Lo de la huelga de empleados es serio.	That business of the employees striking is serious.
¿Recuerdan Uds. el asunto de ayer? ¿Recuerdan Uds. lo de ayer?	Do you remember yesterday's problem?

1. The definite article has a neuter form **lo** that does not refer to any specific gender or number;
2. **Lo** serves as a nominalizer for adjectives, (**lo bueno**), including stressed possessives (**lo mío**), and adjectival phrases (**lo de la huelga de empleados**);
3. Adjectival phrases are introduced by **de: lo de ...**;
4. Adjectives and adjectival phrases preceded by **lo** function as nouns expressing an abstract idea or situation;
5. The nominalized adjective is always in the masculine singular form;
6. The English equivalents for Spanish **lo** constructions depend on the various contexts in which **lo** is used.

NOMINALIZATION OF VERB PHRASES WITH **LO**

Lo + que + noun clause	what ...
La decisión de ayer me preocupa. Lo que me preocupa es la decisión de ayer.	Yesterday's decision worries me. What worries me is yesterday's decision.
La huelga de empleados es algo serio. Lo que es serio es la huelga de empleados.	The employee's strike is a serious thing. What is serious is the employee's striking.
Les dio la parte de su padre. Lo que les dio fue la parte de su padre.	He gave them their father's share.

1. **Lo** may nominalize a verb phrase. **La decisión de ayer me preocupa.** → **Lo que me preocupa es la decisión de ayer.**
2. The noun clause is introduced by **que: lo que ...**;
3. The noun clause is generally placed in subject position for emphasis;
4. **Ser** is the linking verb.

Prepositions **por** and **para**

MEANINGS OF POR

The preposition **por** introduces nouns and noun phrases that signal the following relationships. In many cases a sentence with **por** may be paraphrased in Spanish by using a different preposition.

Relationship signalled:	English equivalent:	
1. Imprecise location:	Indefinite word like *somewhere, someplace, everywhere*	**Estarán por ahí. (Estarán en alguna parte.)** They must be someplace.
		Había gente por todas partes. (Había gente en todas partes.) There were people everywhere.
2. Place of transit:	*by*	**Pasaré por tu oficina hoy.** I will come by your office today.
	through	**Regresaremos por Lima. (Regresaremos vía Lima.)** We will come back through (via) Lima.
	over	**Volaremos por los Andes. (Volaremos encima de los Andes.)** We will fly over the Andes.
3. Approximate time:	*in*	**Llegará por la tarde. (Llegará durante la tarde.)** She will arrive in the afternoon.
	around	**Por abril llueve mucho. (Alrededor de abril llueve mucho.)** Around April it rains a lot.

Repaso 16

Relationship signalled:	English equivalent:	
	for	Vivieron en Madrid por muchos años. (Vivieron en Madrid durante muchos años.) They lived in Madrid for many years.
		Por hoy basta. It is enough for today.
		Por ahora gana lo suficiente. (De momento gana lo suficiente.) For the time being he earns enough.
4. Substitution:	*in place of*	Lo haré por María. (Lo haré en lugar de María.) I will do it in place of Maria.
		Ella irá por él.[7] (Ella irá en lugar de él.) She will go in place of him.
5. Exchange:	*for*	Me pagaron 500 dólares por cada acción. (Me dieron 500 dólares a cambio de cada acción.) They paid me 500 dollars for each stock.
		Me dieron francos suizos por los dólares. (Me dieron francos suizos a cambio de los dólares.) They gave me Swiss francs for (in exchange for) the dollars.

7. In both of these sentences the meaning of **por** may be ambiguous without a previous context:

Substitution: **Lo haré por** (= **en lugar de**) **María.** = instead of
Ella irá por (= **en lugar de**) **él.**

Cause: **Lo haré por** (= **a causa de**) **María.** = because of, on account of
Ella irá por (= **a causa de**) **él.**

Benefit: **Lo haré por** (= **en beneficio de**) **María** = for one's benefit, advantage
Ella irá por (= **en beneficio de**) **él.**

Relationship signalled:	English equivalent:		
6. Correspondence:	by		Les pagan por semana. (Les pagan cada semana.) They pay them by the week. (They pay them weekly.) Se gana más trabajando por hora. One makes more money working by the hour.
	per		El diez por ciento de los empleados está en huelga. Ten percent of the employees is on strike.
7. Cause:	because of		Lo hizo por ti.[8] (Lo hizo debido a ti.) He did it because of you. No me gusta por ser muy serio. (No me gusta ya que es muy serio or No me gusta debido a que es muy serio.) I don't like him because he is so serious.
	by		Lo decidieron por casualidad. (Lo decidieron debido a una casualidad.) Everything was decided by chance.
	for		¡Por Dios, dímelo! For God's sake, tell me!
8. Benefit:	for		Lo hizo por ti. (Lo hizo en tu favor or Lo hizo para beneficio tuyo.) He did it for you. ¡Házlo por ellos! (Házlo para beneficio de ellos.) Do it for them!

8. In this sentence the meaning of **por** may be ambiguous without a previous context:
   Cause: **Lo hizo por** (= **debido a**) **ti** = *because of*
Substitution: **Lo hizo por ti** (= **en lugar tuyo** or **en tu lugar**) = *in your place*
   Benefit: **Lo hizo por ti** (= **en beneficio tuyo**) = *for your benefit* or *advantage*

Repaso 16

Relationship signalled:	English equivalent:	
9. Agency and instrument:	by	Fue nombrado gerente por el dueño. He was appointed manager by the owner. Llegaron por tren. They came by train.
	on	Me hablará por teléfono esta noche. He will call me on the telephone tonight.
	through	Consiguió una entrada por medio de su jefe. He got a ticket through his boss.

MEANINGS OF PARA

The preposition **para** introduces nouns and noun phrases that signal the following relationships. In many cases a sentence with **para** may be paraphrased in Spanish using a different preposition.

Relationship signalled:	English equivalent:	
1. Direction a. In space:	toward	Voy para tu casa ahora mismo.[9] (Voy hacia tu casa ahora mismo.) I am going toward your house right now.
	for	¿Para dónde vas? —Para la oficina. Where are you heading? —For the office.
b. In time:	for	Lo haremos para mañana. We will do it for tomorrow.
	around by	Terminarán para los doce. (Terminarán alrededor de las doce.) They will finish around (by) noon.
2. Recipient:	for	Esta carta es para el jefe. This letter is for the boss. Los paquetes son para la secretaria. The packages are for the secretary.

9. In this context, although **para** signals direction primarily, it may also imply destination and be equivalent to **a**: **Voy a tu casa ahora mismo,** *I am going to your house right now.*

Relationship signalled:	English equivalent:	
3. Purpose of objects:	what ... for	¿Para qué es esta máquina? What is this machine for? —No sé para que es. —I don't know what it is for.
4. Purpose of events:	in order to	Iré para saludarlos. (Iré a fin de saludarlos.) I will go in order to greet them. Sal enseguida para que llegues a tiempo. (Sal enseguida a fin de que llegues a tiempo.) Leave right now so you may arrive on time.
5. Comparisons:	for	Para buena mercancía no hay como este almacén. For good merchandise, there is no place like this store.
	-ing	Para lo mucho que trabaja debería ganar mejor sueldo. (Considerando lo mucho que trabaja, debería ganar mejor sueldo) Considering how much he works he should earn a better salary.

Lexical Usage

English verbs with more than one Spanish equivalent

EQUIVALENTS OF *"TO HURRY"*

1. **Apurarse** and **darse prisa:** *to hurry up*:

Apúrate que vamos a llegar tarde.	Hurry up; we'll be late.
Apúrense que es tarde.	Hurry up; it is late.
Dense prisa que alguien nos sigue.	Hurry up; someone is following us.

2. **Tener prisa; estar de prisa; andar de prisa:** *to be in a hurry:*

No tengas prisa porque tenemos suficiente tiempo.	Don't be in a hurry because we have enough time.
Siempre que la encontraba estaba (andaba) de prisa.	Every time I ran into her she was in a hurry.

Repaso 16

EQUIVALENTS OF "TO WASTE"

1. **Perder tiempo** (i.e., **minutos, días, semanas,** etc.): *to waste time* (i.e., minutes, days, weeks, etc.):

No pierdas el tiempo de esa manera.	Don't waste your time in that way.
He perdido días y semanas tratando de hacer varias decisiones.	I have wasted days and weeks trying to make several decisions.

2. **Perder energía o talento:** *to waste energy* or *talent:*

No pierdas tu talento de ese modo.	Don't waste your talent in such a manner.
No pierdas energías en eso.	Don't waste your energies on that.

3. **Desperdiciar(se):** *to waste, squander:*

No desperdicies el tiempo; tenemos mucho que hacer.	Don't waste your time; we have a lot to do.
En este país se desperdicia de todo.	One wastes just about everything in this country.

4. **Echar(se) a perder:** *to waste, spoil, ruin:*

No eches a perder el tiempo.	Don't waste your time.
Las amistades lo echaron a perder.	His friends ruined him.
La comida se va a echar a perder.	The food is going to get spoiled.

Idiomatic expressions with the neuter **lo**

estar en lo cierto: *to be right*
estar en lo falso: *to be wrong*

Él está en lo cierto; su jefe está en lo falso.	He is right; his boss is wrong.

por lo general: *as a general rule*

Por lo general, llegaba tarde.	As a general rule he used to arrive late.

por lo común: *usually*

Por lo común, trabajaba los sábados.	Usually she would work on Saturdays.

por lo visto: *apparently*

Por lo visto no está aquí todavía.	Apparently he is not here yet.

por lo tanto: *therefore*

Por lo tanto no podemos verlo.	Therefore, we cannot see him.

por lo pronto: *for the time being*

Por lo pronto le dejaremos una nota.	For the time being we will leave him a note.

a lo mejor: *perhaps, maybe*

A lo mejor viene después.	Perhaps he will come later on.

Set phrases with **por**

Por fin: *finally, at last*

¡Por fin hicimos la decisión.	We finally made the decision.
Por fin decidimos irnos.	At last we decided to leave.

por lo visto: *apparently*

Por lo visto Rafael no piensa venir a recogernos.	Apparently Rafael does not plan to pick us up.

por lo menos: *at least*

Por lo menos debería llamarnos.	At least he should call us.

por más que: *no matter what*

Por más que promete nunca cumple sus promesas.	No matter what he promises he never fulfills his promises.

por eso: *because of that*

Por eso ya nadie le cree.	Because of that nobody believes him any more.

por ejemplo: *for example*

Por ejemplo, mira lo que nos ha hecho hoy.	For example, look at what he has done to us today.

por favor: *please*

Por favor, no le vuelvas a pedir más nada.	Please, don't ask him again for anything else.

Lectura

Reading, writing, and oral responses

Read the following passage. Study the uses of direct commands, the nominalizer **lo**, and the prepositions **por** and **para**. Be prepared to answer the questions orally in class. Your instructor may ask you to answer the questions in writing.

Decisiones: Hágalas con calma pero no las posponga

Podría afirmarse que, en cierto sentido, la vida es una continua sucesión de situaciones en las cuales nos vemos obligados[1] a elegir entre dos o más cosas.

---

1. *we are forced*

Repaso 16

Es decir, constantemente debemos tomar decisiones, desde las más triviales, como comprarnos un traje o un par de zapatos, hasta aquellas otras más trascendentes que de una manera u otra influyen en nuestro propio destino,[2] el de nuestra familia o el de individuos a los cuales estamos ligados por una variedad de lazos.[3] Mientras más elevada[4] es la posición que una persona ocupa en su trabajo, más numerosas e importantes son las decisiones que se ve obligada a tomar.

Algunas personas no se dan cuenta de lo indecisas que son. En apariencia, no tienen ninguna dificultad en materia de decisiones. Pero lo que ocurre es que nunca toman ninguna, y así son las circunstancias—no ellas mismas[5]— las que terminan por manejar y dirigir sus vidas.

Según indican algunos estudios realizados recientemente, la indecisión podría explicarse por dos factores principales. En primer lugar, todos tenemos un cierto deseo de perfección, caracterizado por una incapacidad de conformarnos con lo que más se aproxima a lo deseado por la ausencia de algo mejor. En segundo lugar, siempre existe el temor de cometer un error. Desgraciadamente, el riesgo es inherente en cualquier decisión.

Los expertos en manejo de empresa han desarrollado diferentes métodos para ayudar a sus empleados a tomar decisiones. En general, estos expertos aconsejan lo siguiente: 1) identificar el problema; 2) recoger toda la información posible; 3) estudiar las alternativas y, finalmente, 4) hacer la elección.

Comience por fijarse un tiempo límite para tomar la decisión. Asegúrese de que no la aplazará indefinidamente. Luego, analice y defina el problema para evitar el peligro de un falso punto de vista que podría llevarlo a una conclusión equivocada.

Una vez clarificado el problema, reúna toda la información posible sobre el caso. El riesgo de cometer un error es menor cuando se dispone de una cantidad suficiente de material de consulta.

Haga una lista de todas las alternativas, con sus ventajas y desventajas. Vaya luego eliminando por orden de importancia cada una de las alternativas hasta dejar las dos o tres más factibles y prometedoras de éxito. Si en esta etapa del proceso Ud. aún no puede decidirse, "consulte con su almohada,"[6] ya que la mente seguirá trabajando durante sus horas de reposo. Con frecuencia sucede que a la mañana siguiente las cosas se ven con una claridad sorprendente.

Todo este proceso parece lo suficientemente simple y efectivo. Si ése es el caso, ¿por qué entonces tantas personas terminan por hacer su elección en un estado de ánimo que raya con la desesperación[7] y en medio de la mayor confusión mental?

Las causas pueden ser varias. Algunas de estas personas cometen el error de reunir un material informativo tan abundante que al final les resulta imposible asimilarlo racionalmente. El resultado es una verdadera incapacidad para distinguir entre lo acertado y lo erróneo. Otras son tan cautelosas y analíticas que tratan de prever todas las eventualidades posibles. Como

---

2. *our own destiny*
3. *are linked through many ties*
4. *the higher*
5. *not the persons themselves*
6. *talk to your pillow*
7. *a frame of mind that comes close to despair*

consecuencia, estas personas se ven envueltas en una maraña[8] de alternativas que les impide saber qué es lo que desean.

En una serie de experimentos realizados con el fin de determinar el proceso que un individuo sigue para llegar a una decisión, un sicólogo descubrió lo siguiente. Una vez que los individuos observados se enfrentaban con el hecho de que no podían tenerlo todo, comenzaban a aplazar la decisión. Ni bien elegían un curso de acción, la alternativa que estaban a punto de eliminar les parecía doblemente atractiva. El resultado de esta constante vacilación es un agotamiento mental que le impide al individuo tomar decisiones sensatas.

Lo anterior sucede generalmente bajo tres circunstancias diferentes: 1) cuando hay que elegir entre dos alternativas igualmente atractivas; 2) cuando se trata de dos alternativas igualmente desagradables y 3) cuando existe un equilibrio casi perfecto entre los factores positivos y los negativos.

Si bien es cierto que no siempre nos enfrentaremos con elecciones tan difíciles, no podemos negar la necesidad que tenemos de estar preparados para todo. Siendo esto así, no nos queda entonces otro camino que desarrollar la capacidad de tomar decisiones y no posponerlas.

Preguntas

1. ¿Por qué se dice que la vida es una continua sucesión de decisiones?
2. ¿Qué efectos negativos produce la indecisión en el individuo?
3. ¿Cuáles son los dos factores principales que podrían explicar este fenómeno de la indecisión?
4. ¿Qué aconsejan algunos expertos para facilitar el proceso de tomar decisiones?
5. Algunos dicen que siempre es bueno "consultar con la almohada". ¿Qué le parece a Ud.?
6. ¿Por qué es importante analizar y definir los problemas antes de tratar de resolverlos?
7. Hay muchas personas que al tomar una decisión lo hacen en un estado de desesperación y confusión mental. ¿A qué se debe eso?
8. ¿Qué tipo de circunstancias contribuyen a la constante vacilación en ciertas personas?

Preguntas para conversar

Answer the following questions with complete statements when your instructor calls on you. You may organize your answers before coming to class.

1. ¿Es Ud. una persona decidida o indecisa? Explíquenos.
2. ¿Cuáles han sido las decisiones más importantes que Ud. ha tomado en su vida?
3. ¿De qué forma ha procedido Ud. para tomar sus decisiones?
4. ¿Cómo han sido los resultados de sus decisiones?
5. ¿Qué consejos nos daría Ud. para tomar decisiones?

---

8. *jungle*

Repaso 16

6. ¿Consulta Ud. con otras personas cuando tiene que tomar decisiones difíciles? ¿Por qué?
7. ¿De qué manera le ayuda o no le ayuda a Ud. oír consejos y opiniones de otras personas?
8. ¿De qué forma pueden ayudarnos otras personas a tomar decisiones?
9. ¿Por qué debe ser una decisión un asunto individual en última instancia?
10. ¿Cómo se reconcilia una persona con las consecuencias de sus propias decisiones?

Temas para comentar

Dénos su opinión...

1. Usted es padre (madre). Su hijo o hija va a entrar a la universidad. Déle algunos consejos a él o a ella.
2. Usted es padre (madre). Su hijo o hija se va a casar. Aconséjele sobre el matrimonio.
3. Usted es sicólogo (-a). Un (-a) estudiante muy inteligente quiere dejar la universidad. Ayúdelo(-a) a poner las cosas en perspectiva.
4. Usted es profesor (-a). Un (-a) estudiante suyo(-a) no sabe qué carrera seguir. Ayúdele a examinar todas las posibilidades.

Paz, por José Clemente Orozco.

Repaso 17

Review of verb forms: present subjunctive
> Regular -ar, -er, and -ir verbs in the present subjunctive
> Verbs with stem-vowel changes
> Verbs with spelling changes in the stem
> Other verbs with stem-consonant changes
> Verbs with special stem forms

Grammar review
> Clauses *versus* verb + inf. constructions
> Subjunctive *versus* indicative in noun clauses
> Use of the present tense of the subjunctive

Lexical usage
> English verbs with more than one Spanish equivalent

Lectura: ¿Es posible que exista un ejemplar hispanoamericano típico?

Review of Verb Forms: Present Subjunctive

Regular -ar, er, *and* -ir *verbs in the present subjunctive*

	hablar	comer	escribir
que yo	habl e	com a	escrib a
que tú	habl es	com as	escrib as
que él			
que ella	habl e	com a	escrib a
que Ud.			
que nosotros, -as	habl emos	com amos	escrib amos
que vosotros, -as	habl éis	com áis	escrib áis

	hablar	comer	escribir
que ellos que ellas que Uds.	habl en	com an	escrib an

1. With the exception of a few irregular verbs, the stem used to form the present subjunctive is the same as that of the first-person singular of the present indicative;
2. All -ar verbs have **e** as the theme vowel in the ending; -er and -ir verbs have **a**;
3. Except for the affirmative command with **tú—habla tú**—the forms of the present subjunctive coincide with the command forms: **no hables tú, (no) hable Ud., (no) hablemos nosotros, (no) habléis vosotros, (no) hablen Uds.**

Verbs with stem-vowel changes

e → ie		
pensar	**querer**	**sentir**
piense	quiera	sienta
pienses	quieras	sientas
piense	quiera	sienta
pensemos	queramos	sintamos
penséis	queráis	sintáis
piensen	quieran	sientan

o → ue		
recordar	**poder**	**dormir**
recuerde	pueda	duerma
recuerdes	puedas	duermas
recuerde	pueda	duerma
recordemos	podamos	durmamos
recordéis	podáis	durmáis
recuerden	puedan	duerman

e → i	
pedir	
pida	pidamos
pidas	pidáis
pida	pidan

Repaso 17

1. Verbs with a stem-vowel change in the present indicative undergo the same changes in the present subjunctive;
2. -ir verbs that change **e → ie** and **o → ue** also change the stem vowel in the first- and second-person plural in the present subjunctive: **e → i: sent- → que nosotros sintamos; o → u: dorm- → que nosotros durmamos;** they do not have that change in the present indicative **sentimos, dormimos;**
3. -ir verbs that change **e → i** have the same stem vowel throughout all forms of the present subjunctive: **ped- → que yo pida, que nosotros pidamos.**

Verbs with spelling changes in the stem

Since some letters represent one sound before **a, o,** and **u** and another before **e** and **i,** the following spelling changes are required in the stem to form the present subjunctive:

1. **c → qu** before **e:**

    explicar   expliqu-   explique, expliques, etc.

2. **g → gu** before **e:**

    pagar   pagu-   pague, pagues, etc.

3. **gu → g** before **a:**

    seguir   sig-   siga, sigamos, etc.

4. **g → j** before **a:**

    proteger   protej-   proteja, protejas, etc.
    dirigir   dirij-   dirija, dirijas, etc.

5. **gu → gü** before **e:**

    averiguar   averigü-   averigüe, averigües, etc.

6. **c → z** before **a:**

    vencer   venz-   venza, venzas, etc.

7. **z → c** before **e:**

    rezar   rec-   rece, reces, etc.

Other verbs with stem-consonant changes

Infinitive	Stem	Endings
decir	dig-	-a
hacer	hag-	-as
oír	oig-	-a
poner	pong-	-amos
salir	salg-	-áis
		-an

Infinitive	Stem	Endings
tener	teng-	-a
traer	traig-	-as
valer	valg-	-a
venir	veng-	-amos
conocer	conozc-	-áis
contribuir	contribuy-	-an
traducir	traduzc-	

Verbs that undergo consonant stem changes in the first-person singular of the present indicative follow the same pattern to form the present subjunctive: **yo hago → que yo haga, que tú hagas; yo vengo → que yo venga, que tú vengas.**

Verbs with special stem forms

ser	haber	ir	saber	dar	estar
sea	haya	vaya	sepa	dé	esté
seas	hayas	vayas	sepas	des	estés
sea	haya	vaya	sepa	dé	esté
seamos	hayamos	vayamos	sepamos	demos	estemos
seáis	hayáis	vayáis	sepáis	deis	estéis
sean	hayan	vayan	sepan	den	estén

1. The above verbs use special stems to form the present subjunctive;
2. The first- and third-person singular forms of **dar** require an accent mark;
3. All forms of **estar** except the **nosotros** form require an accent mark;
4. **Caber** follows the same pattern as **saber**: **que yo quepa, que tú quepas, que él quepa;**
5. **Ver** follows the same pattern of **ser**: **que yo vea, que tú veas, que él vea.**

Grammar Review

Clauses versus *verb + inf.* constructions

In Spanish, only verbs of persuasion and perception, such as **hacer, dejar, aconsejar, ver,** and **sentir,** may take an infinitive with a different subject from the conjugated verb:

La hice llorar.	I made her cry.
La dejé salir.	I let her go out.
Le aconsejó comprarlo.	He advised him to buy it.

La sintió cantar.	He heard her sing.
Nos vio llegar.	He saw us arrive.

English verb + inf. and verb + *-ing* constructions in which the infinitive or gerund has a different subject from the conjugated verb must be rendered in Spanish through clauses. The subordinate clause takes a verb in either the indicative or the subjunctive depending upon the meaning of the verb in the main clause:

I know him to be courageous.	**(Yo) sé que él es valiente.**
I doubt that he is courageous.	**(Yo) dudo que él sea valiente.**
He is sure that you are going out with Julio.	**(Él) está seguro que tú sales con Julio.**
He is opposed to your going out with Julio.	**(Él) se opone a que tú salgas con Julio.**

In both Spanish and English, verbs of communication—those that impart information—take clauses whether or not there is a change of subject between the main verb and the verb in the subordinate clause:

Te digo que no puedo ir.	I am telling you (that) I cannot go.
Te digo que él no puede ir.	I am telling you (that) he cannot go.
Me contó que busca trabajo.	He told me he is looking for work.
Me contó que ella busca trabajo.	He told me she is looking for work.
Les comunicó que él no estaba interesado.	He informed them (that) he was not interested.
Les comunicó que tú no estabas interesado.	He informed them (that) you were not interested.
Él piensa que debe hacerlo.	He thinks he ought to do it.
Él piensa que nosotros debemos hacerlo.	He thinks that we ought to do it.

Noun clauses are constructed the same way in Spanish and in English, except that the relator **que** must be used in Spanish to introduce noun clauses. In English, *that* is sometimes omitted:

Espero que no digas nada todavía.	I hope (that) you won't say anything yet.
Sugiero que averigües lo que ocurrió.	I suggest (that) you find out (as certain) what has happened.

Subjunctive versus *indicative in noun clauses*

INDIRECT COMMAND → SUBJUNCTIVE

The subjunctive is used in the subordinate clause whenever an indirect command is suggested in the main sentence:

1. Indirect commands may be expressed in several ways, from polite assertions and suggestions to orders:

Por favor, te pido que lo aceptes.	Please, I ask you to accept it.
Sugerimos que Ud. les informe.	We suggest that you inform them.
Le suplico que me escuche.	I beg you to listen to me.
Quiero que vengas enseguida.	I want you to come right now.
Insisto en que ellos regresen.	I insist that they come back.
Me opongo a que salgas con ella.	I am opposed to your going out with her.

2. Indirect commands may also be phrased impersonally: through **ser** + adjectives or through impersonal verbs. The adjective in the impersonal expression stresses the importance, need, or desirability of the event:

Es indispensable		It is indispensable	
Es necesario		It is necessary	
Es urgente	**que Ud. decida**	It is urgent	that you decide soon.
Es preferible	**pronto.**	It is preferable	for you to decide soon.
Es conveniente		It is advisable	
Es mejor		It is better	
Es importante		It is important	
Conviene	**que ellos lo sepan.**	It is advisable	that they know it.
Urge		It is urgent	for them to know it.

3. Indirect commands may also be expressed as wishes.[1] The main verb may be omitted in this case as it is understood implicitly. **Que,** however, must be retained:

¡Que pase ahora mismo!	Have her come right away!
¡Que se vayan ahora!	Let them leave now!
¡Que te diviertas!	Hope you enjoy yourself.
¡Que no me moleste nadie.	Let no one bother me.

COMMANDS VERSUS COMMUNICATION

Some verbs of communication may be used to introduce indirect commands or to convey information. Whenever information is conveyed the indicative is used:

INDIRECT COMMANDS	COMMUNICATION
SUBJUNCTIVE	INDICATIVE
Me dice que yo regrese.	**Me dice que él regresa.**
He is telling me to return.	He is telling me that he is returning.
Nos escribió que vayamos a visitarlo.	**Nos escribió que nadie va a visitarlo.**
He wrote to us to come and visit with him.	He wrote to us that no one comes to visit him.
Nos avisó que salgamos enseguida.	**Nos avisó que salió enseguida.**
He gave us notice to leave right away.	He gave us notice that he left right away.

ATTITUDINAL REACTION → SUBJUNCTIVE

The subjunctive is used in the subordinate clause whenever emotional, personal, or attitudinal reactions to the behavior of others are expressed in the main sentence. The subjunctive clause may refer to ongoing, subsequent, or completed events.

1. The subjunctive in attitudinal reactions tends to occur most often with verbs belonging to the **gustar** class. The person reacting to the event is signalled through an indirect object. The clause itself, which is the

---

1. See Repaso 21 for more on Indirect commands.

grammatical subject, may occur in object or subject position:

OBJECT POSITION	SUBJECT POSITION
Me duele que tú no me digas la verdad.[2] It hurts me that you don't tell me the truth.	**(El) Que tú no me digas la verdad me duele.** That you don't tell me the truth hurts me.
Nos ofende que Ud. dude de nuestra honestidad. It offends us that you doubt our honesty.	**(El) Que Ud. dude de nuestra honestidad nos ofende.** That you doubt our honesty offends us.
Me irrita que Uds. no me hablen. It irritates me that you should not talk to me.	**(El) Que Uds. no me hablen, me irrita.** Your not talking to me bothers me.
Les molesta que yo llegue tarde. It bothers them that I arrive late.	**(El) Que yo llegue tarde les molesta.** My arriving late bothers them.
Le disgusta que digamos eso. It annoys her that we say that.	**(El) Que nosotros digamos eso le disgusta.** That we say that annoys her.

2. Attitudinal reactions may be expressed impersonally: with **ser** + adjectives or with impersonal verbs:

Es bueno que la gente se comprenda. (que la gente se comprenda es bueno)	It is good that people understand each other. (that people understand each other is good)
Es natural que haya modos de vivir diferentes.	It is natural that there be other ways of life.
No es deseable que existan prejuicios raciales.	It is undesirable that there exist racial prejudices.
Es legítimo que nos interesemos por conocer otros pueblos.	It is legitimate that we be interested in getting to know other people.
Es una lástima que no podamos reconciliar nuestras diferencias culturales.	It is a pity that we cannot reconcile our cultural differences.

---

2. The event expressed in the subjunctive clause may be:

a. ongoing:		**Me duele que no me digas la verdad.**	It hurts me that you don't tell me the truth.
		Me duele que no me esté diciendo la verdad.	It hurts me that you are not telling me the truth.
b. subsequent:		**Me duele que no me digas la verdad.**	It hurts me that you will not tell me the truth.
		Me duele que no me vayas a decir la verdad.	It hurts me that you are not going to tell me the truth.
c. completed:		**Me duele que no me dijeras la verdad.**	It hurts me that you did not tell me the truth.
		Me duele que no me hayas dicho la verdad.	It hurts me that you have not told me the truth.
		Me duele que no me hubieras dicho la verdad.	It hurts me that you had not told me the truth.

No es razonable que nos vayamos a la guerra.	It is unreasonable that we go to war.
No hay manera que se reconcilien.	There is no way for them to become reconciled.
No tiene sentido que nos sintamos amenazados.	It makes no sense for us to feel threatened.

3. Attitudinal reactions may also be expressed through verbs of hope, fear, regret, pardon, and other emotions and through **estar** + adjective constructions that describe emotional responses:

Confío que lleguemos a una solución; espero que sea justa.	I trust we will arrive at a solution; I hope it will be fair.
Me temo que no haya otra alternativa.	I am afraid that there is no other alternative.
Estoy preocupado que no la acepten.	I am concerned they will not accept it.
Lamento que no compartan la misma opinión.	I regret that they don't share the same opinion.
Siento que no se entiendan mejor.	I am sorry that they don't understand each other better.
No les perdono que no traten.	I cannot forgive them for not trying.
Estoy ofendido de que no me tengas confianza.	I am offended that you don't trust me.
Estoy conmovido de que me escuches.	I am moved by the fact that you listened to me.
Estoy encantado de que sigas mi consejo.	I am delighted that you follow my advice.

CONJECTURE, DOUBT, DENIAL → SUBJUNCTIVE

The subjunctive is used in the subordinate clause whenever the behavior or attributes of a given subject are being doubted, denied, or questioned. The subjunctive clause may refer to an ongoing, subsequent, or completed event.

1. There is only one verb to describe doubt—**dudar,** *to doubt*—and one for denial—**negar** *to deny*. Thus, some verbs of knowledge and belief are used in interrogative statements and in negative statements (**no creer, no pensar, no considerar, no opinar, no mantener,** etc.) to describe doubt and denial:

Dudo que sea capaz de hacerlo.[3]	I doubt that he is able to do it.

---

3. The event expressed in the subjunctive clause may be:

a. ongoing:	Dudo que sea capaz de hacerlo.	I doubt he is able to do it.
b. subsequent:	Dudo que vaya a ser capaz de hacerlo.	I doubt that he will be able to do it.
c. completed:	Dudo que fuera capaz de hacerlo.	I doubt that he was able to do it.
	Dudo que haya sido capaz de hacerlo.	I doubt that he has been able to do it.
	Dudo que hubiera sido capaz de hacerlo.	I doubt that he had been able to do it.

¿Cree Ud. que sea una costumbre típica de ese país?	Do you believe it is a typical custom of that country?
—Niego que se trate de diferencias culturales.	—I deny that it has to do with cultural differences.
¿Piensa Ud. que puedan perder su identidad nacional?	Do you think that they might lose their national identity?
—No creo que eso ocurra.	—I do not believe that will happen.
¿Opina Ud. que esos pueblos sean muy diferentes?	Is it your opinion that those people are very different?
—No considero que haya tantas diferencias entre ellos.	—I do not consider that there are so many differences between them.

2. Doubt, denial, and conjecture may be expressed impersonally through ser + adjectives:

Es probable que existan otras civilizaciones.	It is probable that there exist other civilizations.
También es posible que la nuestra sea la única civilización en existencia.	It is also possible that ours is the only civilization in existance.
Es imposible que todos tengamos la misma visión del universo.	It is impossible that we all have the same vision of the universe.
No es difícil que culturas diferentes se malentiendan.	It is not difficult for different cultures to misunderstand each other.
¿Será posible que un país no conozca su pasado?	Could it be possible for a country not to know its past?

DOUBT, CONJECTURE, AND DENIAL VERSUS *CONVICTION AND CERTAINTY*

When an event or condition is known or believed to be a fact, in declarative sentences as well as in questions, the indicative is used instead of the subjuncive:

Conviction, certainty INDICATIVE	Doubt, conjecture, denial SUBJUNCTIVE
Es seguro que no se hablan. It is certain that they are not speaking to one another.	**Es improbable que no se hablen.** It is unlikely that they are not speaking to one another.
Es indiscutible que tienen diferencias personales. It is indisputable that they have personal differences.	**Es dudoso que tengan diferencias personales.** It is doubtful that they have personal differences.
Estoy seguro de que podrán reconciliarlas. I am certain that they can reconcile them.	**No estoy seguro de que puedan reconciliarlas.** I am not sure that they will be able to reconcile them.
¿Es cierto que no conocen su pasado? Is it true that they don't know their past?	**¿Será posible que no conozcan su pasado?** Could it be possible that they don't know their past?

Conviction, certainty INDICATIVE	Doubt, conjecture, denial SUBJUNCTIVE
Yo no dudo que tienen creencias diferentes. I do not doubt that they have different beliefs.	**Yo dudo que tengan creencias diferentes.** I doubt that they have different beliefs.
¿Creen Uds. que hay una razón seria para malentenderse? Do you believe that there is a serious reason for misunderstanding each other?	**¿Cree Ud. que haya una razón seria para malentenderse?** Do you believe that there is a serious reason for misunderstanding each other?
¿Opina Ud. que puede haber otras razones? Is it your opinion that there could be other reasons?	**¿Opina Ud. que pueda haber otras razones?** Is it your opinion that there might be other reasons?

Use of the present tense of the subjunctive

TEMPORAL DIMENSION AND PERSPECTIVE

The present subjunctive tense expresses within the subjunctive mood what goes on (or may be going on) at the present moment and/or at some subsequent point in time. Essentially it expresses in the subjunctive what the present and future tenses express in the indicative. In subordinate clauses requiring the subjunctive, the present subjunctive is used:

1. To describe repeated, ongoing, or continued events:

   José asiste a clases regularmente.
   José attends classes regularly.
   Trabaja diez horas cada día.
   He works ten hours a day.

   No creo que José asista a clases regularmente.
   I don't think José attends classes regularly.
   Dudo que trabaje diez horas cada día.
   I doubt that he works ten hours a day.

2. To describe the existence of states and conditions:

   Elena está en el hospital.
   Elena is in the hospital.
   Está enferma.
   She is sick.

   Lamento que Elena esté en el hospital.
   I regret that Elena is in the hospital.
   Siento que esté enferma.
   I am sorry that she is sick.

3. To describe future events that are subsequent to the main verb:

   Ellos regresan mañana.
   They are coming back tomorrow.

   Ellos van a regresar mañana.
   They are going to come back tomorrow.

   Regresarán mañana.
   They will come back tomorrow.

   Quiero que ellos regresen mañana.
   I want them to come back tomorrow.

Les dice que salen esta noche.
He is telling them that they are going out tonight.

Les dice que van a salir esta noche.
He is telling them that they are going out tonight.

Les dice que saldrán esta noche.
He is telling them that they will go out tonight.

Les dice que salgan esta noche.
He is telling them to go out tonight.

Su hijo va a estudiar medicina.
Their son is going to study medicine.

Su hijo estudiará medicina.
Their son will study medicine.

Es posible que su hijo estudie medicina.
It is possible that their son might study medicine.

Whether the present subjunctive tense refers to ongoing, coexistent, or subsequent events (in the future) depends on the verb and the total context governing the use of the subjunctive:

a. If the subjunctive is governed by an indirect command, the present subjunctive in the subordinate clause refers to subsequent actions:

MAIN CLAUSE INDIRECT COMMAND Action yet to take place:	SUBORDINATE CLAUSE PRESENT SUBJUNCTIVE Action yet to take place:
Te pido I ask you	**que me escribas más a menudo.** to write to me more often.
Quiero I want	**que Uds. regresen enseguida.** you to come back right away.

b. If the subjunctive is governed by attitudinal reactions, the present subjunctive in the subordinate clause may refer to ongoing, coexistent, or subsequent actions:

MAIN CLAUSE ATTITUDINAL COMMENT Action takes place:	SUBORDINATE CLAUSE PRESENT SUBJUNCTIVE Action coexistent, ongoing:
No me gusta I don't like	**que salga con ellos.** **(esté saliendo)** her going out with them. (that she should be going out with them at this time)
	PRESENT SUBJUNCTIVE Action yet to take place:
No me gusta I don't like	**que salga con ellos.** **(vaya a salir)** her going out with them. (that she should go out with them at some future date)

TENSE SEQUENCE AND AGREEMENT

Since the present subjunctive may refer to ongoing, coexistent, or subsequent events, the following indicative tenses may occur in the main clause:

MAIN CLAUSE: INDICATIVE		SUBORDINATE CLAUSE: PRESENT SUBJUNCTIVE
Present:	**Siento** I am sorry	**que Elena esté enferma.** that Elena is sick.
Present of **ir a** + inf.:	**Te voy a pedir** I am going to ask you	**que vayas al hospital.** to go to the hospital.
Future:	**Te pediré** I will ask you	**que la visites.** to visit her.
Present Perfect:	**Te he pedido** I have asked you	**que la llames.** to call her.
Command:	**Díle** Tell her	**que se mejore.** to get well.

Lexical Usage

English verbs with more than one Spanish equivalent

EQUIVALENTS OF "TO GO" AND "TO LEAVE"

1. **Ir:** *to go:*

Quiere que vayamos a visitarla.	She wants us to visit her.
Me pide que vaya enseguida para allá.	She is asking me to go there immediately.
Espero que Uds. también puedan ir.	I hope you will also be able to go.

2. **Salir de:** *to go out; to leave, to depart from:*

¿Quieres que salgamos de compras?	Do you want us to go out shopping?
Espero que puedas salir del trabajo temprano hoy.	I hope you can leave work early today.
Me alegro de que salgan de viaje.	I am glad that you are leaving on a trip.
Espero que salgamos de otro aeropuerto que no sea Kennedy.	I hope we leave (depart) from an airport other than Kennedy.

3. **Salir para:** *to go to; to leave for; to depart for:*

Me dice que salga para su casa enseguida.	He is asking me to go to (to leave for) his house right now.

Repaso 17

Me dijo que mañana sale para Panamá.	He told me he is leaving (departing) for Panamá tomorrow.

4. **Salir a:** *to go out:*

Espero que salgan a almorzar con nosotros el domingo. —Gracias, pero tenemos que **salir** con la familia.	I hope you go out to lunch with us on Sunday. —Thank you, but we have to go out with the family.

5. **Entrar (a, por):** *to go into:*

Es posible que no puedas **entrar a** su habitación. No creo que puedas **entrar por** ese camino.	It is possible that you may not be able to go into her room. I don't think you can go in by that road.

6. **Bajar a:** *to go down:*

¿A qué hora quieres que **bajemos al** comedor? **Bajen** cuando tengan hambre.	At what time do you want us to go down to the dining room? Go down when you are hungry.

7. **Subir a:** *to go up; to board:*

Estoy cansado. Voy a **subir a** mi cuarto a descansar. Ya es hora de **subir al (abordar el) avión**.	I am tired. I am going to go up to my room to rest. It is now time to board the plane.

8. **Irse** and **marcharse:** *to leave:*

Ya me **voy** (**marcho**).	I am going away now. I am leaving now.
Se **fueron** (**marcharon**) sin mí.	They went away without me. They left without me.

9. **Dejar:** *to leave behind:*

Cuando salió de aquel país tuvo que **dejar** a su mujer y a sus dos hijos. También **dejó** todas sus pertinencias. ¡Qué barbaridad! Creo que he **dejado** el auto ilegalmente estacionado.	When he left that country he had to leave his wife and two children behind. He also left behind all of his belongings. How terrible! I think I left the car illegally parked.

Lectura

Reading, writing, and oral responses

Read the following passage. Study the uses of the subjunctive and indicative in noun clauses. Be prepared to answer the questions orally in class. Your instructor may ask you to answer the questions in writing.

¿Es posible que exista un ejemplar hispanoamericano típico?

Toda generalización es siempre peligrosa. Si bien es cierto que existen coincidencias y paralelos entre los hispanoamericanos y sus diversas naciones, también existen diferencias. Debido a la enorme complejidad de sus respectivos medios[1] y al hecho de que cada individuo elabora distintamente su propia personalidad, es imposible que podamos hablar de un ejemplar hispanoamericano típico. Hispanoamérica se caracteriza ante todo por una enorme diversidad étnica, lingüística, histórica, geográfica, económica y social. Para poder entender bien a los sudamericanos es importante que se recuerde este hecho.

Los hispanoamericanos no son un pueblo homogéneo, ni lo han sido nunca a pesar de tener un pasado colonial común. Tanto los Estados Unidos como Australia tuvieron un pasado colonial británico pero esto no significa que hoy en día se parezcan totalmente. Algo similar sucede con las naciones hispanoamericanas. Hispanoamérica[2] hoy en día está compuesta de 19 repúblicas independientes, que contienen diversos grupos étnicos, tanto aborígenes como europeos. La distribución de estas poblaciones y sus porcentajes varían de lugar a lugar. En la Argentina, debido a grandes corrientes inmigratorias y al hecho que el país nunca fue una región colonial importante, es más probable que una persona sea de origen italiano que español. Casi la mitad de su población actual[3] es de origen italiano, la otra mitad viene de diversos países europeos. Algo similar sucede con el Uruguay, donde la población también procede de diversos países europeos. Son muy distintos los casos del Perú, Ecuador y de Bolivia, donde los europeos son una minoría. La mayor parte de la población de estos países andinos es de origen indígena. Son descendientes de los antiguos incas, cuyo gran imperio precolombino[4] llegó a formar parte de uno de los grandes centros coloniales del Nuevo Mundo. Aunque los españoles son un grupo numéricamente minoritario, representan, sin embargo, el núcleo europeo más influyente de la sociedad. En el Paraguay, que ha sido el país más aislado de Sudamérica tanto en la época colonial como moderna, sigue prevaleciendo la población de origen guaraní. En Chile, Venezuela, Colombia, México, Guatemala y El Salvador, la mayoría de la población es de origen mixto, aborigen y español, pero los grupos aborígenes difieren entre sí. México se destaca[5] porque absorbió numerosas y antiguas civilizaciones indígenas, desde los mayas a los aztecas, creando así una fusión étnica mucho más cohesiva que en el resto de Hispanoamérica. Por otro lado, en los países del Caribe y en las regiones costeras de Colombia y Venezuela, la fusión étnica se realizó entre españoles y africanos, ya que el

---

1. surroundings
2. *The lands conquered by Spain and Portugal are considered today as* **Hispanoamérica** *or* **Iberoamérica:** *19 independent republics (Argentina, Bolivia, Brazil, Chile, Colombia, Costa Rica, Cuba, Ecuador, El Salvador, Guatemala, Honduras, México, Nicaragua, Panamá, Paraguay, Perú, República Dominicana, Uruguay, Venezuela) and, culturally speaking, Puerto Rico also.*
3. *half its population today*
4. *whose great pre-Columbian empire*
5. *stands out*

elemento aborigen era escaso y durante la época colonial había que importar africanos. Es de esperarse que esta heterogeneidad étnica, representada por indígenas, africanos y europeos (españoles, alemanes, italianos, franceses, polacos e ingleses), influya aún hoy en el mosaico cultural y en la estructura socio-económica de estos países. Sus manifestaciones culturales más obvias se dan en la música, en la literatura, en las aportaciones culinarias y en las costumbres diarias.

Si bien el español es la lengua oficial de los países hispanoamericanos (con la excepción del Brasil donde se habla portugués), en la sierra boliviana, ecuatoriana y peruana es más frecuente que se hable el quechua. En la península de Yucatán no es raro que se hablen diversas lenguas indígenas provenientes del maya, mientras que en el Paraguay, el país más bilingüe del mundo, es tan común que se hable el español como el guaraní. Por otro lado, en las grandes capitales como Buenos Aires y Caracas es común que se oigan por las calles una gran variedad de lenguas europeas. Ambas ciudades contienen hoy en día más de treinta y cinco grupos étnicos debido a las inmigraciones europeas.

En Hispanoamérica, es más probable que los hombres de las grandes ciudades de los diferentes países se parezcan entre sí que a sus propios compatriotas de las áreas rurales. Esto no es nada sorprendente porque es raro que el hombre de la ciudad tenga contacto extenso con el hombre del campo. Esta falta de contacto se explica por las grandes barreras geográficas que existen, por la escasez de medios de comunicación y por la existencia de estructuras económicas diferentes. Las montañas, las selvas y los desiertos contribuyen a que el contacto con hombres de otras regiones se haga difícil. La enorme diversidad geográfica también influye en la existencia de estructuras económicas diferentes que comprenden desde las más modernas en las ciudades hasta las semifeudales en los campos. Es muy difícil que el industrial moderno se parezca al agricultor tradicional y es imposible que ambos coincidan en sus modos de vida y aspiraciones. Para comprender las dificultades e inestabilidades políticas en Hispanoamérica es necesario que se recuerde la coexistencia de diversos grupos étnicos y de estructuras económicas diferentes y la gran variedad geográfica de sus regiones. No es de extrañar que tanta diversidad dé lugar a modos de vida distintos y que se creen necesidades diversas y surjan aspiraciones diferentes. Es poco probable que un gobierno pueda satisfacer las demandas de grupos humanos tan heterogéneos entre sí. Es casi utópico pensar que las normas del pasado, que aún siguen existiendo, puedan en poco tiempo reconciliarse con las exigencias del presente y con las diversas aspiraciones de un mejor porvenir.[6] Por lo tanto, no es raro que un régimen político caiga por ser demasiado radical o demasiado conservador. La diversidad socioeconómica y cultural ha dado lugar a la experimentación política. Es casi un hábito que los hispanoamericanos experimenten con sistemas políticos opuestos. Han intentado desde la democracia más pura hasta las dictaduras de derecha y de izquierda. Probablemente seguirán haciéndolo porque continúan en busca de soluciones y desean más que nada reconciliar la tradición con la modernización.

¿Qué quieren los hispanoamericanos? ¿Qué buscan? Ante todo, los hispanoamericanos no quieren que se les considere una extensión de Europa ni

---

6. *a better future*

tampoco que se les vea como un apéndice de los Estados Unidos. Ellos buscan su propia identidad y tratan de lograr una fusión entre los elementos divergentes de su realidad. Es evidente que los hispanoamericanos quieren el progreso social, pero no quieren que el progreso los convierta en esclavos.[7] Quieren trabajar para vivir, pero no vivir para trabajar. Buscan la técnica y la ciencia pero no desean que sufra la vitalidad artística. Buscan la modernización y el desarrollo pero no conciben que se sacrifique el humanismo. Aspiran a un gobierno representativo pero no están dispuestos[8] a que nadie tenga que sacrificar sus convicciones personales. Los hispanoamericanos buscan, sobre todo, un ideal de vida propio. Desean que ese ideal reconcilie lo que ha sido su pasado con lo que es su presente. Será difícil que lo logren, pero ciertamente no es imposible.

Preguntas de comprensión

1. ¿Por qué es imposible que podamos hablar de un ejemplar típico hispanoamericano?
2. Quiero que Ud. me explique en qué consiste la diversidad étnica en Hispanoamérica.
3. ¿Es raro que hoy en día se hablen lenguas indígenas en Hispanoamérica? Explique, por favor.
4. ¿Por qué es común que se oigan otras lenguas modernas?
5. ¿A qué se debe que no exista contacto suficiente entre el hombre de la ciudad y el hombre del campo?
6. ¿Qué aspecto es necesario que recordemos para comprender las dificultades políticas de ese continente?
7. ¿Cómo quieren los hispanoamericanos que se les considere? ¿Cómo una extensión de Europa? ¿Cómo un apéndice de los Estados Unidos?
8. ¿Podría Ud. explicarme qué es lo que buscan y desean los hispanoamericanos?

Preguntas para conversar

Answer the following questions with complete statements when your instructor calls on you. You may organize your answers before coming to class.

1. ¿Es probable que haya ejemplares típicos de una cultura? ¿Qué opina Ud.? ¿Por qué es necesario que conozcamos otras culturas?
2. ¿Por qué le parece a Ud. importante que estudiemos otro idioma?
3. ¿Cree Ud. que es indispensable que la humanidad comparta la misma visión del mundo?
4. ¿Le gusta a Ud. que se compare su país con otro?
5. ¿Cómo se siente Ud. cuando alguien dice algo malo de su país?
6. ¿Por qué son frecuentes los malentendidos entre la gente? ¿Qué es necesario que haga la gente para entenderse mejor?

---

7. *they don't want to become the slaves of progress*
8. *are not willing*

7. ¿Le parece a Ud. posible que la gente cuando habla siempre se comprenda?
8. ¿Por qué es muy importante que tengamos el respeto de otras personas?
9. ¿Por qué es indispensable que nuestra familia y amigos aprueben de nuestras decisiones? ¿Le molesta a Ud. que lo rechazen o no le importa? ¿Le gusta a Ud. que lo comparen con otras personas?
10. ¿Qué es necesario que hagamos si queremos el respeto y la aprobación de otras personas?
11. ¿Por qué es indispensable que tengamos convicciones personales? ¿Y ambiciones profesionales? ¿Y creencias religiosas?
12. ¿Cree Ud. que sea necesario conformarse siempre a la sociedad? ¿Cómo podemos reconciliar nuestro individualismo con la presión de la sociedad en que vivimos?

Temas para comentar

Dénos su opinión...

1. Su compañero (-a) de cuarto hace algunas cosas que a Ud. le molestan. Descríbalas y díganos cómo quiere Ud. que él o ella cambie.
2. Explíquenos las cosas que su novio o novia hace y que a Ud. no le gustan. Díganos cómo espera Ud. que él o ella se comporte.
3. ¿Qué es importante y necesario que una persona haga para llevar una vida feliz?
4. Usted está enfermo y va a ver a un médico. ¿Qué es necesario que el médico sepa?

Mural por Francisco Eppens en uno de los edificios de la Universidad Nacional Autónoma de México, México, D.F.

Repaso 18

Review of verb forms: imperfect subjunctive and simple progressives in the subjunctive
- Regular -ar, -er, and -ir verbs in the imperfect subjunctive
- Stem-changing and irregular verbs in the imperfect subjunctive
- Simple progressives of the subjunctive

Grammar review
- Subjunctive *versus* indicative in adverbial clauses of time and purpose
- Use of the imperfect subjunctive tense
- Use of present and imperfect progressives of the subjunctive
- Comparisons of equivalence

Lexical usage
- Idiomatic expressions with **dar** and **quitar**

Lectura: ¿Hay educación sin que haya preparación intelectual?

Review of Verb Forms: Imperfect Subjunctive and Simple Progressives in the Subjunctive

Regular **-ar**, **-er**, *and* **-ir** *verbs in the imperfect subjunctive*

	hablar	comer	escribir
que yo	habl ara	com iera	escrib iera
que tú	habl aras	com ieras	escrib ieras

	hablar	**comer**	**escribir**
que él que ella que Ud.	habl ara	com iera	escrib iera
que nosotros, -as	habl áramos	com iéramos	escrib iéramos
que vosotros, -as	habl arais	com ierais	escrib ierais
que ellos que ellas que Uds.	habl aran	com ieran	escrib ieran

1. All **-ar** verbs have **a** as the theme vowel in the ending while **-er** and **-ir** verbs have the dipthong **-ie**;
2. The first and third persons singular are identical in form in each conjugation. Subject pronouns are frequently used with these forms to avoid possible ambiguities;
3. A written accent mark is required in the ending for the first-person plural;
4. The alternate imperfect subjunctive form ends in **-ase** for the first-conjugation verbs and **-iese** for the second, and third-conjugation verbs:

hablase	comiese	escribiese
hablases	comieses	escribieses
etc.	etc.	etc.

This alternate form is used mostly in peninsular Spanish. Most speakers in Spanish America use the **-ara/-iera** form, which is the one used in this book.

Stem-changing and irregular verbs in the imperfect subjunctive

Infinitive	Preterit indicative 3rd-person plural	Imperfect subjunctive
sentir	sintieron	sintiera, sintieras, etc.
seguir	siguieron	siguiera, siguieras, etc.
pedir	pidieron	pidiera, pidieras, etc.
dormir	durmieron	durmiera, durmieras, etc.
morir	murieron	muriera, murieras, etc.
tener	tuvieron	tuviera, tuvieras, etc.
estar	estuvieron	estuviera, estuvieras, etc.
andar	anduvieron	anduviera, anduvieras, etc.
poder	pudieron	pudiera, pudieras, etc.
poner	pusieron	pusiera, pusieras, etc.
saber	supieron	supiera, supieras, etc.
caber	cupieron	cupiera, cupieras, etc.
querer	quisieron	quisiera, quisieras, etc.

Infinitive	Preterit indicative 3rd-person plural	Imperfect subjunctive
hacer	hicieron	hiciera, hicieras, etc.
venir	vinieron	viniera, vinieras, etc.
decir	dijeron	dijera, dijeras, etc.
traer	trajeron	trajera, trajeras, etc.
producir	produjeron	produjera, produjeras, etc.
dar	dieron	diera, dieras, etc.
ver	vieron	viera, vieras, etc.
reír	rieron	riera, rieras, etc.
ser ir	fueron	fuera, fueras, etc.
oír	oyeron	oyera, oyeras, etc.
leer	leyeron	leyera, leyeras, etc.
influir	influyeron	influyera, influyeras, etc.

1. The imperfect subjunctive of stem-changing and irregular verbs is formed by following the pattern of the third-person plural of the preterit indicative (**ellos, ellas** form);
2. The ending **-ron** changes to **-a, -as, -a, -amos, -ais, -an** for the **-ra** form of the imperfect subjunctive:

    sintieron   sintie-   sintier**a**   sintié**ramos**
                            sintier**as**   sintier**ais**
                            sintier**a**   sintier**an**

    and to **-se, -ses, -se, -semos, -seis, -sen** for the alternate **-se** form:

    sintie**ron**   sintie-   sintie**se**   sintié**semos**
                                sintie**ses**   sintie**seis**
                                sintie**se**   sintie**sen**

3. The imperfect subjunctive forms for **ser** and **ir** are identical;
4. The forms for **nosotros** have a written accent mark.

Simple progressives of the subjunctive

PRESENT PROGRESSIVE OF THE SUBJUNCTIVE

Present subjunctive estar	+	Main verb -ndo
esté estemos estés estéis esté estén		viajando

The present progressive of the subjunctive is formed with **estar** conjugated in the present subjunctive followed by the **-ndo** form of the main verb:

Es posible que esté estudiando.   It is possible that he may be studying.

IMPERFECT PROGRESSIVE OF THE SUBJUNCTIVE

Imperfect subjunctive estar	+	Main verb -ndo
estuviera estuviéramos estuvieras estuvierais estuviera estuvieran		trabajando

1. The imperfect progressive of the subjunctive is formed with **estar** conjugated in the imperfect subjunctive followed by the **-ndo** form of the main verb;
2. In peninsular Spanish the alternate form in **-se** of **estar** is normally used: **estuviese, estuvieses,** etc.

Era posible que estuviera trabajando.   It was possible that he might have been
Era posible que estuviese trabajando.   working.

Grammar Review

Subjunctive versus *indicative in adverbial clauses of time and purpose*

The use of the subjunctive versus the indicative in adverbial clauses follows basically the same concepts that govern its use in noun clauses.[1]

1. Temporal clauses describe the time at which an event takes or took place. The following are some of the relators that may join the temporal clause to the main clause:

después (de) que	*after*
hasta que	*until*
mientras	*while, for as long as*
luego que	*as soon as*
en cuanto	*as soon as*
tan pronto como	*as soon as*
a medida que	*as*

---

[1] Only adverbial clauses that describe time and adverbial clauses of purpose are treated here. Adverbial clauses that describe condition-result are treated in Repaso 19.

The choice between the subjunctive and the indicative in temporal clauses depends upon whether the clause refers to future or subsequent time or not:

Indicative	Subjunctive
The subordinate clause refers to the past or present. The clause is in the indicative. The main verb is in the present or past indicative:	*The subordinate clause refers to future or subsequent time. The clause is in the subjunctive. The main verb is in the future, the conditional or a form of **ir a** + inf.:*
Por lo general, ven la televisión después que terminan de cenar. They usally watch television after dinner.	**Verán un programa de televisión después que terminen de cenar.** They will watch a television show after dinner.
Iban al café después que terminaban de cenar. They used to go to the cafe when they finished dinner.	**Irían al café después que terminaran de cenar.** They would go to the cafe after having finished dinner.
Estudio hasta que me da sueño. I study until I feel sleepy.	**Estudiaré hasta que me dé sueño.** I will study until I feel sleepy. **Voy a estudiar hasta que me dé sueño.** I am going to study until I feel sleepy.
Estudié hasta que me dio sueño. I studied until I felt sleepy.	**Estudiaría hasta que me diera sueño.** I would study until I felt sleepy. **Iba a estudiar hasta que me diera sueño.** I was going to study until I felt sleepy.
Consideran las solicitudes a medida que llegan. They consider the applications as they come in.	**Considerarán las solicitudes a medida que lleguen.** They will consider the applications as they come in.
Consideraban las solicitudes a medida que llegaban. They used to consider the applications as they came in.	**Considerarían las solicitudes a medida que llegaran.** They would consider the applications as they came in.
Escucha música mientras escribe. She listens to music while she writes. **Escuchaba música mientras escribía.** She listened to music while she wrote.	**Escuchará música mientras escriba.** She will listen to music while she writes. **Escucharía música mientras escribiera.** She would listen to music while she wrote.

2. **Antes de que,** *before,* always takes the subjunctive because it signals a subsequent event in relation to a previous event:

Lo hice antes de que los invitados llegaran.	I did it before the guests arrived.
Lo haré antes de que ellos lleguen.	I will do it before they arrive.

3. In adverbial clauses of purpose with **para que** and **a fin de que,** so (that), (in order) to, nothing is said about the actual results. Thus, clauses of purpose refer to possible events, which take the subjunctive:

He venido para que (a fin de que) me expliques el sistema universitario en Hispanoamérica.	I have come so that you may explain the Spanish American university system to me.
Había ido para que (a fin de que) me explicaras el sistema universitario en Hispanoamérica.	I had gone so that you could explain the Spanish American university system to me.

4. **Sin que,** *without,* is used to show that the purpose was not achieved. Since clauses with **sin que** deny the realization of the event, they take the subjunctive:

Me he ido sin que me explicara nada.	I have left without her explaining anything to me.
Me había ido sin que me explicara nada.	I had left without her explaining anything to me.

Use of the imperfect subjunctive tense

TEMPORAL DIMENSION AND PERSPECTIVE

The imperfect subjunctive tense expresses within the subjunctive mood what was going on (or may have been going on) in the past or at a point in time subsequent to a past point. Essentially, it expresses in the subjunctive mood what the imperfect indicative expresses in the indicative mood. In subordinate clauses requiring the subjunctive, the imperfect subjunctive is used:

1. To describe repeated, ongoing, or continued events in the past:

José asistía a clases regularmente. José used to attend class regularly.	**No creía que José asistiera a clases regularmente** I didn't believe that José attended class regularly.
Estudiaba seis horas al día. He studied six hours a day.	**Dudaba que estudiara seis horas al día.** I doubted that he studied six hours a day.

2. To describe the existence of states and conditions in the past:

Sabía que Carlos estudiaba abogacía. I knew that Carlos was studying law.	**Me alegré de que Carlos estudiara abogacía.** I was happy that Carlos studied law.
Supe que asistía a una buena universidad. I found out (learned) that he was attending a good university.	**Me alegró saber que asistiera a una buena universidad.** I was happy to find out that he was attending a good university.
Se quedó en esa universidad hasta que se graduó. He stayed at that university until he graduated.	**Esperaba que se quedara en esa universidad hasta que se graduara.** I was hoping he would stay at that university until he graduated.

3. To describe future or subsequent events in relation to some past point:

Repaso 18

Ellos se casaban en junio.
They would get married in June.

Era posible que ellos se casaran en junio.
It was possible that they might get married in June.

Ellos se iban a casar en junio.
They were going to get married in June.
Ellos se casarían en junio.
They would get married in June.
Él iba a conseguir un buen puesto.
He was going to find a good position.

Era posible que consiguiera un buen puesto.
It was possible that he might find a good position.

Él conseguiría un buen puesto.
He would find a good position.

Whether the imperfect subjunctive refers to ongoing, coexistent, or subsequent events depends upon the verb and the context that governs the use of the subjunctive:

a. If the subjunctive is governed by an indirect command, the imperfect subjunctive in the subordinate clause refers to a future (that is, subsequent) action within the past:

MAIN CLAUSE INDIRECT COMMAND Action took place or was taking place:	SUBORDINATE CLAUSE IMPERFECT SUBJUNCTIVE Action yet to take place within a past time perspective:
Te pedí Te pedía I asked you Quería I wanted	que me contaras tus planes futuros. to tell me about your future plans. que me contaras tus planes futuros. you to tell me about your future plans.

b. If the subjunctive is governed by attitudinal reactions, the imperfect subjunctive in the subordinate clause may refer to an ongoing, coexistent, or subsequent action within the past:

MAIN CLAUSE ATTITUDINAL COMMENT Action took place or was taking place:	SUBORDINATE CLAUSE IMPERFECT SUBJUNCTIVE Action coexistent or ongoing in the past:
No me gustaba I didn't like	que dejara ese puesto. him to quit that position (at that time).
	IMPERFECT SUBJUNCTIVE Action yet to take place within a past time perspective:
No me gustaba I didn't like	que dejara ese puesto. him to quit that position (at some later date).

TENSE SEQUENCE AND AGREEMENT

Since the imperfect subjunctive may refer to ongoing, coexistent, or subsequent events within a past time perspective, the following tenses of the indicative may occur in the main clause:

	Main clause		Subordinate clause
Preterit:	**Me alegré**	que	**Carlos estudiara abogacía.**
	I was happy	that	Carlos studied law.
Imperfect:	**Esperaba**	que	**se graduara pronto.**
	I was hoping	that	he would graduate soon.
Imperfect of **ir a** *+ inf.:*	**Le iba a pedir**	que	**me contara sus planes futuros.**
	I was going to ask him		to tell me about his future plans.
	No iba a casarse	hasta que	**no se graduara.**
	He was not going to get married	until	he graduated.
	Iba a quedarse con ese trabajo	con tal de que	**le ofrecieran mejor sueldo.**
	He was going to stay at that job	provided that	they offered him a better salary.
Conditional:	**Le pediría**	que	**me contara sus planes futuros.**
	I would ask him		to tell me about his future plans.
	No se casaría	hasta que	**no se graduara.**
	He would not get married	until	he would graduate.
Past perfect:	**Le había pedido**	que	**me contara sus planes futuros.**
	I had asked him		to tell me about his future plans.

Repaso 18

Use of present and imperfect progressives of the subjunctive

The present subjunctive describes what goes on (may be going on) and what will go on. The imperfect subjunctive describes what was going on (might have been going on) and what would be going on. Essentially, present and imperfect progressives of the subjunctive have the same temporal perspectives as the present and imperfect subjunctives and may be used with some verbs to describe ongoing, simultaneous or subsequent events:

PRESENT PROGRESSIVE OF THE SUBJUNCTIVE Ongoing events and conditions within the present:	IMPERFECT PROGRESSIVE OF THE SUBJUNCTIVE Ongoing events and conditions within the past:
Ongoing or unfolding events:	
No creo que Carlos esté asistiendo a una universidad hispanoamericana. I don't think Carlos is attending a Spanish American university.	**No creía que Carlos estuviera asistiendo a una universidad hispanoamericana.** I didn't think Carlos was attending a Spanish American university.
Espero que siga estudiando y no se case tan pronto. I hope he continues studying and doesn't marry so soon.	**Esperaba que siguiera estudiando y no se casara tan pronto.** I hoped he kept on studying and did not marry so soon.
Me alegro de que esté buscando un trabajo serio. I am happy that he is looking for a serious job.	**Me alegré de que estuviera buscando un trabajo serio.** I was happy that he was looking for a serious job.
Simultaneous subsequent events	
Espero que Uds. estén estudiando cuando los llame esta noche. I hope you will be studying when I call you tonight.	**Esperaba que Uds. estuvieran estudiando cuando los llamara.** I was hoping you would be studying when I called.
Quiero que nos estés esperando en el aeropuerto cuando regresemos mañana. I want you to be waiting for us at the airport when we come back tomorrow.	**Quería que nos estuvieras esperando en el aeropuerto cuando regresáramos ayer.** I wanted you to be waiting for us in the airport when we came back yesterday.

Comparisons of equivalence

EL MISMO QUE

el mismo la misma los mismos las mismas lo mismo este mismo ese mismo esta misma esto mismo etc.	+ noun + **que** *the same* + noun + *(as)*
Este es el mismo abogado que vino ayer.	This is the same lawyer who came yesterday.
Lleva la misma corbata que ayer.	He is wearing the same tie as yesterday.
Me dio los mismos consejos que tú.	He gave me the same advice you did.
El otro día me propuso esta misma solución.	The other day he proposed to me this very same solution.
Estos mismos documentos los tengo yo.	I have these same documents.

1. **El mismo que** is used only with nouns. The construction expresses equivalence between two entities of the same category;
2. **Mismo** functions as an adjective. As such it agrees in gender and number with the noun it modifies;
3. The noun modified by **mismo** is preceded by either a definite article or a demonstrative;
4. **Mismo,** like other adjectives, may be nominalized through a definite article or a demonstrative:

Vino el mismo (abogado).	The same one came (lawyer).
Lleva la misma (corbata).	He is wearing the same one (tie).
Me propuso esta misma (solución).	He proposed me the same one (solution).
Tengo estos mismos (documentos).	I have the same ones (documents).

5. **Mismo** may also be nominalized through the neuter **lo** meaning *the same thing, the same way:*

Lleva lo mismo que ayer.	He is wearing the same thing as yesterday.
Me dijo lo mismo que tú.	He told me the same thing you did.
Tengo lo mismo que él.	I have the same thing he does.
Piensa lo mismo que tú.	He thinks the same thing you do. He thinks the same way you do.
Sigue lo mismo que ayer.	She continues the same way as yesterday.
Trabaja lo mismo que siempre.	She works the same way she always has.

IGUAL QUE

un, una, mi, tu, su, etc., este, esta, etc. } + noun + igual (-es) + a / que	noun + *(just)* + *like*
Quiere conseguir un puesto igual que el mío.	He wants to find a job (just) like mine.
Compraron una casa igual que la nuestra.	They bought a house just like ours.
Su hijo mayor es igual a su padre.	Their older son is just like the father.
Este examen no es igual al del año pasado.	This test is not like last year's.

1. **Igual que** is used with nouns to express similarity between two entities;
2. The plural form is **iguales que**. There is no gender distinction;
3. **Igual a** is normally used in sentences with **ser**:

Es igual a ti.	He is just like you.
Son iguales a los tuyos.	They are just like yours.

4. **Igual/iguales** may be nominalized through indefinites or numerals:

Consiguió uno igual.	He got one like this one.
Compraron otra igual.	They bought another one like this one.
Consígueme dos iguales.	Get me two like this one.

5. **Igual que** and **el mismo que** are similar in meaning but differ syntactically:
   a. **Igual que** follows the noun; **el mismo que** precedes the noun;
   b. **Igual que** is used with nouns introduced by the indefinite article; **el mismo que** is used with nouns introduced by the definite article:

Quiere conseguir un puesto igual que el mío.	He wants to find a job like mine.
Quiere conseguir el mismo puesto que yo.	He wants to find the same job I've got.
Compró un auto igual que el mío.	He bought a car like mine.
Compró el mismo auto que yo.	He bought the same car I did.

IGUAL QUE AS AN ADVERBIAL OF MANNER

Verb + **igual que**...	*...the same (way) as...*
Pienso igual que tú.	I think the same way you do.
Sigue igual que ayer.	She continues the same way as yesterday.
Trabaja igual que siempre.	She works the same as always.

1. **Igual que** following a verb functions as an adverbial of manner meaning *the same way as;*
2. As an adverbial it is invariable in form;
3. Within this context **igual que** and **lo mismo que** are interchangeable:

Pienso igual / lo mismo que tú. I think the same way you do.

Lexical Usage

Idiomatic expressions with **dar** *and* **quitar**

Al mediodía me da mucha hambre.	At noon I get very hungry.
A las once me da sueño.	At eleven I get sleepy.
En el invierno me da mucho frío.	In the winter I get very cold.
En el verano me da mucho calor.	In the summer I get very hot.
Cuando tengo calor me da mucha sed.	When I am hot I get very thirsty.
Ver tanta comida me da hambre.	Seeing so much food makes me hungry.
Estas pastillas me dan sueño.	These pills make me sleepy.
Trabajar en el jardín con este calor me da mucha sed.	Working in the garden in this heat makes me very thirsty.
Su presencia me da tranquilidad.	Her presence makes me peaceful.
Sólo pensar que pueda verla otra vez me da ganas de ir.	Just thinking that I could see her again makes me eager to go.

1. **Dar** is used with many nouns referring to states of the body and the mind to express conditions;
2. An indirect object pronoun always precedes **dar** in this usage:

   Me da hambre, Le da sueño, Nos da calor;

3. The verb is conjugated in the third person and is singular or plural depending on the subject:

Esta pastilla me da sueño.	This pill makes me sleepy.
Estas pastillas me dan sueño.	These pills make me sleepy.

4. The English equivalents of these expressions with **dar** are: *to get (something)* or *to make someone something;*
5. Other similar expressions with **dar** are:

Me da miedo.	It makes me afraid.
Me da fuerza.	It makes me strong.
Le da suerte.	It makes her lucky.
Le da paz.	It makes her peaceful.
Nos da vergüenza.	It makes us ashamed.
Nos da rabia.	It makes us angry.
Les da pereza.	It makes them lazy.
Les da celos.	It makes them jealous.
Les da razón.	It makes them right.

6. A similar construction is used with **quitar** meaning *to take something away from someone*:

Estas pastillas me quitan el sueño.	These pills keep me awake (take my sleep away).
También me quitan el apetito.	They also take away my appetite.
Este chocolate caliente me quitó el frío.	This hot chocolate made me warm.
Esta cerveza helada me quitó el calor.	This cold beer made me feel cool.
Su indiferencia me quitó las ganas de visitarla.	My desire to visit her vanished because of her indifference.

Lectura   T

Reading, writing, and oral responses

Read the following passage. Study the uses of the subjunctive and indicative in adverbial clauses. Be prepared to answer the questions orally in class. Your instructor may ask you to answer the questions in writing.

¿Hay educación sin que haya preparación intelectual?

El sistema educativo universitario en Hispanoamérica, igual que sus otras instituciones sociales, refleja los valores básicos de esa sociedad. Es posible que existan algunas diferencias entre los países pero son pocas relativamente hablando cuando las comparamos con lo que ocurre en los Estados Unidos.

Mientras que el sistema educativo universitario norteamericano ha sido siempre básicamente democrático, podría decirse que el sistema hispanoamericano ha sido más bien autoritario.[1] Esto no quiere decir que no haya una gran variedad de programas, de instituciones privadas y públicas, profesionales y técnicas, religiosas y laicas. Sí las ha habido. Sin embargo, esta diversidad no ha impedido[2] que existiera uniformidad en la filosofía y práctica educativa. Para que una institución estuviera acreditada y fuera reconocida por el Ministerio de Educación de su respectivo país, siempre ha sido necesario que siga un plan de estudios determinado y aprobado por el gobierno. Si bien es cierto que los estudiantes han podido escoger entre varios programas distintos, no es cierto que dentro de un programa determinado tuvieran la oportunidad de crear su propio plan de estudios como lo pueden hacer los estudiantes norteamericanos. Sin que un programa cumpliera con los requisitos predeterminados por el Ministerio de Educación, el estudiante no podía graduarse.

Mientras que en las últimas décadas[3] el estudiante norteamericano ha podido crear un plan de estudios individualizado y aprobado tan sólo por su

---

1. *rather authoritarian*
2. *has not prevented*
3. *in the last few decades*

universidad, el estudiante hispanoamericano no ha tenido esta opción. Si bien, pues, en Hispanoamérica ha habido diversidad educacional, no es verdad que existiera tanta flexibilidad individual como en Estados Unidos. Además, es evidente que el proceso educativo no se ha enfocado[4] de la misma forma en los dos continentes. Mientras que el norteamericano ha mirado el proceso educativo básicamente como un medio hacia un fin,[5] el hispanoamericano lo ha mirado como un medio y un fin en sí mismo. Es decir, mientras que para el norteamericano el título universitario ha sido el fin, para el hispanoamericano el título has sido más bien un medio de vida, y su verdadera finalidad ha sido la educación. La finalidad del estudiante hispanoamericano, además de llegar a ser médico, arquitecto, economista o ingeniero, ha sido el llegar a ser un intelectual. En cuanto se entienda este aspecto, se comprenderá que para el hispanoamericano ha habido una diferencia entre la instrucción profesional y la preparación intelectual. Para que un hispanoamericano se considerara preparado intelectualmente, creía que debía no sólo poder cambiar su medio ambiente profesionalmente, sino ante todo entenderlo. Es difícil que se entienda lo que es el hombre, lo que es su lugar en el curso de la historia, tan sólo a través de la instrucción profesional. Es imposible que la respuesta a estas interrogantes[6] venga de la técnica o de la ciencia. Es lógico que se tenga que recurrir[7] a las humanidades, a la filosofía y a la historia. Por lo tanto, en Hispanoamérica, ha sido usual que las humanidades fueran siempre muy populares y atrajeran[8] a estudiantes de otras disciplinas. Mientras que el norteamericano consideraría el estudio de la filosofía como algo impráctico aunque deseable, el hispanoamericano lo considera como algo necesario y lleno de significado en sí.

   Podríamos decir que en Hispanoamérica ha predominado una actitud humanista y elitista, mientras que en Estados Unidos ha predominado una actitud pragmática y científica. El hispanoamericano aspira a entender las cosas. El norteamericano aspira a cambiarlas, a mejorarlas lo más rápido posible. No es raro que el norteamericano buscara siempre el modo más eficiente de alterar su medio y de acelerar el cambio, incluso en lo educacional. Por lo tanto, tampoco es extraño que en los Estados Unidos hubiera y haya todavía mucha más experimentación en lo educacional. En Hispanoamérica, en cambio, debido a la actitud humanista ante la educación, ha sido bastante común que prevaleciera lo tradicional sobre lo innovativo. Ha sido típico que los planes de estudios fueran más generales que especializados. Ha sido inevitable que el resultado no fuera un "experto especializado", sino más bien un individuo con un sistema integral de ideas.

   De ello ha sido responsable la sociedad misma que ha valorado más al intelectual que al experto. En cuanto se entienda este aspecto, será fácil comprender por qué los sistemas educativos de los dos continentes no tienen ni los mismos programas, ni la misma orientación, ni los mismos resultados.

   Es muy común que un estudiante hispanoamericano, igual que un profesional, tengan un sentido de misión social y política muy fuerte. Es raro que

---

4. *has not been approached*
5. *as a means to an end*
6. *questions*
7. *resort*
8. *attracted*

sean individuos no comprometidos.[9] Los profesionales y los universitarios constituyen minorías selectas en esos países y están muy conscientes de su papel.[10] Ellos no se olvidan del hecho de que el número de estudiantes rechazados por las universidades es mucho mayor al número que son aceptados y que terminan una carrera.

En Hispanoamérica es normal que se acepte el activismo estudiantil. Las autoridades universitarias lo mismo que las paternas lo toleran bastante. Es quizás una contradicción de que siendo autoritaria la estructura familiar y la universitaria se permitan y se justifiquen las manifestaciones y huelgas estudiantiles. Sin embargo, es raro que el estudiante sea un rebelde sin causa. El estudiantado hispanoamericano se rebela no sólo contra las condiciones internas de la universidad, sino contra las condiciones sociales y políticas de su país. Su activismo no se toleraría sin que hubiera causas justas. Los profesionales lo mismo que los estudiantes siempre han sido las conciencias cívicas de sus países. Es muy probable que sigan manifestando su descontento mientras que existan las causas políticas y sociales que motivan sus disensiones.

Desde luego, el mundo actual exige cambios y reajustes en todo aspecto de la sociedad. Es muy posible que el sistema educativo en Hispanoamérica ya esté experimentando y sufriendo algunos de estos cambios particularmente en el aspecto técnico y pragmático. Pero es dudoso que la filosofía básica de lo que significa la educación para el hispanoamericano cambie de manera radical.

Preguntas de comprensión

1. ¿En qué sentido podríamos decir que el sistema educativo universitario en Hispanoamérica es más bien autoritario?
2. ¿Cómo se ha enfocado el proceso educativo en Hispanoamérica? Explique.
3. ¿Son la instrucción profesional y la preparación intelectual la misma cosa para el hispanoamericano? Explique.
4. ¿En qué sentido podríamos decir que en Estados Unidos el sistema educativo universitario es más bien democrático?
5. Según la lectura, ¿cómo mira el norteamericano el proceso educativo? ¿Qué opina Ud.?
6. ¿Qué papel tiene el estudio de las humanidades en ambos sistemas?
7. Mientras que en Hispanoamérica ha predominado una actitud humanista, en los Estados Unidos ha prevalecido una actitud pragmática y científica. ¿Cómo se explica este fenómeno?
8. ¿En qué sentido constituyen los profesionales y los estudiantes universitarios minorías selectas en Hispanoamérica?
9. ¿Por qué es normal que se tolere bastante en Hispanoamérica el activismo estudiantil?
10. ¿Considera Ud. que son grandes las diferencias que existen entre ambos sistemas educativos? Explique.

---

9. *uncommitted*
10. *are very conscious of their role*

Preguntas para conversar

Answer the following questions with complete statements when your instructor calls on you. You many organize your answers before coming to class.

1. ¿Es deseable que haya mucha experimentación en lo educacional? ¿Qué ventajas o desventajas tiene la experimentación?
2. ¿Por qué es tradicional que la educación combine lo pragmático con lo humanista?
3. ¿Le parece necesario que un científico, por ejemplo, tenga cierta preparación humanista? Explique su opinión.
4. ¿Es posible tener un sistema de valores éticos sin que tengamos una base humanística? ¿Qué opina Ud.?
5. ¿Cree Ud. que los estudiantes deben interesarse por los problemas políticos y sociales de sus países? Explique su opinión.
6. ¿Le parece a Ud. bien que exista el activismo estudiantil? Dé sus razones, en favor y en contra.
7. ¿Cómo se resuelven las discusiones y las demandas estudiantiles en los Estados Unidos?
8. ¿Es frecuente que en los Estados Unidos haya manifestaciones estudiantiles? ¿Cómo son esas manifestaciones? Mencione algunas de las causas que motivan a los estudiantes norteamericanos al activismo.
9. ¿Cuáles son las causas de las manifestaciones estudiantiles en los Estados Unidos?
10. ¿Cuál es en su opinión la finalidad de la educación universitaria? ¿Qué aspectos debe incluir aparte de la capacitación profesional?

Temas para comentar

Dénos su opinión...

1. La forma en que dos personas que conviven deben comportarse para que se puedan llevar bien y resuelvan sus conflictos satisfactoriamente.
2. Las inseguridades que una persona puede sentir después que tenga algún fracaso ya sea en su vida profesional o sentimental.
3. La forma en que se le puede decir a una persona alguna verdad desagradable sin que se ofenda.
4. Los posibles temores que una persona pueda tener antes de que tenga que hacer una decisión difícil.

Vista del mar en la Costa Brava, Cataluña, España.

Repaso 19

Review of verb forms: compound tenses of the subjunctive
    Present perfect subjunctive
    Past perfect subjunctive
    Compound progressives of the subjunctive

Grammar review
    Subjunctive *versus* indicative in condition-result sentences
    Use of compound tenses of the subjunctive
    Use of compound progressive constructions of the subjunctive
    Prepositions **a**, **desde** and **hasta**, **con** and **sin**
    More prepositions

Lexical usage
    Equivalents of *to release*
    Set phrases with **a, desde, hasta, con,** and **sin**

Lectura: Si no existiera el océano no habría vida terrestre

Review of Verb Forms: Compound Tenses of the Subjunctive

Present perfect subjunctive

Auxiliary **haber**	+	Main verb **-do**
haya hayamos hayas hayáis haya hayan		hablado, comido, vivido

The present perfect subjunctive is formed with the present subjunctive of the auxiliary verb **haber**, followed by the past participle of the main verb:

Espero que haya salido.	I hope that he has left.
Dudo que me hayan visto.	I doubt that they have seen me.

Past perfect subjunctive

Auxiliary haber	+	Main verb -do
hubiera hubiéramos hubieras hubierais hubiera hubieran		hablado, comido, vivido

1. The past perfect subjunctive is formed with the imperfect subjunctive of the auxiliary verb **haber**, followed by the past participle of the main verb;
2. The **nosotros**-form, **hubiéramos**, has a written accent mark;
3. The alternate imperfect subjunctive form of **haber** is normally used in peninsular Spanish: **hubiese hablado, hubieses hablado**:

Esperaba que hubiera salido. **Esperaba que hubiese salido.**	I hoped that he had left.
Dudaba que me hubieran visto. **Dudaba que me hubiesen visto.**	I doubted that they had seen me.

Compound progressives of the subjunctive

PRESENT PERFECT PROGRESSIVE OF THE SUBJUNCTIVE

Auxiliary haber	+	Past participle estar	+	Main verb -ndo
haya hayamos hayas hayáis haya hayan		estado		escribiendo

The present perfect progressive of the subjunctive is formed with the auxiliary verb **haber** conjugated in the present subjunctive followed by the past participle of **estar** (**estado**) and the **-ndo** form of the main verb:

Dudo que hayas estado estudiando.	I doubt that you have been studying.
No creo que hayan estado hablando.	I don't think that they have been talking.

Repaso 19

PAST PERFECT PROGRESSIVE OF THE SUBJUNCTIVE

Auxiliary haber	+	Past participle estar	+	Main verb -ndo
hubiera hubiéramos hubieras hubierais hubiera hubieran		estado		estudiando

1. The past perfect progressive of the subjunctive is formed with the auxiliary verb **haber** conjugated in the imperfect subjunctive followed by the past participle of **estar** (**estado**) and the -ndo form of the main verb;
2. The alternate imperfect subjunctive form of **haber** is normally used in peninsular Spanish:

No pensé que hubieran estado estudiando.   I didn't think that they had been studying.
No pensé que hubiesen estado estudiando.

Grammar Review

Subjunctive versus *indicative in condition-result sentences*

When two events are set in a condition-result relationship, the choice between the subjunctive and the indicative rests upon whether the condition is or remains to be met and the result is or remains to be attained.

1. Condition is met: result is achieved → INDICATIVE

    When the condition is met and the result is achieved, both events are factual. The subordinate clause is in the indicative since it describes a causal, resultant situation. Clauses of this type are joined to the main sentence by conjunctions like the following:

porque	because
en vista de que	in view of
ya que	since
puesto que	since
como	since
por lo tanto	therefore
así que	therefore
de modo que	therefore

Hay vida en la tierra porque hay vida marina.	There is life on earth because there is marine life.
Como hizo tanto frío, perdimos la cosecha.	Since it was so cold, we lost the harvest.
Puesto que no llueve hay escasez de agua.	Since it doesn't rain, there is a water shortage.
El océano es un recurso natural; por lo tanto, debemos evitar su contaminación.	The ocean is a natural resource; therefore, we must avoid its pollution.

2. Condition to be met: result to be achieved → SUBJUNCTIVE

When the result is contingent upon a condition yet to be met, both events remain hypothetical. Nothing is stated about their occurrence. The subordinate clause is in the subjunctive. Conditional clauses are joined to the main sentence by conjunctions or phrases expressing proviso, exception and supposition:

PROVISO	
con tal de que	provided that
a condición de que	on condition that
mientras que	as long as

Permitirán nuevas industrias con tal de que no contaminen el aire.	They will allow new industries provided that they will not pollute the air.
Podremos explotar el océano a condición de que lo hagamos con cuidado.	We will be able to exploit the ocean on condition that we do it carefully.
Continuaremos la exploración del espacio mientras tengamos fondos.	We will continue the exploration of space as long as we have funds.

EXCEPTION	
a menos que	unless
a no ser que	unless

No tendremos nuevos productos a menos que la tecnología avance.	We will not have new products unless technology advances.
No encontraremos nuevas fuentes de energía a no ser que las busquemos.	We will not find new energy sources unless we look for them.

SUPPOSITION	
en caso de que	in case
suponiendo que	supposing that

En caso de que llueva mucho podría haber inundaciones.	In case it should rain too much there could be flooding.

Suponiendo que haya un desbalance ecológico, nuestra vida estaría en peligro.

Supposing that there is an ecological unbalance, our life would be in danger.

3. Condition cannot be met: result will not be achieved → SUBJUNCTIVE

When a condition cannot be met and the expected result cannot be achieved, the *if-* clause is in the subjunctive:

Si tuviéramos la tecnología podríamos explotar más el océano.
(**Como no tenemos la tecnología no podemos explotar más el océano.**)
Si continuara lloviendo, habría inundación.

If we had the technology we could exploit the ocean more.
(Since we do not have the technology we cannot exploit the ocean more.)
If it continued to rain, there would be flooding.

4. If condition had *not* been met: result would *not* have been achieved → SUBJUNCTIVE

When both clauses contain a negative word, the *if*-clause is in the subjunctive:

Si no tuviéramos los fondos no iríamos al espacio.
Si no hubiéramos tenido los fondos no habríamos ido al espacio.
Si no hubiera tantas sequías no habría escasez de alimentos.
Si no hubiera habido tantas sequías no habría habido escasez de alimentos.

If we didn't have the funds we would not go into space.
If we hadn't had the funds we would not have gone into space.
If there were not so many droughts there would not be a food shortage.
If there had not been so many droughts, there would not have been a food shortage.

AS IF-CLAUSES

As *if*-clauses describe hypothetical situations and are always in the subjunctive:

Actúa como si tuviera veinte años.
Me habla como si yo no entendiera.
Se siente tan cómodo con ella como si la hubiera conocido toda la vida.

She acts as if she were twenty years old.
She speaks to me as if I didn't understand.
He feels as comfortable with her as if he had known her all of his life.

CLAUSES EXPRESSING CONCESSION

Clauses that express a concession describe conditions in spite of which a given result was or was not achieved. The clause is in the indicative when the condition refers to a factual situation. The subjunctive occurs when the clause refers to a hypothetical condition. Clauses of this type are joined to the main sentence by conjunctions like the following:

aunque	even though, even if, although
a pesar de que	in spite of, even though
por más que	even though, in spite of the fact (that)

1. Factual clauses are in the indicative. The main verb refers to an ongoing, past, or subsequent event:

Aunque estudio mucho, no progreso.	Although I study a lot, I do not make any progress.
Aunque estudiaba mucho, no progresaba.	Although I studied a lot, I did not make any progress.
Aunque estudio mucho, no progresaré.	Although I study a lot, I will not make any progress.
A pesar de que te cuidas, no mejoras.	In spite of the fact that you take care of yourself, you don't improve.
A pesar de que te cuidabas, no mejorabas.	In spite of the fact that you took care of yourself, you did not improve.
A pesar de que te cuidas, no mejorarás.	In spite of the fact that you take care of yourself, you will not improve.

2. Hypothetical or contrary-to-fact clauses are in the subjunctive.[1] The main verb refers to subsequent events within the present or past:

Aunque estudiara mucho, no progresaría.	Even if she studied a lot, she would not make any progress.
Aunque te cuidaras más, no mejorarías.	Even if you took good care of yourself, you would not improve.
Aunque trabajara más, no se cansaría.	Even if he worked more, he would not get tired.
Aunque hubiera trabajado más, no se habría cansado.	Even if he had worked more, he would not have gotten tired.

3. When the clause expressing concession refers to a factual situation *in spite of which* a given event will occur, it may also be in the subjunctive:

Estudiaré más aunque no progrese mucho.	I will study more in spite of the fact that I may not make much progress.
Tienes que cuidarte aunque no quieras.	You have to take care of yourself in spite of the fact that you may not want to.
Trabajará más aunque se canse demasiado.	He will work more in spite of the fact that he may get too tired.

   Concessive relationships are also described by idioms that are in the subjunctive, such as the following:

sea lo que sea	come what may
venga lo que venga	come what may
pase lo que pase	come what may
quieras o no	whether you want to or not
vengas o no	whether you come or not
pueda o no	whether you can or not
hable o no	whether you speak or not

   ---

   [1] Because these clauses express hypothetical or contrary-to-fact events, they can only be joined to the main sentence by **aunque**, meaning *even if*.

No habrá escasez de alimentos pase lo que pase.
There will not be a food shortage come what may.
Conquistaremos el fondo del océano cueste lo que cueste.
We will conquer the bottom of the ocean no matter what it costs.

IF-CLAUSES

If-clauses differ from the previous condition-result sentences in two ways: they may refer to factual, hypothetical, and contrary-to-fact suppositions. When the *if*-clause is in the subjunctive, it can only be in the imperfect or past perfect subjunctive. The present subjunctive cannot be used in *if*-clauses.

1. Condition is met: result is achieved → INDICATIVE

    When a condition is met and the result is achieved, both events are factual. Both clauses are in the indicative:

Si encuentras dificultades, me dices.	If you encounter any difficulties, you tell me.
Si necesitas ayuda, me llamas.	If you need help, you call me.
Si quieres dinero, me pides.	If you want money, you ask me.
Si olvidas la dirección, me preguntas.	If you forget the address, you ask me.

2. Condition will be met: result will be achieved → INDICATIVE
   If condition is viewed as less likely to occur → SUBJUNCTIVE

    When a condition will be met and the result is expected to be achieved, the *if*-clause is in the indicative. Since subsequent events are uncertain, the clause may be in the subjunctive when the event is viewed as likely to occur if something else were to occur:

Si no vienes, iré yo.	If you don't come, I will go.
Si no vinieras, iría yo.	If you were not to come, I would go.
Si no te escriben, llámalos.	If they don't write to you, call them.
Si no te escribieran, llámalos.	If they were not to write you, call them.
Si llueve, cancelarán el partido.	If it rains, they will cancel the game.
Si lloviera, cancelarían el partido.	If it were to rain, they would cancel the game.

Use of compound tenses of the subjunctive

THE PRESENT PERFECT SUBJUNCTIVE

TEMPORAL DIMENSION AND PERSPECTIVE

The present perfect subjunctive expresses in the subjunctive mood what the present perfect and future perfect tenses express in the indicative. Therefore, subordinate clauses requiring the subjunctive use the present perfect subjunctive:

1. To describe completed events, events terminated before the time indicated by the verb in the main clause. Within the indicative, the present perfect also describes completed action in the past.

Jaime ha regresado.	**Es muy posible que Jaime haya regresado.**
Jaime has come back.	It is very possible that Jaime has come back.
Ha trabajado todo el día.	**Dudo que haya trabajado todo el día.**
He has worked all day.	I doubt that he has worked all day.

In independent clauses in which the subjunctive is governed by the expressions **ojalá, quizá, quizás,** and **tal vez,** the present perfect subjunctive describes an action completed prior to the time implied by the speaker:

Ojalá que haya regresado ya.	I hope he has come back already.
Quizás haya trabajado hoy.	Perhaps he has worked today.

2. To describe subsequent events that are completed before another future action or future time. Within the indicative mood this is expressed by the future perfect tense.

Para cuando yo llegue habrá regresado.	**Espero que para cuando yo llegue haya regresado.**
By the time I arrive he will have come back.	I hope that by the time I arrive he will have come back.
Para mañana habrán llamado.	**Dudo que para mañana hayan llamado.**
By tomorrow they will have called.	I doubt that they will have called by tomorrow.

TENSE SEQUENCE AND AGREEMENT

The following tenses of the indicative may occur in the main clause (governing the subjunctive), when the present perfect subjunctive is used in the subordinate clause:

MAIN CLAUSE: INDICATIVE		SUBORDINATE CLAUSE: PRESENT PERFECT SUBJUNCTIVE Event terminated prior to what is expressed in main clause[2]	
Present:	**Dudo** I doubt	que that	**haya regresado.** he has come back.
	Es posible It's possible	que that	**no hayan llamado todavía.** they haven't called yet.
			Present perfect subjunctive: Subsequent event completed prior to another future action or future time:
Present of ir a + inf.:	**Voy a buscar una persona** I am going to look for a person	que who	**haya tenido experiencia.** has had experience.
Future:	**Buscaré a alguien** I will look for someone	que who	**haya tenido experiencia.** has had experience.

2. Some Spanish speakers alternate the imperfect and present perfect subjunctive in this context:

Dudo mucho que haya llamado / llegara **anoche.**

MAIN CLAUSE: INDICATIVE		SUBORDINATE CLAUSE: PRESENT PERFECT SUBJUNCTIVE Event terminated prior to what is expressed in main clause	
Command:	**No se preocupe de** Don't you worry	**que** because	**haya dicho eso de Ud.** she has said that about you.
	Alégrate de Be glad	**que** that	**hayan tomado esa decisión.** they have made that decision.

THE PAST PERFECT SUBJUNCTIVE

TEMPORAL DIMENSIONS AND PERSPECTIVE

The past perfect subjunctive expresses in the subjunctive mood what the past perfect and the conditional perfect express in the indicative. Therefore, subordinate clauses requiring the subjunctive use the past perfect subjunctive.

1. To describe completed events prior to another past event or point in time as indicated by the verb in the main clause. Within the indicative mood, the past perfect also describes completed action in the past prior to another past action:

Jaime había regresado antes que ella.
Jaime had come back before she did.

Era muy posible que Jaime hubiera regresado antes que ella.
It was very possible that Jaime had come back before she did.

Me habían llamado antes de salir.
They had called me before they left.

Esperaba que me hubieran llamado antes de salir.
I was hoping they had called me before leaving.

In independent clauses in which the subjunctive is governed by the expressions **ojalá, quizá, quizás,** and **tal vez,** the past perfect subjunctive also describes completed action prior to the time specified or implied by the speaker.

Ojalá que para entonces hubieran regresado.
I hope they had come back by then.

Quizás me hubieran llamado antes de partir.
Perhaps they had called me before leaving.

2. To describe subsequent events as completed before another past action or past time. Within the indicative mood this is expressed by the conditional perfect.

Para cuando yo llegara, él habría llamado.
By the time I arrived he would have called.

Esperaba que para cuando yo llegara él ya hubiera llamado.
I was hoping that by the time I arrived he would have called.

Para el próximo día habrían salido.
By the following day they would have left.

Era muy posible que para el próximo día ya hubieran salido.
It was very possible that by the following day they would have already left.

TENSE SEQUENCE AND AGREEMENT

The following tenses of the indicative may occur in the main clause (governing the subjunctive) when the past perfect subjunctive is used in the subordinate clause:

MAIN CLAUSE: INDICATIVE		SUBORDINATE CLAUSE: PAST PERFECT SUBJUNCTIVE — Past event terminated prior to another past action or time	
Preterit:	**Dudé mucho** I doubted very much	que that	**hubiera llegado a tiempo.** he had arrived on time.
Imperfect:	**Esperaba** I was hoping	que that	**me hubiera escrito más a menudo.** she would have written me more often.
Conditional:	**Me habría gustado** I would have been pleased	que if	**ella hubiera venido también.** she had come too.

Use of compound progressive constructions of the subjunctive

The present perfect progressive of the subjunctive and the past perfect progressive of the subjunctive may be used with some verbs to describe the ongoing quality of events within the extended present and past respectively:

PRESENT PERFECT PROGRESSIVE OF THE SUBJUNCTIVE

Dudo que haya estado trabajando todo el día.
I doubt that he has been working all day.

No me gusta que haya estado saliendo con él.
I don't like the fact that she has been going out with him.

Me alegra saber que hayan estado viajando.
I am glad to learn that they have been travelling.

PAST PERFECT PROGRESSIVE OF THE SUBJUNCTIVE

Dudé que hubiera estado trabajando todo el día.
I doubted that he had been working all day.

No me gustaba que hubiera estado saliendo con él.
I didn't like the fact that she had been going out with him.

Me alegró saber que hubieran estado viajando.
I was glad to learn that they had been travelling.

Prepositions a, desde *and* hasta, con *and* sin

MEANINGS OF A

The preposition **a** describes dynamic relationships between two entities. It introduces nouns and noun phrases describing motion, direction, and destination in space and in time.

Relationship signalled	English equivalent	
1. Destination with verbs of motion:	*in*	**Llegamos a Caracas.** We arrived in Caracas.
	for	**Después se fueron a Bogotá.** Afterward they left for Bogotá.
	to	**De ahí siguieron a Quito.** From there they continued on to Quito.
	into	**Se trió al océano.** He jumped into the ocean.
	on	**Lo tiró al piso.** She threw it on the floor.
	at	**Se sentaron a la mesa.** They sat down at the table.
2. Purpose of events:	*in order to*	**Vengan a cenar.** Come (in order to) eat.
	for	**¿A qué has ido?** What have you gone for?
	to	**La invitó a bailar.** He invited her to dance.
3. Point in space, in relation to another object:	*to*	**La biblioteca está a la derecha del banco.** The library is to the right of the bank.
	at	**Está a nivel del mar.** It is at sea level.
4. Point in time:	*in*	**Al principio no me molestaba.** In the beginning it didn't bother me.
		Saldremos a la mañana. We will leave in the morning.

Relationship signalled	English equivalent		
	within	**Volvió a las dos horas.** She came back within two hours.	
	after	**Me escribió al mes de estar en España.** She wrote to me after being in Spain for a month.	
	at	**La conferencia será a las ocho.** The lecture will be at eight.	
5. Manner:	by	**Regresamos a pie.** We came back by foot.	
		Está bordado a mano. It is embroidered by hand.	
	(no English equivalent)	**Está hecho a la medida.** It is custom-made.	
		Lo hizo a su modo. He did it his way.	
6. Measures by unit:	at	**Para carne asada el horno debe estar a 450 grados.** For roasts the oven must be at 450 degrees.	
		La consulta está a ochenta dólares la hora. The consultation costs eighty dollars an hour.	
		Tanner sirve la pelota a 70 kilómetros por hora. Tanner serves the ball at 70 kilometers per hour.	

MEANINGS OF DESDE AND HASTA

desde = *since*
To signal the point in time from which an event has been going on:

La ha respetado desde que la conoció.
He has respected her since he met her.

No me ha llamado desde que llegó.
She has not called me since she arrived.

hasta = *until*
To signal the end point of the unfolding of an event:

La respetará hasta que muera.
He will respect her until he dies.

No me llamará hasta que llegue.
She will not call me until she arrives.

Repaso 19

| desde = *from* | hasta = *as far as, up to* |

desde = *from*
To signal the point in space from which something began or the point from which something is or is not ascertained:

Caminaron desde su casa.
They walked from his house.

Desde aquí no comprendo nada.
From here on I cannot understand at all.

Desde mi punto de vista, esto no tiene sentido.
From my point of view, this makes no sense.

hasta = *as far as, up to*
To signal the end point of physical or mental progression:

Caminaron hasta su casa.
They walked as far as his house.

Hasta aquí comprendo todo.
Up to this point I understand everything.

Hasta donde yo sé, eso no es cierto.
As far as I know, that is not true.

MEANINGS OF CON AND SIN

con = *with*
To signal the presence of someone or something:

Llegó con su familia.
He arrived with his family.

Dále café con crema.
Give him coffee with cream.

La pudo abrir con la llave.
He could open it with the key.

sin = *without*
To signal the absence or lack of someone or something:

Llegó sin su familia.
He arrived without his family.

Dále café, pero sin crema.
Give him coffee but without cream.

La pudo abrir sin la llave.
He could open it without the key.

In some instances, **con** and **sin** do not translate into English by *with* and *without:*

Está con fiebre.
He has a fever.

Está con el ánimo bajo.
She is in low spirits.

Está sin fiebre.
He has no fever.

Está sin fuerzas.
She has no strength.

More prepositions

The following prepositions introduce nouns and noun phrases describing spatial and other types of relationships:

Preposition	English equivalent	
ante	*before*	**El tratado se traerá a discusión ante el Senado.** The treaty will be brought up before the Senate for discussion.
	in the presence of	**Ante Dios todos somos iguales.** We are all equal in the presence of God.

Preposition	English equivalent		
	in view of	Fue condenado ante toda la evidencia en contra suya.	
		He was condemned in view of all the evidence against him.	
delante de	in front of	No había nadie delante de ella.	
		There was no one in front of her.	
bajo	under	Bajo la ley todos debemos ser protegidos.	
		We all must be protected under the law.	
		No podían hacer nada bajo las circunstancias.	
		They couldn't do anything under the circumstances.	
debajo de	underneath under	Lo encontraron debajo del escritorio.	
		They found it under the desk.	
sobre	over	Volamos sobre los Andes.	
		We flew over the Andes.	
		No tiene ninguna autoridad sobre ti.	
		She has no authority over you.	
	about	No sabemos nada sobre este asunto.	
		We don't know anything about this matter.	
		Nunca habla sobre su vida privada.	
		She never talks about her private life.	
encima de	on	El libro está encima de mi escritorio.	
		The book is on my desk.	
	on top of	Póngalo encima de la mesa, por favor.	
		Put it on top of the table, please.	

Lexical Usage

Equivalents of to release

1. **Soltar** and **aflojar:** *to release, set loose:*

Se interrumpieron las comunicaciones porque soltaron todos los cables.	The communications got interrupted because all the cables were released.
Has aflojado demasiado la tensión en estos alambres.	You have released too much tension in these wires.

2. **Soltar, poner en libertad (a un prisionero):** *to release a prisoner:*

Nadie esperaba que soltaran a los prisioneros tan pronto.	No one expected that the prisoners would be released so soon.

3. **Aliviar, deshacerse de la tensión:** *to release, relax* and *get rid of tension:*

| Jugar al tenis me ayuda a aliviar (deshacerme de) la tensión nerviosa. | Playing tennis helps me to release (get rid of) my nervous tension. |

4. **Divulgar información:** *to release information:*

| Esta información es confidencial. No pensé que la divulgarían. | This is confidential information. I didn't think they would release it. |
| Nadie esperaba que todos los datos médicos fueran divulgados. | No one expected that all medical records would be released. |

5. **Eximir (a alguien de alguna obligación):** *to release someone from a responsibility:*

| Bajo las circunstancias era muy posible que lo eximieran de sus deberes. | Under the circumstances it was very possible that he would be released from his duties. |

Set phrases with a, desde, hasta, con, *and* sin

SET PHRASES WITH A

poco a poco: *little by little*

| **Es mejor que lo hagas poco a poco.** | It is better that you do it little by little. |

paso a paso: *step by step*

| **Te recomiendo que enfoques este problema paso a paso.** | I recommend that you approach this problem step by step. |

uno a uno: *one by one*

| **Cuéntenlos uno a uno.** | Count them one by one. |

a veces: *at times*

| **Es posible que a veces se hubiera equivocado.** | It is possible that at times she might have been mistaken. |

a escondidas: *behind my back*

| **No creo que lo haya hecho a escondidas.** | I don't think she has done it behind my back. |

a sabiendas: *knowing(ly)*

| **Las invitó a que nos acompañaran, a sabiendas que yo no quería que vinieran.** | She invited them to join us, knowing that I didn't want them to come. |

a + possessive + **gusto/antojo:** *to one's taste*

| **Decoró la habitación a su gusto.** **Decoró la habitación a gusto suyo.** | She decorated the room to her taste. |
| **Todo lo escogió a su gusto.** **Todo lo escogió a gusto suyo.** | She chose everything to her whim. |

SET PHRASES WITH DESDE

desde luego: *of course, undoubtedly*

Desde luego, ella tiene muy buen gusto.	Of course (undoubtedly), she has very good taste.

desde aquí (allí): *from this (that)*

Desde aquí (allí) se podía ver el lago.	One could see the lake from this (that) place.

desde entonces: *since then*

Desde entonces han construido mucho y ya no se ve el lago.	Since then, they have built a lot and one can no longer see the lake.

SET PHRASES WITH HASTA

Hasta mañana. *See you tomorrow.*

Hasta luego. *So long; good-bye.*
Hasta pronto.
Hasta la vista.

hasta no más: *endlessly*

Cuando Luisa llama por teléfono habla hasta no más.	When Luisa calls on the phone she talks endlessly.

hasta ahora (aquí): *so far (hitherto)*

Hasta ahora (aquí), no tienes de que preocuparte.	So far (hitherto) you have nothing to worry about.

hasta entonces: *up to that point*

Hasta entonces todo iba bien.	Up to that point everything was going well.

hasta el final: *to the very end*

Te acompañaré hasta el final.	I will keep you company to the (very) end.

hasta el tope: *up to the top, fed up*

La llenaron hasta el tope.	It was filled up to the top.
Estoy hasta el tope de su conducta.	I am fed up with her behavior.

hasta el fondo: *down to the bottom*

Tuvieron que descender hasta el fondo del mar para rescatar el tesoro.	They had to go down to the bottom of the sea in order to rescue the treasure.

SET PHRASES WITH CON

con razón: *rightly so*

Se enojó y con razón.	He got angry and rightly so.

con . . . gusto, placer: *with . . . pleasure*

Los recibiré con (mucho) gusto (con placer).	I will welcome you with (great) pleasure.

Repaso 19   313

¡con qué!: *so (then)!*

¡Con qué ya no te interesa salir conmigo!   So (then) you are no longer interested in going out with me!

con todo y todo: *nevertheless, yet*

Con todo y todo lo sigue llamando.   Nevertheless, she keeps on calling him.

SET PHRASES WITH **SIN**

sin embargo: *however, nevertheless*

Sin embargo, cuando él quiere verla ella se niega.   However (nevertheless), when he wants to see her, she refuses.

sin pies ni cabeza: *absurd (crazy) situation*

Es una situación sin pies ni cabeza.   It is an absurd (crazy) situation.

Lectura   T

Reading, writing, and oral responses

Read the following passage. Study the uses of the conditional tenses and the subjunctive and indicative in condition-result sentences. Be prepared to answer the questions orally in class. Your instructor may ask you to answer them in writing.

Si no existiera el océano no habría vida terrestre

El océano es vida puesto que el agua es uno de los componentes esenciales en la vida humana. El agua es nuestro recurso natural más importante. No hay planta ni animal que hubiera podido evolucionar sin agua. Si no hubiera habido vida vegetal y animal, tampoco habría habido vida humana. Los océanos cubren tres cuartas partes de nuestro planeta. Su extensión no sería tan vasta, si los océanos no fueran tan importantes. Es como si el océano hubiera producido irrupciones de tierra[1] en nuestro planeta y no que la tierra estuviera rodeada de mares.

Si la vida en el mar llegara a su fin, sería la catástrofe más grande para la humanidad. Nunca ha habido una catástrofe que haya tenido efectos tan desastrosos como los tendría el final de la vida oceánica. Sin vida marina, la las aguas del océano se pudrirían.[2] Si eso sucediera, el hombre no podría aguantar el hedor[3] y tendría que abandonar las costas. Pero éste sería el menor de los males porque el hombre podría instalarse en otras regiones. El

---

1. *land eruptions*
2. *would rot*
3. *could not stand the smell*

océano sirve para mantener el balance entre los diferentes gases, sales y fluidos de las cuales depende la vida humana. Si la vida marina cesara,[4] se acabaría este balance y se derretirían los polos.[5] Si llegaran a derretirse los polos, las aguas de los océanos subirían unos cien pies. Puesto que la mayoría de las grandes ciudades están situadas en la costa, se inundarían. Esto causaría la superpoblación en otras zonas ya que las ciudades costeras tienen una tercera parte de la población mundial.

Si no hubiera vida marina, disminuirían también las lluvias[6] y se producirían sequías[7] por todas partes del globo. Como resultado de ello, los cultivos se perderían y habría una gran escasez de alimentos. Aunque estos efectos serían adversos, habría otros peores. Las aguas del océano desempeñan un papel vital en nuestro clima porque absorben el calor y lo redistribuyen sobre la tierra por medio de corrientes marinas y circulación atmosférica. Si no hubiera océanos, el clima de la tierra sería como el de Marte, haría frío de noche y sería muy caliente de día.

El agua desempeña un papel igualmente importante en la vida humana porque es el medio a través del cual circulan fluidos vitales dentro del cuerpo. A menos que el cuerpo humano contenga suficiente agua, sus funciones vitales cesarían. La flora y la fauna son también indispensables. No habría oxígeno a menos que existieran las diferentes algas marinas que habitan en el océano. Suponiendo que éstas se extinguieran, lo mismo ocurriría con el hombre al cabo de unos[8] 30 ó 40 años.

A no ser que el hombre mantenga su respeto hacia la flora y la fauna marinas, pondrá en peligro el balance ecológico que lo mantiene vivo. El hombre siempre se ha sentido fascinado y atraído por el mar y aunque no lo haya respetado lo suficiente, le sigue produciendo un cierto temor. Es como si el hombre siempre hubiera sospechado que su pasado y futuro dependen del mar.

Preguntas de comprensión

1. ¿Por qué dice la lectura que el océano es vida? Explique.
2. Según la lectura, parece como si el océano hubiera producido irrupciones de tierra en nuestro planeta. Explique.
3. ¿Qué pasaría si la vida en el mar llegara a su fin?
4. ¿Qué ocurriría si se derritieran los polos?
5. ¿Qué otras cosas sucederían si no hubiera vida marina?
6. ¿Cómo sería el clima de la tierra si no hubiera océanos? ¿Por qué?
7. Suponiendo que se extinguieran las algas marinas, ¿qué podría ocurrir entonces?
8. ¿Por qué es necesario que el hombre mantenga su respeto hacia la flora y fauna marinas?

---

4. *were to cease*
5. *the poles would melt*
6. *rainfall would decrease*
7. *droughts*
8. *after some*

Repaso 19

Preguntas para conversar

Answer the following questions with complete sentences when your instructor calls on you. You may organize your answers before coming to class.

1. ¿Está Ud. a favor o en contra de las exploraciones oceánicas? Dé Ud. sus razones.
2. ¿Bajo qué condiciones aprobaría Ud. la explotación industrial del océano?
3. ¿Qué riquezas pudiéramos obtener si conquistáramos el fondo del mar?
4. ¿Qué problemas surgirían si se desarrollara la industria oceánica?
5. ¿Por qué habría que evitar la posible contaminación de los mares?
6. ¿Qué peligros podría traer la explotación del océano?
7. ¿Por qué sería conveniente conocer mejor el océano?
8. ¿De qué forma nos podríamos beneficiar de las exploraciones marinas?
9. ¿Cómo resolvería Ud. el problema de la posesión de la riquezas oceánicas? ¿A quién le pertenecen esas riquezas?
10. ¿En manos de quién debe estar el control de la explotación oceánica? ¿En manos del gobierno? ¿En manos de una comisión internacional o en manos de una empresa privada? Explique su opinión mencionando ventajas y desventajas.

Temas para comentar

Dénos su opinión...

1. Suponiendo que Ud. pudiera decidir sobre las condiciones de trabajo que a Ud. le gustarían, ¿cuáles serían esas condiciones?
2. Suponiendo que Ud. estuviera en posición de legislar sobre los derechos de la mujer, ¿cuáles quisiera Ud. que fueran esos derechos y por qué?
3. En caso de que Ud. pudiera cambiar las leyes sobre los impuestos, ¿cómo quisiera Ud. que cambiaran y por qué?
4. En caso de que Ud. tuviera un año entero libre y sin problemas de dinero, ¿qué cosas le gustaría hacer?

Viviendas indígenas en el río Amazonas. Iquitos, Perú.

Repaso 20

    Grammar review

        Relative pronouns and clauses
        Subjunctive *versus* indicative in relative clauses
        Exclamative words and expressions

    Lexical usage

        Equivalents of *because*
        The useful verb **hacer**: idiomatic expressions with **hacer**

    Lectura: Latinoamérica: Donde uno vaya, habrá mucho que ver

Grammar Review

Relative pronouns and clauses

> **El Perú** es un vasto país. **El Perú** le ofrece de todo al turista.
> El Perú es un vasto país <u>que</u> le ofrece de todo al turista.
> Perú is a vast country. <u>Perú</u> offers everything to the tourist.
> Perú is a vast country that offers everything to the tourist.
>
> Encontramos al **guía**. Ellos nos habían hablado de ese <u>guía</u>.
> Encontramos al guía <u>de quien</u> ellos nos habían hablado.
> We found <u>the guide</u>. They had spoken to us about <u>that guide</u>.
> We found <u>the guide</u> <u>about whom</u> they had spoken to us.
>
> <u>Alguien</u> organizará el viaje. <u>Esa persona</u> tendrá mucha responsabilidad.
> <u>Quien</u> organice el viaje tendrá mucha responsabilidad.
> <u>Someone</u> will organize the trip. <u>That person</u> will have a lot of responsibility.
> <u>Whoever</u> organizes the trip will have a lot of responsibility.

1. Independent sentences that have a noun phrase in common can be expanded into a single sentence through relative pronouns such as **que** and **quien**;

2. Relative pronouns refer to noun phrases (i.e., **El Perú, el guía**); they are used to connect two independent clauses;
3. The noun phrase to which a relative pronoun refers is called its antecedent;
4. The antecedent can be specific and previously identified by the speaker:

Encontramos al guía. Ellos nos habían hablado de ese guía.
Encontramos al guía de quien ellos nos habían hablado.
(Antecedent: guía, previously identified)

The antecedent also can be nonspecific, yet to be identified, or implicitly understood by the speaker:

Alguien organizará el viaje. Esa persona tendrá mucha responsabilidad.
Quien organice el viaje tendrá mucha responsabilidad.
(Antecedent: alguien/esa persona, nonspecific, yet to be identified)

5. Relative pronouns cannot be omitted in Spanish, as they often are in English. If a relative pronoun occurs with a preposition, the preposition must precede it:

El guía del cual se queja no habla inglés muy bien.	The guide (whom) she complains about does not speak English very well.
Las personas con las que (con quienes) viajamos son todos americanos.	The persons travelling with us are all Americans.
No sé la dirección de la agencia de viaje por la cual preguntas.	I don't know the address of the travel agency (that) you are asking about.

RELATIVE CLAUSES: RESTRICTIVE *VERSUS* NONRESTRICTIVE

Relative clauses, which modify nouns, can be restrictive or nonrestrictive. Restrictive clauses specify one of the items of a given class; they indicate which item is being discussed:

Antonio hizo un viaje por Suramérica. El viaje fue fascinante.
El viaje que Antonio hizo por Suramérica fue fascinante.
Antonio took a trip through South America. The trip was fascinating.
The trip that Antonio took through South America was fascinating.

Visitó los países andinos. Esos países conservan una gran tradición indígena.
Visitó los países andinos que conservan una gran tradición indígena.
He visited the Andean countries. Those countries maintain a great Indian tradition.
He visited the Andean countries which maintain a great Indian tradition.

También vio los museos coloniales. Esos museos tienen valiosos tesoros artísticos.
También vio los museos coloniales que tienen valiosos tesoros artísticos.
He also saw the colonial museums. Those museums hold valuable artistic treasures.
He also saw the colonial museums that hold valuable artistic treasures.

Nonrestrictive clauses give additional information about previously identified antecedents: such clauses are not required for the identification of the antecedent and are, therefore, enclosed in commas. Proper names and personal pronouns can only take nonrestrictive clauses because these antecedents are already specific.

Felipe es un agente de viajes. Está muy contento con ese trabajo.
Felipe, quien es un agente de viajes, está muy contento con ese trabajo.
Felipe is a travel agent. He is very happy with that job.
Felipe, who is a travel agent, is very happy with that job.

La ciudad de México es un centro urbano muy grande. La ciudad de México tiene serios problemas.
La ciudad de México, que es un centro urbano muy grande, tiene serios problemas.
Mexico City is a very large urban center. Mexico City has serious problems.
Mexico City, which is a very large urban center, has serious problems.

La explosión demográfica comenzó hace años. La explosión demográfica es más grande que nunca.
La explosión demográfica, que comenzó hace años, es más grave que nunca.
The demographic explosion began years ago. The demographic explosion is more acute than ever.
The demographic explosion, which began years ago, is more acute than ever.

RELATIVE PRONOUNS WITH SPECIFIC ANTECEDENTS: PREVIOUSLY IDENTIFIED

Antecedents: definite, explicit (Noun phrase to which a relative pronoun refers)	Relative pronouns		
Animate or inanimate noun	**que**	*who that which*	**Ese señor que acaba de llegar organizó el viaje.** That man who has just arrived, organized the trip. **No me mandaron la información que pedí.** They did not send me the information that (which) I requested.
	In restrictive clauses:		
	prep.+ **quien quienes**	prep.+ *whom*	**La persona a quien llamé no sabía nada.** The person whom I called didn't know anything. **Los turistas con quienes fuimos no entendían español.** The tourists with whom we went didn't understand Spanish.

Antecedents: definite, explicit (Noun phrase to which a relative pronoun refers)	Relative pronouns		
	In non-restrictive clauses:		
	quien or **que**	*who*	Felipe, quien (que) es agente de viajes, es muy competente. Felipe, who is a travel agent, is very competent.
	quienes or **que**	*who*	Carlos y Elena, quienes me lo presentaron, siempre usan su agencia. Carlos and Elena, who introduced me to him, always use his agency.
Animate or inanimate nouns	prep. + **el/la cual** **el/la que** **los/las cuales** **los/las que**	prep. + *whom* *which*	Los Incas, sobre los cuales (los que) sé muy poco, me interesan. The Incas about whom I know very little, interest me. Los caminos por los cuales (los que) tenemos que viajar son peligrosos. The roads through which we have to travel are dangerous.
Animate or inanimate nouns	**cuyo, cuya**	*whose*	Portillo y Bariloche, cuya fama mundial es bien conocida, son lugares para esquiar. Portillo and Bariloche, whose world fame is well known, are places for skiing.
	cuyos, cuyas		Los Andes, cuyos picos están siempre cubiertos de nieve, son espectaculares. The Andes, whose peaks are always covered with snow, are spectacular.

1. The antecedents to which the preceding relative pronouns refer are specific and previously identified by the speaker:

    Ese señor acaba de llegar. Ese señor organizó el viaje.
    Ese señor que acaba de llegar organizó el viaje.
    That man has just arrived. That man organized the trip.
    That man who has just arrived organized the trip.
    (Antecedent: **ese señor**, that man)

    Los turistas no entendían español. Fuimos con esos turistas.
    Los turistas con quienes fuimos no entendían español.
    (Antecedent: **los turistas,** the tourists.)

2. **Que:** *that, which, who*

El señor que llegó organizó el viaje.	The man who arrived organized the trip.
La información que pedí no me la dieron.	They did not give me the information that (which) I had requested.
Es admirable la facilidad con que el guía habla español.	The ease with which the guide speaks Spanish is admirable.
Las restricciones a que estamos sujetos son pocas.	The restrictions to which we are subjected are few.

a. **Que** is the most frequently used relative pronoun;
b. **Que** refers to animate and inanimate noun-phrase antecedents;
c. When the antecedent is an inanimate noun, **que** may occur with prepositions: **la facilidad con que habla** (antecedent: **la facilidad**);
d. **Que** may alternate with **quien/quienes** in nonrestrictive clauses; no preposition is required:

Elena, que (quien) es poco sociable, no hablaba con nadie.	Elena, who is not very sociable, didn't talk to anyone.
Pedro, que (quien) es muy amable, nos invitó a todos.	Pedro, who is very kind, invited all of us.

3. **Quien, quienes:** *whom, who*

El agente a quien llamé no sabía nada.	The agent whom I called didn't know anything.
María, con quien hablé ayer, me dio la información.	María, with whom I talked yesterday, gave me the information.
El guía, en quien tengo mucha confianza, arreglará el asunto.	The guide, in whom I have much confidence, will settle the matter.
Las turistas, de quienes me hablaste, resultaron muy simpáticas.	The tourists whom you told me about turned out to be very nice.

a. **Quien/quienes** refer only to people;
b. In restrictive clauses **quien/quienes** are introduced by prepositions:

   El agente a quien llamé no sabía nada.
   El guía con quien hablé me dio la información.

c. In nonrestrictive clauses, **quien/quienes** are not introduced by prepositions and may alternate with *que:*

Mis amigos, quienes (que) son muy amables, me invitaron a pasar el fin de semana en Acapulco.	My friends, who are very kind, invited me for a weekend in Acapulco.

4. **El/la cual** or **que**; **Los/las cuales** or **que**: *whom, which*

Los González, de los cuales (que) te hablé el otro día, quieren venir con nosotros.	The González, about whom I spoke to you the other day, want to come with us.
El autobús con el cual (que) fuimos a Viña del Mar era muy cómodo.	The bus in which we went to Viña del Mar was very comfortable.
Son civilizaciones antiguas sobre las cuales sabemos muy poco.	They are ancient civilizations about which we know very little.
Vimos algunos edificios coloniales de los cuales (que) quedan muy pocos.	We saw some colonial buildings of which there are few left.

   a. **El que, la que, los que,** and **las que** refer to animate and inanimate noun-phrase antecedents:

Los González, de los que te hablé el otro día, quieren venir con nosotros.	The González, about whom I spoke to you the other day, want to come with us.
El autobús con el que fuimos a Viña del Mar era muy cómodo.	The bus in which we went to Viña del Mar was very comfortable.

   b. **El cual, la cual, los cuales,** and **las cuales** may alternate with **el que, la que,** etc., when the antecedent (animate or inanimate) is introduced by a preposition or modified by a prepositional or appositional phrase:

La familia de José Luis, a la cual (que) ya conocíamos, nos invitó a esquiar.	José Luis's family, whom we already knew, invited us to go skiing.
Los hoteles en los cuales (que) nos quedamos eran cómodos y baratos.	The hotels in which we stayed were comfortable and inexpensive.

   c. Gender and number is determined by the form of the antecedent.

5. **Cuyo, cuya, cuyos, cuyas**: *whose*

Felipe, cuyos padres son los dueños de una agencia de viaje, ha viajado muchísimo.	Felipe, whose parents are the owners of a travel agency, has travelled a great deal.
Latinoamérica, cuya geografía es muy variada, ofrece de todo al turista.	Latin America, whose geography is most diverse, offers everything to the tourist.
Los incas, de cuyo pasado conozco poco, me interesan.	The Incas, about whose past I know very little, interest me.

   a. **Cuyo, cuya, cuyos,** and **cuyas** refer to animate and inanimate noun-phrase antecedents;
   b. Gender and number is determined by the object possessed, not the possessor;
   c. **Cuyo** is not used for personal belongings or body parts; **quien** is used in those contexts:

Elena, quien tenía una pierna rota, no pudo ir a Iquitos.	Elena, whose leg was broken, could not go to Iquitos.

Luis, a quien se le perdieron los documentos, no podía salir del país. Luis, whose documents got lost, could not leave the country.

RELATIVE PRONOUNS WITH NONSPECIFIC ANTECEDENTS: NOT YET DETERMINED

Antecedents: nonspecific, undetermined	Relative pronouns		
	quien **quienes**	whoever anyone who those who whom	**Quien venga, será bienvenido.** Whoever comes will be welcome. **Quienes se quejan tanto, no gozan.** Those who complain a lot, do not enjoy themselves.
Animate or inanimate	**el, los que** **la, las que**	the one (ones) who whoever	**El que quiera esquiar va a Bariloche.** The one who wants to ski goes to Bariloche. **Los que prefieran artesanías indígenas van al Perú.** Those who prefer Indian crafts go to Perú.
Place	**donde**	where wherever	**El restaurante donde almorzamos era típico suizo.** The restaurant where we had lunch was typically Swiss. **Donde uno va, encuentra buena comida.** Wherever one goes, one finds good food.
Time	**cuando**	when whenever	**Visitaré Suramérica cuando pueda.** I will visit South America when I can. **Cuando vaya veré sus bellezas naturales.** Whenever I go I will see its natural beauty.
Manner	**como**	how however whichever	**Cruzamos los Andes como nos sugeriste, por el Sur de Chile.** We crossed the Andes the way you suggested, through the Southern part of Chile. **Trataré de ir a la Antártica como pueda.** I will try to go to the Antartic however (whichever way) I can.

Antecedents: nonspecific, undetermined	Relative pronouns		
Persons/things + implicit quantifier	cuanto, -os cuanta, -as	whatever all that whoever all those that as much as	Cuantos vengan, serán bienvenidos. Whoever comes will be welcome. Trataremos de ver cuanto podamos. We'll try to see as much as we can.

1. The antecedents to which the preceding relative pronouns refer are either nonspecific, yet to be determined, or implicitly understood by the speaker:

    Vendrá una persona. Esa persona será bienvenida.
    Quien venga será bienvenido.
    A person will come. That person will be welcome.
    Whoever comes will be welcome.
    (Antecedent: we don't know who that person is)

    Vive en un lugar. El lugar es hermoso.
    El lugar donde vive es hermoso.
    He lives in a place. The place is beautiful.
    The place where he lives is beautiful.
    (Antecedent: wherever that place is)

    Va a ir a Suramérica algún día. No sabe todavía la fecha.
    Va a ir a Suramérica cuando pueda.
    He is going to go to South America some day. He doesn't know yet the date.
    He is going to go to South America when he can.
    (Antecedent: whenever the day is that he can go)

    Cruzamos los Andes. Tú nos sugeriste la manera de hacerlo.
    Cruzamos los Andes como tú nos sugeriste.
    We crossed the Andes. You suggested to us how to do it.
    We crossed the Andes the way you suggested to us.

    Vendrán algunas (muchas) personas. Esas personas serán bienvenidas.
    Cuantos vengan serán bienvenidos.
    Several (many) people will come. They will be welcome.
    Whoever comes will be welcome.
    (Antecedent: we don't know who those persons are)

2. **Quien/quienes** refer only to persons. They may occur as the subject of a clause or as the object of a preposition:

Quien se interese por el arte pre-colombino debe ir al Perú.	Whoever is interested in pre-Columbian art should go to Perú.
Quienes prefieran la vida de ciudad deben visitar las principales capitales.	Those who prefer city life should visit the main capitals.
A quien le guste la selva debe ir a Iquitos.	Whoever likes the jungle should go to Iquitos.

3. The relative pronoun forms **el que, la que, los que,** and **las que** occur in nominalized clauses in which the antecedent has been omitted.[1] The antecedent may be an animate or inanimate noun:

El (viajero) que quiera esquiar puede hacerlo en diversos lugares. (Antecedent: **viajero**)	The one (traveler) who wants to ski can do it in different places. (Antecedent: traveler)
Los que se quejan tanto no gozan. (Antecedent: **turistas**).	The ones who complain a lot do not enjoy themselves. (Antecedent: tourists).
Las que me gustaron fueron ésas. (Antecedent: **artesanías**)	The ones I liked were those. (Antecedent: crafts)

4. **El que, la que,** etc., may also occur as the object of a preposition referring to persons:

Tendrá problemas con el que viaje.	He will have problems with whomever he travels.
No esperarán a los que lleguen tarde.	They will not wait for whoever comes in late.

5. **Donde, cuando,** and **como,** meaning *wherever, whenever,* and *whichever,* refer to non-specific, undetermined antecedents expressing indefinite place, time, and manner, respectively.

A donde van, gozan.	Wherever they go, they enjoy themselves.
No iba a donde no lo recibían.	He did not go where he was not welcome.
Va a ir cuando pueda.	He will go whenever he can.
Fue cuando pudo.	He went when he could.
Cruzamos los Andes como tú sugeriste.	We crossed the Andes the way you suggested.
Iré a la Antártica como pueda.	I will go to the Antarctic whichever way I can.

6. **Cuanto, cuanta, cuantos,** and **cuantas** may have indefinite things or persons as antecedentes. Gender and number is determined by the form of the antecedent. Indefinite quantity is also implied:

Cuanto tenía, lo gastó en ese viaje.	Whatever he had, he spent it on that trip.
Cuantos ven Macchu Pichu se impresionan.	Whoever sees Macchu Pichu is impressed.
Recorrió cuanto pudo.	He travelled as much as he could.

NEUTER RELATIVE PRONOUNS

lo cual **lo que**	*which*	For expressed antecedents: **Es muy inteligente, lo cual (lo que) no me sorprende.** He is very intelligent, which doesn't surprise me.

---

1. See Nominalization of adjectival clauses, Repaso 9, and Nominalization of adjectives and Adjectival phrases with **lo**, Repaso 16.

		For expressed antecedents:
		Está curioso por ver el mundo, lo cual (lo que) es bueno.
		He is curious (seems curious) to see the world, which is good.
		For indefinite antecedents:
lo que[2]	*what*	**Compra lo que quieras.**
	whatever	Buy whatever you want.
		Dáme lo que puedas.
		Give me what you can.

1. Neuter relative pronouns are used when reference is made to an abstract idea, concept, or action regardless of gender or number;
2. **Lo cual** and **lo que** are used when the expressed antecedent is a clause; in this context they are practically interchangeable:

Se fueron a México lo cual (lo que) me alegró mucho.	They left for México, which made me very happy.
No pude ir con ellos, lo cual me desilusionó algo.	I could not go with them, which disappointed me a little.

3. **Lo que** is also used when the antecedent is an indefinite thing. In this context it is equivalent to *what, whatever*.

Subjunctive versus *indicative in relative clauses*

The use of the subjunctive or the indicative in relative clauses follows basically the same criteria that govern its use in noun clauses and adverbial clauses.

INDICATIVE	SUBJUNCTIVE
1. *The antecedent is specific: previously identified.*	*The antecedent is nonspecific: not yet determined.*
The clause refers to specific persons or things. The antecedent and its attributes are described as existing. The clause is in the indicative. Clauses may be restrictive or nonrestrictive.	The clause refers to nonspecific persons or things. The clause describes the attributes an object should have. The clause is in the subjunctive. The subjunctive occurs in restrictive clauses only.
José Luis, quien terminó los estudios, debe regresar a su país.	**El que termine los estudios deberá regresar a su país.**
José Luis, who finished his studies, must return to his country.	The one who finishes his studies will have to return to his country.
Los turistas, que salieron en la madrugada, aún no han vuelto.	**Los turistas que salgan en la madrugada volverán mas temprano.**
The tourists, who left at dawn, have not come back yet.	The tourists who leave at dawn will come back earlier.

2. See the Nominalizer **lo**, Repaso 16.

INDICATIVE	SUBJUNCTIVE
La persona que viaja en primera clase, gasta mucho. The person who travels first class spends a lot.	La persona que viaje en primera clase gastará mucho. The person who travels first class will spend a lot.
Me trajo algo que es típico, un poncho. He brought me something typical, a poncho.	Tráeme algo que sea típico. Bring me anything typical.
Hicimos algo que es diferente. We did something different.	Queremos hacer algo que sea diferente. We want to do something that is different.
Conseguí algo bonito que no era caro. I found something pretty that was not expensive.	Conseguiré algo bonito que no sea caro. I will find something pretty that is inexpensive.
Fuimos al mismo sitio donde habíamos ido antes. We went to the same place we had gone before.	Quiero ir a un sitio donde no hayamos estado antes. I want to go to a place where we have not been before.
Sabe de un hotel que es barato. He knows about a hotel that is inexpensive.	No sabe de ningún hotel que sea barato. He doesn't know about a hotel that is inexpensive.

INDICATIVE	SUBJUNCTIVE
2. *The existence of the antecedent is affirmed or assumed to be certain.*	*The existence of the antecedent is questioned or unknown, negated, or denied.*
Compró algo que es diferente. He bought something that is different.	No encontró nada que fuera diferente. He did not find anything that was different.
¿Encontraste algo que te gusta? Did you find something you like?	¿Encontraste algo que te gustara? Didn't you find anything you liked?
Hay muchas cosas que a él le interesan. There are many things that interest him.	No hay nada que a él le interese. There is nothing that interests him.
¿Hay algo que te interesa? Is there something that interests you?	¿No hay nada que te interese? Isn't there anything that interests you?
Aprecio todo lugar que visito. I appreciate every place I visit.	Apreciaré todo lugar que visite. I will appreciate whatever place I might visit.
Cuéntame todo lo que ves. Tell me everything you see.	Me contarás todo lo que veas. You will tell me whatever you may see.

INDICATIVE	SUBJUNCTIVE
Hay muchos que quieren visitar la Antártica. There are many who want to visit the Antártica.	No hay nadie que quiera visitar la Antártica. There is no one who wants to visit the Antártica.

INDICATIVE	SUBJUNCTIVE
3. The clause refers to specific time, place, manner, things, and persons. The main verb is in the present or past.	The clause refers to nonspecific time, place, manner, thing, and persons. The main verb is in the future, the conditional, or a form of **ir a** + *inf*.
Fuimos cuando ella llegó. We went when she arrived.	**Iremos cuando ella llegue.** We will go when she arrives.
Van al café cuando él viene del trabajo. They go to the cafe when he comes from work.	**Irían al café cuando él viniera del trabajo.** They would go to the cafe when he came from work.
Trabajaré donde me pagan más. I will work where they pay me more.	**Trabajaré donde me paguen más.** I will work wherever they pay me more.
Trabajaba donde me pagaban más. I worked where they paid me more.	**Trabajaría donde me pagaran más.** I would work wherever they paid me more.
Lo hace como yo le digo. He does it the way I tell him.	**Lo hará como yo le diga.** He will do it whichever way I tell him.
Lo hizo como yo le dije. He did it the way I told him.	**Lo haría como yo le dijera.** He would do it whichever way I told him.
Me da lo que tiene. He gives me what he has.	**Me dará todo lo que tenga.** He will give me whatever he might have.
Me dio todo lo que tenía. He gave me what he had.	**Me daría todo lo que tuviera.** He would give me whatever he had.
Quienes la conocen, la quieren. Those who know her are fond of her.	**Quienes la conozcan, la querrán.** Those who get to know her will be fond of her.
Quienes la conocían, la querían. Those who knew her were fond of her.	**Quienes la conocieran, la querrían.** Those who got to know her would be fond of her.
Cuantos vienen son bienvenidos. Those who come are welcome.	**Cuantos vengan serán bienvenidos.** Whoever comes is welcome.
Cuantos venían eran bienvenidos. Those who came were welcome.	**Cuantos vinieran serían bienvenidos.** Whoever came would be welcome.

Exclamative words and expressions

¡Qué +	noun phrase...! or verb phrase...!	*What (a)...!*
¡Qué persona tan fina! ¡Qué buena suerta tuvo! ¡Qué estás haciendo ahora! ¡Qué cosas dice!		What a fine person! What good luck he had! What are you doing now! What things he is saying! (The things he is saying!)
¡Qué +	adjective...! or adverb...!	*How...!*
¡Qué elegante! ¡Qué bonito es! ¡Qué bien esquía!		How elegant! How pretty it is! How well she skis!
¡Cómo + verb phrase!		*How (much)...!*
¡Cómo entiende español! ¡Cómo habla ese guía!		How he understands Spanish! How much that guide talks!
¡Cuánto +	noun phrase...! or verb phrase...!	*How (much, many)...!*
¡Cuánto tiempo pierdes! ¡Cuánta gente hay aquí! ¡Cuántas cosas compró! ¡Cuánto viaja! ¡Cuánto ha visto!		How much time you waste! How many people are here! How many things he bought! How much he travels! How much he has seen!

1. Many interrogative words also function as exclamatives;
2. Exclamatives, like interrogatives, carry an accent mark;
3. An adverbial phrase with **de** may follow exclamations with **¡cómo!** to intensify the action:

    ¡Cómo habla de rápido! How fast he talks!
    ¡Cómo entiende de bien! How well he understands!

4. Other commonly used exclamative expressions are:

    ¡Ojalá (me llamara)! How I wish (she would call me)!
    ¡Cómo no! Of course! Sure!
    ¡Qué va! Of course not! Come on!
    ¡Cuidado! Be careful! Watch out!
    ¡Dios mío! Good heavens!
    ¡Oye! Listen!
    ¡Oiga! Listen!
    ¡No me digas! Don't tell me!
    ¡Quién sabe! Who knows!

Lexical Usage

Equivalents of because

1. **Porque** + clauses: *because* + clause:

No pude hacer el viaje porque no tenía el dinero.	I couldn't take the trip because I did not have the money.
No pedí un préstamo porque ya tengo muchas deudas.	I did not ask for a loan because I already have too many debts.

2. **A causa de; debido a:** *because of, due to:*

El precio de los pasajes de avión ha subido a causa de la inflación.	The price of plane tickets has gone up due to inflation.
No pudieron partir debido a la huelga de pilotos.	They couldn't leave because of the pilots' strike.

3. **Por:** *because of, for someone's sake:*

Sólo voy a ir por ti.	I am only going to go because of you.
Házlo por mí, por favor.	Do it for my sake, please.

The useful verb **hacer:** *idiomatic expressions with* **hacer**

The verb **hacer/hacerse** may be used with many nouns, nominalized adjectives, and verbs to form idiomatic expressions. These lexical constructions with **hacer** are normally paraphrased with another verb.

1. **Hacer** + noun:

    hacer un pedido, ordenar: *to place an order*

Hemos hecho un nuevo pedido de artesanías peruanas.	We have placed a new order for Peruvian crafts.
La compañía ha ordenado un nuevo pedido de artesanías peruanas.	The company has placed a new order for Peruvian crafts.

    hacer caso (de): prestar atención (a); obedecer (a): *to pay attention; to obey*

No hagas caso de las cosas que dicen. No prestes atención a las cosas que dicen.	Don't pay attention to what they are saying.
Ese niño no le hace caso a sus padres. Ese niño no le obedece a sus padres.	That child does not obey his parents.

    hacer frente, desafiar: *to face; to challenge*

No se puede hacer frente al futuro sin optimismo. No se puede desafiar al futuro sin optimismo	One cannot face (challenge) the future without optimism.

Repaso 20

hacer furor, despertar entusiasmo: *to cause a furor*

La música disco ha hecho furor en todo el mundo.	Disco music has caused a furor all over the world.
La música disco ha despertado entusiasmo en todo el mundo.	

hacer cuenta, imaginar: *to imagine*

Haz cuenta que estas en Buenos Aires.	Just imagine you are in Buenos Aires.
Imagínate que estás en Buenos Aires.	

hacer memoria, recordar: *to remember*

Haz memoria y díme donde has dejado los pasajes de avión.	Try to remember and tell me where you left the plane tickets.
Recuerda y díme donde has dejado. los pasajes de avión.	

hacer falta, ser necesario: *to be necessary*

Hace falta que tengas más paciencia.	It is necessary that you be more patient.
Es necesario que tengas más paciencia.	

2. **Hacerse + noun:**

hacerse a un lado, apartarse: *to step aside*

Házte a un lado para que pueda salir.	Step aside so I may go out.
Apártate a un lado para que pueda salir.	

3. **Hacerse + definite article + nominalized adjective:** *to pretend; to act as if one were . . .* (adjective):

hacerse el inteligente, pretender ser el inteligente: *to pretend to be smart:*

En clase se hace siempre el inteligente.	In class he pretends to be smart.
En clase pretende ser siempre el inteligente.	

hacerse los amables: *to pretend to be kind*

Se hacen los amables pero no lo son.	They pretend to be kind but they are not.

hacerse las (muy) finas, pretender ser las (muy) finas: *to pretend to be (very) refined*

Cuando estaban contigo se hacían las muy finas.	When they were with you, they pretended to be very refined.
Cuando estaban contigo pretendían ser las muy finas.	

hacerse la viva: *to play the smart aleck*

Se hizo la viva y no me pagó.	She played the smart aleck and didn't pay me back.

hacerse la interesante o la difícil: *to play hard to get*

Se hacía la interesante y no quería aceptar la invitación.
She was playing hard to get and didn't want to accept my invitation.
Se hacía la difícil y no me quería aceptar la invitación.

4. **Hacer + verb:**

hacer saber, informar, notificar: *to inform, notify*

Les haré saber los resultados mañana por la tarde.
I will inform (notify) you of the results tomorrow afternoon.
Les informaré sobre (notificaré) los resultados mañana por la tarde.

5. **Hacerse + verb:**

Hacerse querer, ganarse el cariño: *to earn one's love*

Este niño sí sabe hacerse querer.
This child certainly knows how to earn one's love.
Este niño sí sabe ganarse el cariño.

hacerse respetar, ganarse el respeto: *to earn respect*

Es muy importante que te hagas respetar.
It is very important that you earn respect for yourself.
Es muy importante que te ganes el respeto.

hacerse el sordo, callarse: *to play deaf*

No te hagas el sordo, contéstame lo que te pregunto.
Don't play deaf; answer my question.
No te calles, contéstame lo que te pregunto.

hacerse pasar por: *to pretend to be*

Se hacía pasar por chileno.
He pretended to be Chilean.
Pretendía ser chileno.

Lectura

Reading, writing, and oral responses

Read the following passage. Study the uses of relative pronouns and the subjunctive versus the indicative in relative clauses. Be prepared to answer the questions orally in class. Your instructor may ask you to answer them in writing.

Latinoamérica: *Donde uno vaya, habrá mucho que ver*

La América Latina, cuya superficie cubre una octava parte del globo, y cuya población no pasa de un nueve por ciento de la población mundial, es un continente que le ofrece de todo al turista. A donde uno vaya habrá paisajes naturales espectaculares. Cuando uno vaya, será siempre bienvenido[1] porque los turistas aún no han invadido esos países como han invadido Europa. Y como sea que uno vaya, con poco o mucho dinero, podrá estar cómodo y conocer bastante. Las facilidades de turismo le aseguran al visitante una temporada agradable[2] e interesante. Cuanto uno gaste dependerá de como uno vaya y de la clase de alojamiento que uno prefiera. Hay alojamientos de precio módico[3] que son bastante cómodos y de calidad; otros de lujo que pueden satisfacer al turista más exigente. A quien le guste el lujo y un servicio de primera[4] lo encontrará en todas las grandes ciudades. Al que le interese ahorrar y gastar menos dinero, también podrá satisfacer sus deseos.

Latinoamérica, que empieza geográficamente con el istmo de Panamá, termina con un estrecho, el de Magallanes. Culturalmente hablando, este continente empieza con las fronteras del Río Grande. Entre esos extremos, el visitante podrá recorrer unas 12.000 millas siguiendo una trayectoria que cubre innumerables ciudades y sitios arqueológicos de sumo interés.[5] Las distancias que separan un país de otro, como su diversidad geográfica, son enormes. Por ejemplo, de Nueva York a Buenos Aires es tan lejos casi como de Nueva York a El Cairo. Latinoamérica es dos veces más grande que los Estados Unidos. Tan solo la provincia de Buenos Aires es tan grande como Italia. Chile es tan grande como Tejas, y Perú es tres veces el tamaño de California. Latinoamérica, cuya extensión y diversidad son enormes, no puede recorrerse ni conocerse en una semana. Para el que tenga más tiempo, hay muchas cosas que ver y conocer.

El que quiera montañas, no encontrará nada que sea más espectacular que los Andes con la posible excepción de los Himalayas. La cordillera[6] que se extiende a lo largo del Pacífico tiene cuarenta y nueve picos de más de 20.000 pies de altura. El Aconcagua, que es el pico más alto, es una milla más alto que el monte Blanco de los Alpes o el monte Whitney de las Rocosas. Las principales ciudades de la costa del Pacífico se encuentran rodeadas por los Andes, que en el extremo sur, en La Paz y en Santiago, se hallan cubiertos de nieve perenne. Por otra parte, Bogotá y Quito, las cuales están cerca y encima del Ecuador respectivamente, no tienen un clima tropical sino más bien primaveral debido a la altura en que estas ciudades están situadas.

---

1. *will always be welcomed*
2. *a pleasant stay*
3. *moderately priced accommodations*
4. *luxury and first-class service*
5. *great interest*
6. *mountain ridge*

Al que le guste esquiar podrá hacerlo en Chile, Argentina o Bolivia. Portillo, que está a unas horas de Santiago, ofrece una de las mejores condiciones del mundo para esquiar. Desde junio a setiembre uno podrá esquiar allí con los mejores campeones del esquí mundial. A pocas horas de Portillo, cruzando la frontera está Bariloche, otro paraíso para el que admira las montañas. Bariloche, que está en el sudoeste argentino, se ha comparado repetidamente a Suiza. Pero lo cierto es que los Andes son mucho más espectaculares que los Alpes. Los lagos son más cristalinos, los bosques petrificados[7] son de increíble belleza natural y la fauna es mucho más variada. A los que les guste cazar, pescar o esquiar, difícilmente encontrarán terreno más propicio.[8]

Quienes sean más aventureros podrán bajar al sur de Chile o al suroeste de Argentina y recrearse[9] en la región de los mil lagos, glaciares, fiordos y mil islas. Hay pocas bellezas naturales en el mundo que sean comparable a esta región que continúa siendo prácticamente virgen y hasta ahor muy poco transitada.

La belleza andina va mucho más allá de su geografía. La región andina es también la sede[10] de los tesoros arqueológicos de Sudamérica y centro de importantes civilizaciones indígenas. Los que se interesen por la América precolombina no podrán dejar de visitar esos países. Así como México es la sede precolombina del continente norteamericano, Guatemala de Centro América, Ecuador, Perú y Bolivia lo son de Sudamérica. El Cuzco, que fue el centro del antiguo imperio incaico, es hoy la capital arqueológica de Sudamérica. Machu Picchu, que se encuentra a tres horas en tren del Cuzco, es la ciudad perdida de los Incas. Lima, que es la capital del Perú, contiene diversos museos interesantísimos de la época precolonial.

A quien le interese ver una densa selva tropical, con toda su fauna y flora, puede proceder de Lima a Iquitos, que está sobre uno de los ríos más grandes del mundo, el Amazonas. Este río, que desemboca en el Atlántico, echa diariamente unos siete millones y medios de pies cúbicos de agua al mar, cantidad suficiente como para poder inundar en un solo día todo el estado de Massachusetts bajo una profundidad de tres pies. Hay pocos paisajes que sean más misteriosos y temibles que la selva. El que quiera vivir una verdadera aventura de contrastes, no sólo irá a Iquitos sino de allí procederá a Bolivia. El contraste que hay entre la selva del Amazonas y las regiones áridas y desiertas de Bolivia es indescriptible. Bolivia es un país de superlativos. La Paz, que es la capital más alta del mundo, está a 13.000 pies de altura sobre el nivel del mar. En La Paz se encuentran, desde luego, el aeropuerto más alto del mundo y la cancha de golf y la pista de esquiar más altas. Algunas de las ruinas más viejas del continente se encuentran en Bolivia. El famoso lago Titicaca, el lago más alto del mundo situado a 12.500 pies de altura, se halla en una de las regiones más áridas del mundo. Sólo viendo ese paisaje se puede comprender y apreciar mejor el carácter melancólico y triste de la música de toda esa región.

---

7. *petrified forests*
8. *hardly will they find more appropriate grounds*
9. *enjoy themselves*
10. *seat*

Repaso 20

El que desee escapar del invierno y buscar playas todavía vírgenes e inexploradas, las encontrará desde México hasta Argentina. El turista podrá bañarse ya sea en el Pacífico, el Caribe o el Atlántico. Para el viajero que sólo quiera vida de ciudad y no le interesen ni la selva, ni las montañas, ni los lagos, ni las pampas ni el desierto, Latinoamérica también tiene mucho que ofrecer. En cualquiera de las capitales o ciudades principales hay cosas que ver y que hacer.

La ciudad de México, aparte de tener una vida nocturna excepcionalmente variada, tiene el mejor y más hermoso museo arqueológico del mundo. Bogotá tiene quizás el mejor museo de oro precolombino de América. Quito es quizás la ciudad más colonial del continente, debido a sus magníficos edificios y museos de esa época. Tiene además uno de los grandes museos precolombinos con más de 23.000 piezas, algunas de las cuales tienen más de 10.000 años. Caracas, la capital de Venezuela, es quizás la ciudad de arquitectura más moderna con la excepción de Sao Paulo en el Brasil. Si hay una ciudad suramericana que se parezca a una ciudad norteamericana es Caracas, que por su arquitectura, carreteras y autopistas se parece a Los Ángeles. Santiago de Chile es una mezcla del pasado y del presente. Lima, que está en la costa, es una ciudad única. No sólo tiene la plaza colonial más hermosa de las Américas sino algunos de los mejores museos precolombinos y coloniales. Montevideo y Buenos Aires son probablemente las ciudades más europeas y cosmopolitas del continente suramericano. El turista comerá bien donde quiera que esté. Por ejemplo, la parrillada[11] de Montevideo y el asado de Buenos Aires, que contienen más de seis clases de carne distintas, son platos conocidos mundialmente. La comida de Lima, sobre todo su marisco, es también exquisita. El vino y los langostinos[12] de Chile son famosos. Y donde sea que uno vaya, el servicio será siempre cortés, amable y eficiente. La gente que uno encuentre será hospitalaria y sus costumbres y música son tan variadas como el paisaje y la belleza natural.

Los europeos, que viajan mucho, constituyen actualmente la mayor parte del turismo en Latinoamérica, lo cual es sorprendente considerando la distancia. Lo que es raro es que nosotros que estamos más cerca, no visitemos más ese continente, que tanto ofrece al turista.

Preguntas de comprensión

1. Según la lectura, como sea que uno vaya a Latinoamérica, podría estar cómodo y conocer bastante. Explique.
2. ¿Qué podría Ud. decirnos sobre la extensión geográfica de Latinoamérica?
3. ¿Qué cosas podrá hacer la persona a quien le gusten las montañas?
4. ¿Qué interés especial le ofrece la región andina al turista?
5. ¿Por qué Iquitos es un lugar de interés para los que buscan aventuras?
6. ¿Qué cosas encontrará el que visite las ciudades de La Paz, México, Quito y Caracas?

---

11. *barbecue*
12. *prawns*

Preguntas para conversar

Answer the following questions with complete statements when your instructor calls on you. You may organize your answers before coming to class.

1. ¿Qué lugares le gustaría visitar a Ud. cuando vaya a Latinoamérica? ¿Por qué?
2. ¿Preferiría Ud. visitar lugares que sean exóticos o que sean turísticos? Explique.
3. ¿Por qué es importante que uno hable la lengua del país que uno visite?
4. ¿De qué forma le gusta viajar a Ud., en avión o por tierra? ¿Qué ventajas ofrece cada uno de estos medios?
5. ¿Qué tipo de alojamiento busca Ud. cuando viaja? ¿Por qué?
6. ¿A dónde le gustaría a Ud. ir la próxima vez que pueda hacer un viaje?
7. ¿Qué interés especial tienen las zonas andinas en Suramérica?
8. ¿Qué interés especial tiene la región del Amazonas para el visitante?
9. ¿Qué le parece a Ud. más interesante, un viaje por las ciudades modernas de Sudamérica o un viaje por las regiones precolombinas? Explique su opinión.
10. ¿Cree Ud. que los viajes son un simple lujo o que tienen fines educativos? Explique su opinión.

Temas para comentar

Dénos su opinión...

1. Las cosas que un visitante extranjero no debe hacer cuando visite los Estados Unidos para no ofender a los norteamericanos.
2. Las cosas que un norteamericano no debe hacer cuando visite un país hispánico para no ofender a la gente.
3. La forma de comportarse en una entrevista cuando uno busca trabajo.
4. Un contrato matrimonial estipulando cómo se gastará e invertirá lo que cada persona gane.

Vista aérea del Palacio de Bellas Artes, México, D.F.

Repaso 21

Review of verb forms: other command forms
    Indirect commands
    Nosotros commands: *let's* + verb
    Impersonal commands

Grammar review
    The subjunctive in independent clauses
    Comparisons: adjectives, nouns, and pronouns
    Adverbs
    Comparison of adverbs
    Pero and **sino**

Lexical usage
    Telling time
    Other useful expressions with numbers

Lectura: La contemplación es tan importante como la acción

Review of Verb Forms: Other Command Forms

Indirect commands

Que hable el acusado.	Have the defendant talk.
Que hablen los testigos.	Have the witnesses talk.
Que salga ella.	Let her go out.
Que salgan ellas.	Let them go out.
Que lo traiga él.	Have him bring it.
Que se lo dé José.	Have José give it to her.
Que se levante ahora.	Make him get up now.
Que no se sienten allí.	Don't let them sit there.

1. Indirect commands are formed with the relator **que** followed by the verb in the present subjunctive, third-person singular or plural;
2. In indirect commands the order, instruction, or command is usually addressed to a person who is to convey it to a third party;
3. Object pronouns and reflexives always precede the verb form;
4. **No** precedes the verb in negative indirect commands: **que no salga ella, que no se sienten;**
5. Subject pronouns may be omitted. They are included for emphasis or in order to avoid ambiguity:

   Que lo haga ÉL.   Have HIM do it.
   Que no se vaya ÉL, sólo ELLA. Don't let HIM go, just HER.

6. Indirect commands may also be expressed in a sentence that has two clauses. The main clause in the indicative states the request expressed in a subordinate clause in the subjunctive.[1]

   Te pido que regreses.   I ask you to come back.
   Te pedí que regresaras.   I asked you to come back.
   Es necesario que regreses. It is necessary that you come back.

Nosotros *commands:* let's + *verb*

	Hablemos nosotros. **Vamos a hablar.**	Let's talk.
	Salgamos (nosotros). **Vamos a salir.**	Let's go out.
	Sentémonos. **Vamos a sentarnos.**	Let's sit down.
	No nos sentemos.	Let's not sit down.
	Pidámoselo. **Vamos a pedírselo.**	Let's ask him for it.
	No se lo pidamos.	Let's not ask him for it.

1. The Spanish equivalent of the English *let us (let's)* + verb is expressed either by the **nosotros**-form of the present subjunctive or by **vamos a** + inf.;
2. The context usually clarifies whether **vamos a** + inf. expresses future action or a **nosotros** command:

   Vamos a comer en casa de Luis.   vs.   **Vamos a comer.**
   We are going to eat at Luis's house.   Let's eat.

3. **No** precedes the verb in negative **nosotros** commands: **no nos llamemos,** *let us not call each other;*

---

1. See Repaso 17 for Subjunctive with indirect commands.

4. As with direct commands, object pronouns and reflexives are attached to the verb in affirmative commands and precede the verb in negative commands:

Llamemos.	Let's call.
No llamemos.	Let us not call.
Pidámoselo.	Let's ask him for it.
No se lo pidamos.	Let us not ask him for it.

5. The final **-s** of the **nosotros** form is dropped when reflexives are attached to the verb in affirmative **nosotros** commands:

Sentémonos.	Let's sit down.
Levantémonos.	Let's get up.
Quejémonos.	Let's complain.

6. To express a **nosotros** command with **ir** and **irse,** the present indicative forms **vamos** and **vámonos** are used instead of the subjunctive **vayamos** and **vayámonos:**

Vamos a comer.	Let's eat.
Vamos al cine.	Let's go to the movies.
Vámonos enseguida.	Let's leave right now.

7. The subject pronoun **nosotros** may be omitted or may be included for emphasis: **Llamemos nosotros.**

Impersonal commands

Disuélvase en agua.	Dissolve in water.
Cocínese a fuego lento.	Cook on low flame.
Guárdese al fresco.	Keep in a cool place.
No fumar.	No smoking.
Prohibido fumar.	Smoking forbidden.
Permitido fumar.	Smoking permitted.
No hablar en voz alta.	Do not speak loudly.
Prohibido pasar.	No trespassing
No entrar.	Do not enter.

1. Impersonal commands express instructions and directions;
2. Impersonal commands are usually formed by:
   a. a reflexive verb conjugated in the third-person singular of the present subjunctive: **Tómese con jugo.**
   b. the infinitive form of the verb: **Prohibido fumar.**
3. **No** precedes the verb in negative impersonal commands: **No fumar; No es permitido fumar;**
4. The position of the reflexive pronoun is the same as with direct commands:
   a. with an affirmative command, the pronoun is attached to the verb form: **disuélvase en agua;**
   b. with a negative command, the pronoun precedes the verb form: **no se disuelva en agua.**

Grammar Review

The subjunctive in independent clauses

The subjunctive occurs in independent clauses under the same conditions as in subordinate clauses. The subjunctive is used in independent clauses:

1. To express uncertain events after **tal vez** and **quizá, quizás,** *perhaps:*

Tal vez me haya llamado.	Perhaps he has called me.
Tal vez llegue esta tarde.	Perhaps he will arrive this afternoon.
Quizás sea mejor horario.	It might be a better schedule.

   If the event is considered certain, the indicative is used.

2. To express desired events after **ojalá:**

Ojalá tengan otro plan.	I wish they would have another plan.
Ojalá ella no haya dicho nada.	I hope she has not said anything.
Ojalá que pudiera ir también.	I wish I could also go.

3. To express polite assertions and requests with the verbs **querer, deber,** and **poder.** In these cases, the **-ra** form of the imperfect subjunctive is used:

Quisiera verte.	He would like to see you.
Debieras ir a la fiesta.	You should go to the party.
Pudieras ayudarle.	You could help him.

Comparisons: adjectives, nouns, and pronouns

COMPARISONS OF EQUALITY

tan + adjective + **como**	*as . . . as*
Emilio es tan inteligente como tú.	Emilio is as intelligent as you are.
La hija no es tan bonita como la madre.	The daughter is not as pretty as the mother.
No son tan felices como Uds.	They are not as happy as you are.
tanto, (-a) + noun or pronoun + **como** **tantos, (-as)**	*as much or many . . . as*
Tiene tanto dinero como Uds.	She has as much money as you do.
Necesito tanta inteligencia como paciencia.	I need intelligence as much as I need patience.
Me trajo tantas cosas a mí como a ti.	He brought me as many things as he brought you.

tanto, (-a) tantos, (-as) + noun or pronoun + como	as much or many ... as
Tiene tanto como Uds.	She has as much as you do.
Me trajo tantas como a ti.	He brought me as many as he brought you.
La culpa es tanto de él como de ella.	It is his fault as much as it is hers.
Nos exige tanto a nosotros como a Uds.	She demands as much from us as from you.

1. Comparisons of equality are expressed in English by only one construction: *as ... as;*
2. In Spanish, comparisons of equality are expressed by two different constructions, depending on whether the comparison involves an adjective or a noun or pronoun;
3. **Tan** is invariable in form;
4. **Tanto** agrees in gender and number with the noun it modifies or replaces: **Marta tiene tanto dinero como Carmen pero no compra tantas cosas como ella.** Martha has as much money as Carmen but she doesn't buy as many things as Carmen.

COMPARISONS OF INEQUALITY

más / **menos** que	*more* / *less, fewer* *than*
Sabe más que tú.	He knows more than you do.
Entiende menos que yo.	She understands less than I do.
Necesitaba menos que Uds.	I needed less (fewer) than you did.
más / **menos** + adjective + **que**	*more* + adjective / adjective + *-er* / *less* + adjective } + *than*
Es más paciente que su mujer.	He is more patient than his wife.
Juana es más inteligente que Isabel.	Juana is smarter than Isabel.
Uds. están menos preocupados que yo.	You are less worried than I am.
más / **menos** + noun or pronoun + **que**	*more* / *less* / *fewer* + noun or pronoun + *than*
Es más trabajo que placer.	It is more work than pleasure.
Los entiendo más a Uds. que a ellos.	I understand you more than I understand them.
Necesitamos menos alumnos que maestros.	We need fewer students than teachers.
La veo menos a ella que a ti.	I see her less than I see you.

1. Except for a few irregular comparative forms (**mejor, peor, mayor, menor**), comparisons of inequality are expressed with either **más** or **menos**;
2. Comparisons of superiority are expressed with **más**;
3. Comparisons of inferiority are expressed with **menos**;
4. **Más** and **menos** are invariable in form regardless of gender or number;
5. **Que** is used to relate the points of comparisons;
6. **Más** and **menos** may be modified by another adverb such as **mucho, bastante, poco, algo,** and **tanto**, which intensify or diminish the degree of inequality:

Fuma mucho más que yo.	She smokes much more than I do.
Trabajo algo más que tú.	I work somewhat more than you do.
Esta pintura es tanto más antigua que aquélla.	This painting is so much older than that one.
La situación económica es mucho menos seria aquí que en el extranjero.	Economic conditions are much less serious here than abroad.

7. A negative word may precede a comparative construction of inequality:

No sabe más que tú.	He doesn't know anymore than you do.
No es menos ambicioso que su mujer.	He is no less ambitious than his wife.
Nunca le di a ella más que a ti.	I never gave her more than I gave you.

IRREGULAR ADJECTIVE COMPARATIVE FORMS

Adjective	Regular comparative	Irregular comparative
bueno	más bueno	mejor
malo	más malo	peor
grande	más grande	mayor
viejo	más viejo	
pequeño	más pequeño	menor
joven	más joven	

1. A few adjectives have an invariable irregular comparative form ending in -or to express a comparison of inequality: **bueno → mejor**;
2. To refer to a person's qualities or abilities, the irregular comparatives **mejor**, *better*, and **peor**, *worse*, are usually used; occasionally the regular comparatives **más bueno, más malo** are used:

Es mejor persona que tú.	She is a better person than you are.
Es más buena persona que tú.	
Era peor que una principiante.	She was worse than a beginner.
Era más mala que una principiante.	

3. To refer to general characteristics or traits only the irregular comparatives **mejor** and **peor** can be used:

Tuvo mejor vida que sus padres.	He enjoyed a better life than his parents did.

Estas joyas son mejores que las suyas. — These jewels are better than his.
Estos apartamentos son peores que los otros. — These apartments are worse than the others.

4. The irregular comparatives **mayor,** *older,* and **menor,** *younger,* can be used to refer to a person's age:

Él es mayor que ella. — He is older than she is.
Su mujer es menor que él. — His wife is younger than he is.

5. **Más viejo,** meaning *older,* may be used to refer to animate or inanimate nouns:

José es más viejo que Luis.[2] — José is older than Luis.
(José es mayor que Luis).
Su casa es más vieja que la nuestra. — Their house is older than ours.

6. **Más joven,** meaning *younger,* can only be used to refer to an individual's age:

Isabel era más joven que Mercedes. — Isabel was younger than Mercedes.

7. **Más grande,** *bigger,* and **más pequeño,** *smaller,* are used to refer to physical size of either animate or inanimate objects:

Pedro es más grande que Jaime. — Pedro is bigger than Jaime.
Esta habitación es más pequeña que la otra. — This room is smaller than the other.

8. The irregular comparative forms may be modified by an adverb of intensity:

Esta pintura es mucho mejor que aquélla. — This painting is much better than that one.
Marta es bastante menor que Susana. — Marta is a lot younger than Susana.

EQUIVALENTS OF "THAN"

MÁS DE AND *MENOS DE* WITH MEASURE PHRASES

más / menos de + measure phrase	more / less than + measure phrase
Hay más de veinte estudiantes.	There are more than twenty students.
Le presté más de cincuenta dólares.	I lent him more than fifty dollars.
No perdió más de diez dólares.	He didn't lose more than ten dollars.
Mide más de dos metros.	It measures more than two meters.
No mide más de cien yardas.	It doesn't measure more than a hundred yards.
Pesa menos de cien libras.	It weighs less than a hundred pounds.
Ganó menos de la mitad.	He earned less than half.
Recogieron menos de la cuota necesaria.	They collected less than the necessary quota.

---

2. **Más viejo** and **mayor** are interchangeable only when they refer to persons.

1. **Más de** and **menos de** are used in simple sentences with measurement phrases;
2. Some verbs that take measurement phrases are **costar, ganar, haber, medir, perder, pesar, recoger,** and **valer.**

	sólo	
más que =	sólamente	*only*
	únicamente	
No hay más que veinte estudiantes. Sólo hay veinte estudiantes.		There are only twenty students.
No perdió más que diez dólares. Sólamente perdió diez dólares.		He only lost ten dollars.
No tenía más que dinero. Únicamente tenía dinero.		He only had money.

Simple negative sentences with **más que** ... are equivalent to affirmative sentences with **sólo, sólamente, únicamente.**

MÁS DE AND *MENOS QUE* IN COMPARATIVES

1. **Más que**... occurs in shortened comparative sentences with a different term of comparison:

Tenía más que dinero.	He had more than money.
(También tenía personalidad.)	(He also had personality.)
Era más que un compañero de trabajo.	He was more than a coworker.
(También era amigo.)	(He was also a friend.)

2. **Más que**... and **menos que**... occur in full comparative sentences with the same term of comparison:

Su hijo es menos ambicioso que el hijo de mi hermana.	His son is less ambitious than my sister's son.
Su casa está más cerca que la casa de Emilio.	His house is closer than Emilio's house.
Su obra es menos conocida que la obra de este otro pintor.	His work is less known than the work of this other painter.

MÁS DE AND *MENOS DE* + CLAUSES IN COMPARATIVES

más ... de + lo que	
menos ... de + lo que	...*than*
Es mucho más estudioso; no esperaba eso.	He is much more studious; I didn't expect that.
Es más estudioso de lo que esperaba.	He is much more studious than I expected.

más... de + lo que menos... de + lo que	...than
Hay muchos menos problemas; no sospechábamos eso.	There are fewer problems; we didn't suspect that.
Hay muchos menos problemas de lo que sospechábamos.	There are fewer problems than we suspected.
Queda más lejos; no nos conviene eso.	It is farther away; that is not convenient for us.
Queda más lejos de lo que nos conviene.	It is farther away than is convenient for us.

1. When the term of the comparison is a nominalized clause with **lo que**, the clause is introduced by **de**:

   Es mucho más estudioso; no esperaba eso.
   Es mucho más estudioso de lo que esperaba

SUPERLATIVE CONSTRUCTIONS: ADJECTIVES

SUPERLATIVE OF ADJECTIVES

article or possessive adjective	+ (noun) +	más menor + adjective or irregular comparative	article or possessive adjective	+	adjective + *est* *most* *least* + adjective or irregular comparative	+ noun
Eduardo es el miembro menos comprensivo de mi familia.			Eduardo is the least understanding member in my family.			
Carmen es la (chica) más inteligente de la clase.			Carmen is the most intelligent (girl) in the class.			
Su hermana mayor no está aquí.			Their older sister is not here.			
Es la (persona) menor (más joven) del grupo.			She is the youngest person in the crowd.			
Son los mejores médicos en la ciudad.			They are the best doctors in town.			

1. To express the superlative, Spanish uses the corresponding form of the definite article and **más, menos** or an irregular comparative;
2. A possessive adjective may be used instead of the article with some nouns:

   Mis mejores amigos están aquí. My best friends are here.
   Su mayor problema es su edad. His greatest problem is his age.

3. Spanish uses the preposition **de** to indicate the point of reference in the comparison.

ABSOLUTE SUPERLATIVE OF ADJECTIVES

adverbial intensifier + adjective or adjective + -ísimo	**muy grande** *very large* **grandísimo** *extremely large*
Es una tarea muy fácil. Es una tarea facilísima.	It is a very difficult task. It is an extremely difficult task.
Son amigos son sumamente atentos. Son amigos son atentísimos.	They are most thoughtful friends.
Es una misión excesivamente peligrosa. Es una misión peligrosísima.	It is an exceedingly dangerous mission.
La televisión ofrece algunos programas muy malos. La televisión ofrece algunos programas malísimos.	Television offers some very bad programs.
Anoche vimos una película muy buena. Anoche vimos una película buenísima.	Last night we saw a very good movie.

1. The absolute superlative construction is used to express a very high degree of quality or inferiority without directly making a comparison;
2. Spanish may express the absolute superlative of adjectives in two ways:

    a. By using an adverbial intensifier modifying the adjective as in English: **muy grande**, *very big;*

    b. By adding the proper form of the suffix -ísimo (-a, -os, -as) to the adjective stem: **grandísimo**, *very big;*

3. The suffix **-ísimo** is added to the adjectives as follows:

    a. Adjectives ending in a consonant simply add **-ísimo**;
    b. Adjectives ending in **-ble** change this ending to **-bil**:

amable	amabil-	amabilísimo
notable	notabil-	notabilísimo

    c. Adjectives ending in a vowel drop the vowel before adding **-ísimo**:

claro	clar-	clarísimo
simple	simpl-	simplísimo

    d. The stress always falls on the first **i** of the suffix and a written accent mark is required:

    difícil   dificilísimo

    e. The following spelling changes occur when **-ísimo** is added:

z → c:	feliz	felicísimo
c → qu:	rico	riquísimo
g → gu:	largo	larguísimo

Adverbs

1. Adverbs, not inflected for gender or number, express time, place, manner, extent, affirmation, or negation;
2. Adverbs modify verbs, adjectives, and other adverbs as well as entire phrases and sentences:

Llegaron temprano.	They arrived early.
Son muy interesantes.	They are very interesting.
Se siente mucho mejor.	He feels a lot better.

3. Adverbs are not marked morphologically by any ending except the suffix **-mente,** which is attached to many adjectives in order to create a corresponding adverb;
4. In addition to simple adverbs different parts of speech may also function as adverbials:

Prepositional phrases:	**Habló con calma y con claridad.** He spoke calmly and clearly.
Adjectives:	**Baila bonito.** She dances gracefully.
Present participles:	**Entró gritando.** She came in screaming.
Past participles:	**Llegaron cansados.** They arrived tired.
Indefinites:	**Duerme poco.** She sleeps very little.

ADVERBS ENDING IN -MENTE

El hijo es muy cariñoso. The son is very loving.	**Trata a sus padres cariñosamente.** He treats his parents with much love (lovingly).
Me dio la explicación perfecta. He gave me the perfect explanation.	**Me lo explicó perfectamente bien.** He explained it to me perfectly well.
Elena es una persona amable. Elena is a kind person.	**Siempre nos trata amablemente.** She always treats us kindly.
Son una pareja feliz. They are a happy couple.	**Viven felizmente.** They live happily.
Este niño tiene una mente rápida. This child has a quick mind.	**Piensa rápidamente.** He thinks fast.

1. The suffix **-mente**, equivalent to the English *-ly*, is added to many adjectives in Spanish to form a corresponding adverb;
2. To form an adverb with **-mente**, the suffix is added:
   a. To the feminine singular form of the adjective:

   cariñosa → cariñosa + **-mente**   cariñosamente
   perfecto → perfecta   perfectamente

   b. To the singular form of adjectives ending in the vowel **e** or in a consonant:

   amable + **-mente**   amablemente
   feliz   felizmente

   c. Adjectives with a written accent mark keep it when forming an adverb:

   rápido   rápidamente

3. Adverbs in **-mente** express manner. While in English some *-ly* adverbs may be placed between the main verb and the auxiliary, in Spanish this is not possible. In Spanish, adverbs in **-mente** are normally placed immediately after the verb:

   I have easily done it.   **Lo he hecho fácilmente.**
   We had completely forgotten.   **Nos habíamos olvidado completamente.**

ADVERBS OF TIME

antes	before, earlier	hoy	today
después	later	mañana	tomorrow
luego	later	ayer	yesterday
tarde (más tarde)	late, later	anoche	last night
temprano (más temprano)	early, earlier	aún	still, yet
enseguida	right away	todavía	still
siempre	always	ya	already

1. **Aún** in affirmative sentences corresponds to the English *still*, while in negative sentences it is equivalent to *yet*:

   Aún están viajando.   They are still travelling.
   No han regresado aún.   They haven't come back yet.

2. **Ya** in affirmative sentences corresponds to the English *already* or *now* while in negative sentences it is equivalent to *no longer*:

   ¿Ya le escribiste?   Have you already written to her?
   Escríbele ya.   Write to her now.
   Ya no pienso así.   I no longer think that way.

3. Although in English the adverbs *still*, *yet*, and *already* may be placed between the main verb and the auxiliary, this is not the case with **aún** and

ya. In Spanish these words are placed either at the beginning of the sentence or after the verb phrase:

They are still travelling.	**Aún están viajando.**
	Están viajando aún.
They have already come back.	**Ya han regresado.**
	Han regresado ya.

ADVERBS OF PLACE

Demonstrative adverbs		Positional and directional adverbs		
aquí	(right) here	**arriba**	up, upstairs	**afuera** out, outside
acá	here	**abajo**	down, downstairs	**adentro** in, inside
allí	(right) over there	**atrás**	(in the) back	**enfrente** in front of across from, opposite
ahí	there	**cerca**	close by, nearby	**lejos** far (away)
allá	over there			

1. Demonstrative adverbs express the location of an object with respect to the position of the speaker;
2. **Aquí, allí** and **ahí** express a closer and more precise location;
3. **Acá** and **allá** express a farther and less precise location;
4. **Acá** and **allá** may take the intensifier **más** or prepositions in order to express a more precise location:

Pónlo más acá.	Put it farther over here.
Llévalo hacia allá.	Take it toward there.

5. **Cerca, lejos,** and **atrás** can only be used as positional adverbs;
6. **Arriba, abajo, afuera, adentro,** and **enfrente** can be used to express position or direction, depending on the verb:

   a. With verbs such as **estar, quedar, encontrarse,** etc., position is expressed:

Está arriba.	It is upstairs.
Queda enfrente del estadio.	It is located across from the stadium.
Se encuentra afuera.	He is outside.

   b. With verbs of motion, direction is expressed:

Ve arriba.	Go upstairs.
Están corriendo enfrente del estadio.	They are running across from the stadium.

7. Although English uses suffixes and prefixes to form many positional and directional adverbs, in Spanish these cannot be expressed by one single adverbial form:

-ward	hacia or + directional adverb para	
It went upward.	Fue hacia/para arriba.	
It is moving downward.	Se mueve hacia/para abajo.	
up-, down-	adverbial phrases	
They are going uphill. downhill.	Van cuesta arriba. cuesta abajo.	
They are sailing upstream. downstream.	Navegan contra la corriente. con la corriente.	
They went inland. They went out at sea.	Se metieron tierra adentro. Estaban mar afuera.	
-where	indefinite + parte lugar sitio	
I will find her somewhere.	La encontraré en alguna parte. algún lugar.	
I found it nowhere.	No lo encontré en ninguna parte. ningún sitio.	

8. Demonstrative adverbs of place may combine with either positional or directional adverbs to express a more precise location. In Spanish the demonstrative adverb precedes any other adverb:

Lo vi aquí arriba.	I saw it up here.
Lo encontré ahí afuera.	I found it out there.
Está allí adelante.	It is up front.
Búscalo allá abajo.	Look for it down there.

ADVERBS OF MANNER

bien	well	**mejor**	better
mal	badly, poorly	**peor**	worse
bajo	low	**alto**	high
despacio	slowly		

1. Most adverbs of manner are expressed either by an adverbial phrase or by many adjectives that add the suffix **-mente** to form the corresponding adverb:

   Maneja despacio. He drives slowly.
   Maneja lentamente.

2. Except for **bien, mejor,** and **peor,** adverbs of manner may add **-ísimo** to form the superlative: **malísimo, bajísimo;**

3. Adverbs of manner are normally placed after the verb:

Lo has hecho bien.	You have done it well.
Está volando bajo.	It is flying low.
Maneja despacio.	Drive slowly.

ADVERBS OF EXTENT

mucho (muy)	much, a lot, (very) much	**poco**	little, not much
más	more	**menos**	less
tanto (tan)	so, very (much)	**demasiado**	too much
bastante	enough, a lot	**suficiente**	sufficiently, enough

1. Adverbs of extent are also called intensifiers because they express different degrees of intensity;
2. **Mucho** and **tanto** may modify **mayor, menor, mejor, peor, más, menos, antes,** and **después;** but before other adverbs or adjectives **mucho** becomes **muy** and **tanto** becomes **tan:**

Ella es mucho mayor.	She is a lot older.
Llegaron muy temprano.	They arrived very early.
Lo hizo muy apresuradamente.	He did it very hastily.
Él es tanto menor.	He is so much younger.
Se fueron tan temprano que no los vi.	They left so early that I did not see them.
¡Lo hizo tan apresuradamente!	He did it so hastily!

3. The adverb **poco** is used before adjectives to express many English adjectives formed with the prefixes *un-* or *in-:*

He is unattractive.	**Es poco atractivo.**
He was indecisive.	**Era poco decidido.**

4. The Spanish equivalent of *very little* is either **poquísimo** or **muy poco,** but *very much* can only be rendered as **muchísimo:**

She eats very little.	**Come poquísimo.**
	Come muy poco.
I like it very much.	**Me gusta muchísimo.**

5. Many adverbs of time, place, and position that in Spanish may be modified by **más** do not take *more* in English:

más atrás	further behind	**más arriba**	higher up
más adelante	further ahead, later on	**más abajo**	lower
más tarde	later on	**más cerca**	closer
más temprano	earlier	**más lejos**	farther

6. Adverbs of extent are normally placed after the verb:

Me admira mucho.	He admires me a lot.
Me gusta bastante.	I rather like it.
Me gustan mucho las rubias.	I like blondes very much.
Nosotros comemos demasiado.	We eat too much.

Comparison of adverbs

COMPARISON OF EQUALITY

tan + adverb + como	as . . . as
Entienden tan bien como tú.	They understand as well as you do.
No salen del trabajo tan temprano como Uds.	They don't get out of work as early as you do.

COMPARISON OF INEQUALITY

más / menos + adverb + que	-er form or more / less + -ly form
Corre más rápido que los otros atletas.	He runs faster than the other athletes.
Llegaron más tarde que Uds.	They came in later than you did.
Isabel piensa menos analíticamente que tú.	Isabel thinks less analytically than you do.

1. The same constructions used in the comparison of adjectives are used for adverbs;
2. To express a comparison of inequality the construction **más** + adverb + **que** is more commonly used than **menos** + adverb + **que**:

Pedro lee más rápido que Isabel.   Pedro reads faster than Isabel.
(**Isabel lee menos rápido que Pedro.**)   (Isabel reads less quickly than Pedro.)

COMPARATIVE FORMS OF IRREGULAR ADVERBS

There are four adverbs that do not occur with **más** or **menos** to express a comparison of inequality. Instead, special forms are required.

Adverb	Irregular comparative	
bien	mejor	Ella canta bien, pero tú cantas mejor. She sings well, but you sing better.
mal	peor	Yo bailo mal pero tú bailas peor. I dance badly, but you dance worse than I do.
mucho	más	Ellos trabajan mucho, pero nosotros trabajamos aún más. They work a lot, but we work even more.
poco	menos	Entiendo poco, pero tú entiendes menos. I understand a little, but you understand less.

SUPERLATIVE CONSTRUCTIONS: ADVERBS

SUPERLATIVE OF ADVERBS

Verb +	**más** **menos** **mejor** **peor**	Verb +	*the most* *the least* *better, the best* *worse, the worst*
Emilio es el que trabaja más. **María es la que escribe menos.** **¿Quién es el que baila mejor?** **Ella es la que canta peor.**		Emilio is the one who works the most. María is the one who writes the least. Who is the one who dances the best? She is the one who sings the worst.	

1. The superlative of adverbs is expressed with **más, menos, mejor,** and **peor;**
2. These are the same irregular adverb forms used in comparisons of inequality, but context normally clarifies whether they have a comparative or a superlative value;
3. These superlative forms usually follow the verb, but they may also precede it:

   Emilio es el que más trabaja.   Emilio is the one who works the most.
   ¿Quién es el que mejor baila?   Who is the one who dances best?

4. In Spanish the definite article does not precede the superlative adverb as in English: *the most* = **más.**

ABSOLUTE SUPERLATIVE OF ADVERBS

adverbial intensifier + adverb: or adverb + **-ísimo:**	**muy lento** *very slowly* **lentísimo** *extremely slowly*
Corre muy rápido.	Corre rapidísimo. He runs very fast.
Llegaron sumamente tarde.	Llegaron tardísimo. They arrived exceedingly late.
Habla extremadamente lento.	Habla lentísimo. He talks very slowly.

1. The absolute superlative of adverbs follows the same patterns of the absolute superlative of adjectives:
   a. an adverbial intensifier modifying the adverb: **Corre muy lento.**
   b. adding the suffix **-ísimo** to the adverb: **Corre lentísimo.**
2. Note the following exceptions:
   a. The absolute superlative of **mucho** is **muchísimo; mucho** cannot be modified by another adverb such as **muy;**

   Come muchísimo.   He eats very much.

b. The absolute superlative of **bien** can only be expressed by an adverbial modifier; **bien** cannot take the suffix **-ísimo**:

Baila muy bien.	He dances very well.
Viven sumamente bien.	They live extremely well.

LO BEFORE ADVERBIALS FOR SUPERLATIVE MEANING

$$\text{lo} + \begin{matrix}\text{más}\\ \text{or}\\ \text{menos}\end{matrix} + \text{adverb} + \begin{matrix}\text{posible}\\ \text{or}\\ \text{que} + \text{form of \textbf{poder}}\end{matrix}$$

Ven lo más temprano posible.	Come as early as possible.
que puedas.	you can.
Maneja lo menos rápido posible.	Drive as slowly as possible.
que puedas.	you can.

$$\text{lo} + \begin{matrix}\text{mejor}\\ \text{or}\\ \text{peor}\end{matrix} + \begin{matrix}\text{posible}\\ \text{or}\\ \text{que form of \textbf{poder}}\end{matrix}$$

Jugaré lo mejor posible.	I will play the best possible way.
Jugaré lo mejor que pueda.	I will play the best I can.
La construyeron lo peor posible.	They built it the worst possible way.
La construyeron lo peor que pudieron.	They built it the worst they could.

1. Spanish adverbs express a superlative meaning when they occur in a construction with the neuter **lo** and an expression of probability;
2. The expression of probability is either **posible** or a subordinate clause with the verb **poder**;
3. If a subordinate clause with **poder** is preferred, there is no change of subject: **(Ella) vino lo más pronto que (ella) pudo**, *She came as soon as she could.*
4. In these constructions the adjective in the adverbial phrase has been nominalized through **lo**.[3]

Jugaré de la mejor manera posible (que pueda).	I will play the best possible way.
Jugaré lo mejor posible (que pueda).	

Pero *and* sino

Llamó Carlos pero no Esteban.	Carlos called but not Esteban.
No llamó Esteban sino Carlos.	Esteban did not call but Carlos did.
Gana mucho dinero pero no ahorra nada.	He earns a lot of money but he doesn't save anything.
No gasta nada sino que ahorra cada centavo.	He does not spend anything but saves every penny instead.

---

3. See Repaso 16 for the Nominalizer **lo**.

Repaso 21 357

1. **Pero** and **sino** correspond to the English *but;*
2. **Sino** is used to express a contrast to a preceding negative;
3. The relator **que** follows **sino** if there are two clauses:

   No gasta nada. Ahorra cada centavo.
   No gasta nada sino que ahorra cada centavo.

   No llamó Esteban. Llamó Carlos.
   No llamó Esteban sino que llamó Carlos.

4. **Pero** is used in all other instances.

Lexical Usage

Telling time

Son las tres de la mañana.	It is three o'clock in the morning.
Son las tres de la madrugada.	
Son las seis de la tarde.	It is six o'clock in the afternoon.
Son las siete de la noche.	It is seven o'clock in the evening.
Son las once de la noche.	It is eleven o'clock at night.
Son las ocho y diez (minutos).	It is ten (minutes) after eight.
Son las ocho y quince.	It is eight fifteen.
Son las ocho y cuarto.	It is a quarter past eight.
Son las siete y veinte.	It is twenty minutes after seven.
Son las siete y treinta.	It is seven thirty.
Son las siete y media.	It is half past seven.
Son / Faltan quince para las cuatro.	It is fifteen minutes before four.
Son las cuatro menos quince.	It is fifteen minutes before four.
Es / Falta un cuarto para la una.	It is a quarter to one.
Es la una menos cuarto.	It is a quarter of one.
Eran las doce del día.	It was twelve noon.
Era mediodía.	It was noon.
Eran las doce de la noche.	It was twelve midnight.
Era medianoche.	It was midnight.
Es la una en punto.	It is one o'clock sharp (on the dot).
Eran las dos pasadas.	It was past two o'clock.

1. To express hours of the day, **ser** is used;
2. In Spanish the definite articles **la** and **las** signal the hour: **es la una;** there is no equivalent to *o'clock;*
3. The verb and the article agree with **hora(s)**: singular for **una** and plural for all other hours;
4. To express time in the past, the imperfect tense is used: **Eran las doce;**
5. Minutes before the hour are expressed in two ways:
   a. **ser** or **faltar** + minutos **para la(s)** + hora:

   $\left.\begin{array}{l}\textbf{Son}\\ \textbf{Faltan}\end{array}\right\}$ **quince (minutos) para la una.**

   b. **Ser la(s)** + hora **menos** + minutos:

   Es la una menos quince (minutos).

6. Minutes past the hour is expressed by:

   Ser + **la(s)** hora y minutos.
   Son las dos y quince (minutos).

7. The word **minutos** is normally omitted in telling time;
8. **De la mañana,** *in the morning,* may also refer to the dawn hours when it is synonymous with **de la madrugada,** *at dawn;*
9. **De la tarde,** *in the afternoon,* refers to the hours between 1 P.M. and 6 P.M.;
10. **De la noche** means both *in the evening* and *at night;*
11. **Al mediodía** means *at noon (time);* **a (la) medianoche** means *at midnight;*
12. **En punto** means *on the dot, sharp;*
13. In some Spanish-speaking countries hours are counted from one to twenty-four. The word **horas** always follows the number. To find the equivalent on a twelve-hour clock, subtract twelve from any number over twelve. Thus, **a las 18 horas** is the same as **a las seis de la tarde.**

Other useful expressions with numbers

BASIC ARITHMETIC

SUMA: **Dos más dos es cuatro.**
 Tres y dos son cinco.

ADDITION: Two plus two is four.
 Three and two are five.

RESTA: **Diez menos seis es cuatro.**

SUBTRACTION: Ten minus six is four.

MULTIPLICACIÓN: **Cinco por cuatro es veinte.**

MULTIPLICATION: Five times four is twenty.

DIVISIÓN: **Treinta divido por tres es diez.**

DIVISION: Thirty divided by three is ten.

WEIGHT

Pesa cien libras.
Pesa dos toneladas.
Pesa cincuenta gramos.
Pesa cinco onzas.

It weighs a hundred pounds.
It weighs two tons.
It weighs fifty grams.
It weighs five ounces.

Repaso 21

DISTANCE

Mide seis pies de altura.	He is six feet tall.
Mide ocho pulgadas de largo.	It is eight inches long.
Mide cinco centímetros de espesor.	It is five centimeters thick.
La piscina tiene ocho pies de profundidad.	The swimming pool is eight feet deep.
Mide veinte centímetros de ancho.	It is twenty centimeters wide.
Una yarda tiene tres pies o treinta y seis pulgadas.	A yard is three feet or thirty-six inches.
Un kilómetro tiene mil metros.	A kilometer is a thousand meters.

AREA

Su casa tiene 2.400 pies cuadrados.	Their house has 2,400 square feet.
Está situada en un área de 5.000 metros cuadrados.	It is located in an area of 5,000 square meters.
Compraron seis acres de tierra.	They bought six acres of land.
Tienen ocho hectáreas más.	They have another eight hectares.

VOLUME

La piscina contiene 15.000 galones de agua.	The pool contains 15,000 gallons of water.
Toma dos litros de leche al día.	She drinks two liters of milk a day.
El auto necesita un cuarto de aceite.	The car needs a quart of oil.
Este postre lleva dos tazas de azúcar y una pinta de crema.	This dessert takes two cups of sugar and a pint of cream.
El tanque de agua sólo tiene capacidad para 100 pies cúbicos.	The water tank has a capacity for only 100 cubic feet.

SPEED

La velocidad máxima es de 55 millas por hora.	The maximum speed is 55 miles per hour.
La velocidad mínima es de 60 kilómetros por hora.	The minimum speed is 60 kilometers per hour.
Viajan a una velocidad media de 500 millas por hora.	They are travelling at an average speed of 500 miles per hour.

TEMPERATURE

Hoy la temperatura subirá a los 98 grados Fahrenheit y sólo bajará a los 85 grados.	Today the temperature will climb to 98 degrees Fahrenheit and will only go down to 85.
En el verano la temperatura está (oscila) entre los 85 y los 95 grados Fahrenheit.	In the summer the temperature is (fluctuates) between 85 and 95 degrees Fahrenheit.
El agua hierve a los 100 grados centígrados.	Water boils at 100 degrees Celsius.
El agua se congela a los 32 grados Fahrenheit.	Water freezes at 32 degrees Fahrenheit.
En la sombra el termómetro marca 85 grados pero en el sol la temperatura es de 90 grados.	In the shade the thermometer shows 85 degrees, but in the sun the temperature is 90 degrees.

Lectura

Reading, writing, and oral responses

Read the following passage. Study the uses of the subjunctive in independent clauses, the comparatives and superlatives, the use of adverbs, and **pero** and **sino**. Be prepared to answer the questions orally in class. Your instructor may ask you to answer them in writing.

La contemplación es tan importante como la acción

Se dice que el hispanoamericano tiene menos afán de anticipación del futuro que el norteamericano. Por más que tenga un calendario establecido, no se toma los horarios[1] tan en serio como el norteamericano. Quizás comparta con él la opinión de que el tiempo es valiosísimo. Sin embargo, se preocupa menos del futuro que del presente. Puesto que lo inesperado siempre puede alterar los planes que uno tenga, el hispanoamericano parece darle más importancia al presente que al futuro.

A pesar de que la puntualidad y un horario establecido de antemano se consideran tanto deseables como necesarios, también se piensa que fácilmente pueden cambiarse si las circunstancias del momento así lo exigieran. Prevalece la actitud de que es más sensato y agradable vivir hoy lo mejor posible, ya que quizás no se viva mañana. Pero frecuentemente ocurre que lo que no se hizo hoy tampoco se hará mañana.

Tanto el norteamericano como el hispanoamericano viven y hacen algo. Pero mientras que el norteamericano pareciera vivir para hacer algo, el hispanoamericano pareciera hacer algo para vivir. Aunque hacer algo sea importante, para el hispanoamericano es tan importante como existir. Esta actitud empieza temprano en la vida y se mantiene siempre. Es raro que el niño o el adolescente hispanoamericano tengan sus vidas tan estructuradas como el niño o el adolescente norteamericano. Si el individuo sólo se acostumbra a estructurar rígidamente el tiempo, el resultado puede ser negativo. Tanto la fantasía y la imaginación como la contemplación son tan esenciales como la acción y la creación pragmática.

Esto quizás explique el gran aprecio que el hispanoamericano tiene por lo estético. El arte se considera menos un lujo[2] que un componente integral de la vida humana. En Hispanoamérica, se consideran tan necesarios los monumentos públicos, las catedrales, los grandes frescos y pinturas, lo maravilloso de la literatura y la música como la tecnología y la ciencia. El artista, el poeta y el pintor gozan de tanto, o quizás más, prestigio social que el científico o el hombre de empresa.

---

1. *schedules*
2. *a luxury*

Podría decirse que el norteamericano tiene mayor aprecio por la acción y por lo práctico. Si el norteamericano fuera más contemplativo quizás sería menos productivo. Si no se tomara el tiempo tan en serio, tal vez haría menos. Si el hispanoamericano fuera menos contemplativo, quizás produciría más. El hispanoamericano será menos activo, pero quizás sea más artístico. No es que el norteamericano no sea artístico también sino que es más pragmático en toda su orientación. Lo ideal sería que se encontrara el mejor balance posible entre lo pragmático y lo artístico para que no sufra tanto la calidad de la vida como la productividad individual y colectiva.

Preguntas de comprensión

1. ¿Por qué se dice que quizás el hispanoamericano tenga menos afán por el futuro que el norteamericano?
2. ¿Qué actitudes diferentes hacia la vida existen en unos como en otros?
3. ¿Qué actitud existe hacia el arte entre los hispanoamericanos? Explique.
4. ¿Por qué cosas tiene el norteamericano un mayor aprecio?
5. Según la lectura, tanto lo artístico como lo pragmático son importantes. ¿Qué opina Ud.?

Preguntas para conversar

Answer the following questions with complete statements when your instructor calls on you. You may organize your answers before coming to class.

1. ¿Considera Ud. que en este país nos preocupamos más por el futuro que por el presente? ¿Cuál es su opinión?
2. ¿Qué es mejor, planear los horarios y calendarios o improvisar las cosas? Explique las ventajas y desventajas de cada alternativa.
3. ¿Cómo distribuye Ud. su tiempo?
4. ¿Considera Ud. que tiene suficiente tiempo para hacer todo lo que Ud. quiere? Explique. ¿Cómo cambiaría Ud. sus horarios?
5. ¿Se puede ser contemplativo y productivo al mismo tiempo? ¿Qué ventajas y desventajas ofrece cada aspecto? Explique.
6. ¿Qué consejos puede Ud. dar en cuanto a la mejor manera de aprovechar el tiempo?
7. ¿Por qué es importante en su opinión tener planes establecidos para el futuro?
8. ¿Qué planes se ha propuesto Ud. para los próximos tres o cuatro años?
9. ¿Qué hace Ud. cuando no puede lograr uno de sus objetivos importantes? ¿Cómo reacciona Ud. si no los logra? ¿Cómo se organiza para realizarlos?
10. ¿Qué cosas del presente está Ud. dispuesto a sacrificar para lograr sus planes futuros? ¿Qué experiencias del presente no está dispuesto a sacrificar?

Temas para comentar

Dénos su opinión...

1. Cómo dar una buena fiesta en la que todos los invitados se diviertan.
2. Las semejanzas y diferencias entre su padre y Ud., o entre su madre y Ud. o entre su hermano (-a) y Ud.
3. Las semejanzas y diferencias entre los Estados Unidos y Rusia, o entre los Estados Unidos y un país hispánico que Ud. conozca.
4. Cómo evitar que los amigos le hagan perder el tiempo cuando uno tiene mucho trabajo.

Vocabulary
Spanish-English

The Spanish-English vocabulary contains all the content words that appear in the *Lecturas* and the *Preguntas*. This list does not contain the words or idiomatic expressions glossed in the reading passages. True cognates as well as grammatical forms such as personal pronouns, articles, demonstratives, and possessives, are not included. Gender has not been indicated for masculine nouns ending in **-o** and for feminine nouns ending in **-a**. Changes in a verb's stem have been indicated in parenthesis.

The following abbreviations have been used:

adj	adjective	*n*	noun
adv	adverb	*pl*	plural
f	feminine	*pp*	past participle
m	masculine	*sing*	singular
		v	verb

aburrirse to get bored
acabar to end, finish
acabar de + inf to have just + past participle
acerca de about
acertado proper, right
acogedor welcoming, kindly
aconsejar to advise
acontecimiento event
acordarse (ue) to remember
acostarse (ue) to go to bed, lie down
acostumbrarse (a) to get used to
actual present day
actualidad *f* nowadays
actuar to act, behave
acuerdo: estar de acuerdo to agree, be in agreement with; **llegar a un acuerdo** to come to an agreement
adelanto advancement
adorar to adore
advertir (ie) to warn
afán *m* eagerness

afeitarse to shave
agotamiento exhaustion
agudo acute
ahorrar to save
ajustarse to adjust
alcanzar to reach
aldea village
alegría joy
alejado removed
algodón *m* cotton
alimentarse to feed oneself, nourish oneself
aliviar to aliviate
almacén *m* store; **gran almacén** department store
almorzar (ue) to have lunch
alojamiento accommodation
alquilar to rent
altar: altar mayor *m* main altar
alternar: alternar con la gente to mingle with people
alto high

363

altura height
amable kind
amarillo yellow
ambiente *m* environment
ambos both
amenazar to threaten
amigo friend
amistades *f pl* friends; **hacer amistades** to make friends
amistoso friendly
amor *m* love
amplia wide
ampliar to widen
ancho wide
anfitrión *m* host
animado: estar animado to be encouraged, animated
ánimo: estado de ánimo frame of mind
año year
antemano beforehand
anticuado old-fashioned
antiguo old, former
antorcha torch
anuncio announcement; **anuncio comercial** commercial
apagar to turn off
aparato gadget
apariencia appearance
apegado attached
aplazar to postpone
aportación *f* contribution
apoyar to support
apretar to press
aprovechar to take advantage
arriesgado risky
arriesgar to risk
arroz: arroz con pollo rice with chicken
artesanía crafts
asalto assault
asegurar to insure
asegurarse to make sure
asentamiento settlement
asunto matter, issue
atender (ie) to take care
atraer to attract
atrás behind
atreverse to dare
atrevido daring
aula *m* classroom
aumento increase
aunque although
autopista turnpike
avión *m* airplane
ayuda help, aid
ayudar to help
azul blue

bajar to go down
bajo low; **cuanto más bajo** the lower the
bañarse to bathe

bancario: centro bancario banking center
barco ship, boat
basarse to be based on
bases: sentar las bases to lay the foundations
bebida drink
belleza beauty
biblioteca library
bienes belongings; **bienes ajenos** another's belongings
boda: aniversario de boda wedding anniversary
bordado embroidery
bosque forest
brindar to offer
buceo scuba diving
busca: en busca de in search of
buscar to look for, to search

caballo horse
caber to fit
cabo: al fin y al cabo after all
calcular to estimate
calidad *f* quality
caliente hot
calor *m* heat
cambiar to change
caminar to walk
camino road; **en su camino** on his way
campeón champion
campo field
cancha court
cantante *m or f* singer
capaz capable
carrera career
carretera highway
cauteloso cautious
cazar to hunt
cenar to have dinner
cercanía proximity
cercano nearby
cesar cease
cifra number; amount; digit
cita appointment
ciudad *f* city
cocina cuisine, kitchen
código code; **código de honor** code of honor
colocar to place
combatir to fight
compartir to share
comenzar (ie) to begin
comer to eat
comerciante *m or f* merchant
comercio trading, commerce
cometer: cometer un error to make a mistake
compañero companion, mate
compartir to share
competencia competition
competidor *m* competitor
competir (i) to compete
comportarse to behave
comprador *m or f* buyer

Vocabulary

comprar to buy
compras: ir de compras to go shopping
compromiso engagement; commitment
comunión: primera comunión first communion
concebir (i) to conceive
conferencia lecture
conocer to know (someone or something)
conocimiento knowledge
conseguir (i) to get, obtain
consejero adviser
consejo advise
consumidor *m* consumer
contaminar to pollute
contar (ue) to tell, to count
contener (ie) to contain
contra: en contra de against
convenir (ie) to be advantageous
conversar to talk
convertirse (ie) to become
convivencia coexistence
convivir to live together, coexist
corbata tie
corona crown
cortarse to cut oneself
cortés courteous
costero coastal
costumbre *f* custom, habit
creciente growing
crecimiento growth; **tasa de crecimiento** growth rate
crédito: comprar a crédito to charge
creencia belief
cristalino crystal clear
criticar to criticize
cruzar to cross
cualidad *f* quality
cubrir to cover
cuello collar; **cuello abotonado** button down collar
cuenta: tener en cuenta to keep in mind
cuerpo body
cuidadosamente carefully
cuidar: cuidar los modales to watch one's manners
cultivos crops
culto cult
cumplir to fulfill
curarse to get healed
curso course
cuyo whose

darse cuenta to realize
deber *m* duty
debilidad *f* weakness
decorado: decorador de interiores interior decorator
dejar; dejarse llevar to let oneself be carried away
dentro within, inside
deporte *m* sport
derecha right

derechos rights; **derechos individuales** individual rights
derretir to melt
derrotar to defeat
desacuerdo disagreement; **estar en desacuerdo** to disagree
desagradable unpleasant
desarollo development
desastre *f* disaster, **desastres naturales** natural disasters
descansar to rest
desconocido unknown
describir to describe
descubrimiento discovery
descubrir to discover
deseable desirable
desembocar to flow out
desempeñar: desempeñar un papel to play a role
desempleo unemployment
desenterrar to unearth
desgraciadamente unfortunately
desierto desert
desilusionado disappointed
despachar to dispatch; **despachar por correo** to mail
despertar *m* awakening
desplazamiento displacement
destreza dexterity
desventaja disadvantage
determinada: una situación determinada a given situation
detestar to hate
devolver to return (something)
día *m* day
diario daily
dibujo drawing
dictadura dictatorship
digno worthy
dinero money
discutir to discuss
disminuir to decrease
disperso; estar disperso to be spread out
disponer de to dispose of
diversión *f* amusement
divertirse (ie) to enjoy (oneself), to be amused
dominio domination
duda doubt
dueño owner
durar to last
duro hard, tough

echar to throw out
educativo educational
ejecutivo executive
ejemplar: un ejemplar típico a typical example
elegir to elect, select
embargo: sin embargo nevertheless, however
emotivo emotional
empleado (-a) clerk, employee
empleo employment

empresa enterprise
encantar to love; **le encantó la gente** he loved the people
encanto charm
encima on top, above
encontrar (ue) to find, meet
enfermarse to get sick
enfermedad *f* illness
enfermería infirmary
enfocar to approach, focus
enfrentarse con to face
enriquecer to enrich
entallado fitted
entender (ie) to understand
enterarse to find out
entero whole; **un año entero** a whole year
entre among
entregar to deliver; **entrega a domicilio** home delivery
entretener (ie) to entertain
entretenerse to be entertained
entretenimiento entertainment
entrevista interview
envenenarse to poison oneself
envolver to wrap
envuelto: verse envuelto to find oneself trapped
época period, time
equipo team; **deportes de equipo** team sports
equivocado wrong
escasez *f* shortage
escaso scarce
esclavo slave
escoger to choose
escuchar to listen
espectáculo show
esperanza hope
estar apegado (a) to be attached (to)
estímulo encouragement
estipular to stipulate
etapa stage
evitar to avoid
evolucionar to evolve
exceso: en exceso excessively
exhibición *f* exhibit, show
exhibir to show, exhibit
exigencia demand
exilio exile
éxito success
éxito: tener éxito to succeed
explicar to explain

fabricación *f* manufacturing
fácil easy
falda skirt
falta lack
fe *f* faith
fecha date
felicidad *f* happiness
feliz happy
feria fair

ferrocarril *m* railroad; **red de ferrocarriles** railroad net
fiesta party
fijarse: fijarse un tiempo límite to set a deadline
fin *m* end; **llegar a su fin** to come to its end
final: al final at the end
finalidad *f* end
fondo: a fondo thoroughly
fracaso failure
fraile *m* friar
frío cold; **hacer frío** to be cold
fuente: fuente de trabajo *f* source of employment
fuera outside
fuerza strength
fumar to smoke

ganadera: industria ganadera cattle industry
ganado: cría de ganado cattle raising
garantizar to guarantee
gastos expenses
general; por lo general generally
gente *f* people
gerente *m* or *f* clerk, employee
girar to evolve
gobernante *m* or *f* leader
gobierno government
gozar enjoy
grabado etching
gracias: gracias a thanks to
gris gray
guerra war

hacia toward
hallarse to find (oneself)
hambre *f* hunger; **tener hambre** to be hungry
hecho fact; **se debe al hecho** due to the fact
heredar to inherit
hilo linen
historia: hacer historia to make history
hogar *m* home
hombre *m* man
honradez *f* honesty
honrado honest
horario schedule
huelga strike
huella imprint; **dejar huellas** to leave an imprint

iglesia church
igualar to equalize, match
impedir (i) to prevent
imprevisto unforeseen
impuestos taxes
incendiada: fue incendiada was set on fire
incendio fire
incitar to encourage
indeciso undecided
indómito indomitable, unyielding
inesperado unexpected

Vocabulary

inevitable unavoidable
infidelidad infidelity
influyente influential
ingresar to enter
intercambio exchange
inundación *f* flood
inundarse to flood
invento invention
inversión investment
invertir to invest
invierno winter
isla island
izquierda left

joyas jewelry
juego game
jugar (ue) to play (a game)
juntos together
juventud *f* youth

lado: por un lado on the one hand
ladrón *m* thief
lago lake
lana wool
largo long
lastimarse to get hurt, to hurt oneself
lavarse to wash oneself
lección *f* lesson
lectura reading
leche *f* milk
leer to read
legislar to legislate
levantarse to get up
libertad *f* freedom
libre free; **verse libre** to find oneself free; **un año entero libre** an entire year off.
librería bookstore
ligado attached
liquidación liquidation sale
llegada arrival
llegar to arrive
lleno full
llevarse: llevarse bien to get along well
lograr to achieve, succeed, manage
lucha fight
luego: desde luego of course
lugar *m.* place
lujo luxury

mal *m.* evil
malentendido misunderstanding
maletín *m.* briefcase
manejar to drive, administer
manejo: manejo de empresa management
máquina machine
mar *m.* sea
maravilloso wonderful
marisco seafood
materia subject
matrimonio marriage

mayores *m* or *f* elderly
mediados: hasta mediados (de) towards the middle (of)
médico physician
medida measure; **hecho a la medida** tailor-made
medida: a medida que as
medio environment, milieu
medios means
mejorar to improve
mente *f* mind
mercado market
mercancía price; **precio fijo** fixed price
meta goal; **fijar metas** to set goals
meterse en to get into
mezcla mixture
miedo: tener miedo (de) to be afraid (of)
moda fashion; **estar de moda** to be in fashion
modisto dressmaker
modo way, manner; **modo de ser** way of being
molestar to bother
montaña mountain
morado purple
morirse to die
mortalidad *f* death; **tasa de mortalidad** death rate
muebles *m* furniture
mundo world

nacer to be born
nacimiento birth; **tasa de nacimiento** birth rate
nada: antes que nada above all
nadie no one, nobody
naranja orange
natación *f* swimming
natalidad: el control de la natalidad birth control
nave *f* ship
Navidades *f* Christmas
necesidad *f* need
negar (ie) to deny
negociable negotiable
negocio business
nivelar to level off
noche *f* night
nocivo harmful
noticiero news cast
novio boyfriend; **novia** girlfriend
nuevo new
nunca never

obispo bishop
obra work; **obra de teatro** play
ocurrir to take place, happen
ofender to offend, hurt
ofenderse to get offended
ofensa offence
oferta supply; **oferta especial** special offer
ofrecer to offer
olvidarse to forget

opuesto opposed; opposing
orgullo pride
oro gold

paciente *n m or f* patient
país *m* country; **países desarrollados** developed nations, **países en vías de desarrollo** developing nations
paisaje *m* landscape
pantalones pants
papel *m* role; **jugar un papel** to play a role
parar to stop
parientes *m* relatives
parte: por otra parte on the other hand
partido: partido de deporte sport match
partir to leave; **a partir de** since, beginning with
pasado past
pasajero *adj* passing
pasar: pasar a ser to become, to come to be
pasarse: pasarse el día to spend the day
Pascua Easter
pasear to walk about
paso step
paz *f* peace
pedido order
película film
peligroso dangerous
pelo hair
peluquero hairdresser
pena: valer la pena to be worth while
pensamiento thought
pensar (ie) to think; **pensar** + *inf* to plan + *inf*
perder to lose; **perder (el) tiempo** to waste time
perdido lost
perenne perennial
periódico newspaper
permitir to allow
perspectiva: poner las cosas en perspectiva to put things into perspective
pesar: a pesar de in spite of
pescar fish
pico peak
pie: a pie by foot
piedra stone
pintura painting
piratería piracy
pista: pista de patinar skating ring
plagio plagiarism
plata silver
plato dish
playa beach
plazo: a largo plazo in the long run
plisado pleated
población *f* population
poder *m.* power
policía *m*; **policía** *f* policeman; police force
porvenir *m* future
poseer to own, to possess
postre *m* dessert

precio price; **precio fijo** fixed price
precursor *m* forerunner
preocuparse to worry
presión: bajo la presión (de) under the pressure (of)
prestar: prestar atención to pay attention
prevalecer to prevail
preveer to forsee
primaveral springlike
primero first
primordialmente essentially
principio beginning: **desde principios de** from the beginnings of; **desde un principio** from the outset
prohibir to forbid
promesa promise
prometedor promising
propicio: el lugar más propicio the most appropriate place
propietario owner
propio own
propósito purpose
provenir (ie) to originate
pueblo people
puerto port
puesto position, job
punto: hasta cierto punto to a certain extent

quedar: no quedaron tesoros there were no treasures left
quejarse complain
quizás perhaps

raíz *f* root, **echar raíces** to take root
real royal
realidad: en realidad actually
realizar to realize (accomplish)
rebajas discounts
rebelde *adj* or *n* rebellious, rebel
rechazar to reject
recobrar to recover
recoger to gather, collect
recorrer to journey
recorrido journey
recrear to recreate
recto straight
recuerdo memory
recuperar to recover, gain back
recursos resources
red *f* net
reflejo reflection
refuerzos reinforcements
refugiado refugee
regatear to bargain
regateo bargaining
regla rule
regresar to go back
reina queen
repente: de repente suddenly
reposo rest

Vocabulary

resolverse to resolve, decide
respuesta answer
restringir to restrict
resultado result; **como resultado (de)** as a result (of)
retener (ie) to retain
retirarse to withdraw, retire
reunión *f* gathering, meeting
reunir to gather, collect
reunirse to get together
revista magazine
rico straight
riesgo risk
riqueza wealth
robar to steal
rodear to surround
romper to break
ropa clothing

saber to know (how)
sabiduría wisdom
sabio wise
sacar to take out
sagrado sacred
sal *f* salt
salidas outings
salud *f* health
saludable healthy
salvarse to be saved
sano healthy
saquear to ransack
saqueo pillage
sastre tailor; **traje sastre** suit
sed *f* thirst; **tener sed** to be thirsty
seguidor *m* follower
seguir to follow, pursue
selva jungle
semejanza similarity
sencillo simple
sensato sensible
sentido sense; **sentido común** common sense
sentirse (ie) to feel
señal *f* sign
sí: en sí mismo in itself
siempre always; **de siempre** of all times
siglo century
sobretodo above all
sobrevivir to survive
socio partner
solapa lapel
soldado soldier
solitario lonely
solo alone; **un solo lugar** a single place
sólo only
sorprendente surprising
sorprenderse to be surprised
sorprendido: quedar sorprendido to be surprised
sorpresa surprise
sospechar to suspect

subir to go up
suceder to occur, happen
sueño dream
suficiente enough
suponer to suppose
supuestas: supuestas diferencias apparent differences
surgir to come up

tamaño size
también also
tanto: por lo tanto therefore
tarea task
tarjeta card; **tarjeta de crédito** credit card
tasa rate
tejido knit
telas fabric
telenovelas soap operas
tema *m* topic, theme
temible fearful
temor *m* fear
temprano early
tendencia trend
terminar to end, finish
terremoto earthquake
tesoro treasure
tiempo time; **perder el tiempo** to waste time
tienda store
tierra land, earth
tipo: todo tipo (de) all kinds (of)
título degree, title
tocar to play (an instrument)
trabajador *m* hard working
traje *m* suit
tranquilo quiet
transporte transportation; **medio de transporte** means of transportation
tratar to treat; **el trato social** social interaction; **el trato** treatment
través: a través through
travesía journey
tregua truce

último last
único unique
uñas nails
útil useful

valiente courageous
valor *m* courage
valorado valued
valorar to value
vaquero cowboy
varios several
vecina neighboring
vencer to overcome
vencido defeated
vender to sell; **el arte de vender** the art of selling
venta sale
ventaja advantage

ver to see
verano summer
verdad truth
verdadero true
vestido dress
vestimenta wearing apparel
vez: a su vez in turn
viaje *m* trip
viajero traveller
vida life
vidriera display window
vinculado: estar vinculado (a) to be connected with

vino wine
visitante *m* visitor
vista: punto de vista point of view
vivienda housing
vivir *n m* living; **vivir cotidiano** daily living; **vivir** *v* to live
vivo alive
volver to come back, return; **volver a encontrar** to find again
voz *f* voice

zapatos shoes

Index

A

a
  meanings of, 307–308, 311
  personal **a**, 73–74
acabar − inf., 56
a condición de que, 300
actualmente vs. **en realidad**, 63
adjectives
  absolute superlative of, 348
  as nouns, 141
  gender of, 135–136
  noun agreement with, 140–141
  number of, 136
  position of, 138–140
  position of adjectives and meaning change, 146–147
  position of more than one, 140
  shortening of, 137
  superlative of, 347
adverbs
  absolute superlative of, 355
  comparison of, 354
  ending in –*mente*, 349
  of extent, 353
  of manner, 352
  of place, 351–352
  of time, 350–351
  superlative of, 355
a fin de que, 284
ahorrar and **salvar**, 190
alcanzar, 235
a medida que, 282, 283
a menos que, 300
andar + **-ndo** form, 174
a no ser que, 300
ante, 309–310
antes de que, 283–284
a pesar de que, 301
aprender and **saber**, 162
apurarse and **darse prisa**, 254
arder, 219
as if clauses, 301
así que, 299
asistir and **atender**, 14
atender and **asistir**, 14
aunque, 301–302

B

bajo, 310
billón and **millón**, 60

C

calidad vs. **cualidad**, 63
clauses vs. verb + inf., 264–265
commands
  formal direct commands, 241–242
  impersonal commands, 341
  indirect commands, 339–340
  informal direct commands, 244–245
  negative commands, 245
  nosotros commands, 340, 341
  position of object pronouns and reflexives with, 245–246
como, 299
¿cómo? (as interrogative), 11
como (as relative pronoun), 323, 325
comparatives
  irregular forms of, 344–345, 354
comparisons
  of adjectives, 342–345
  of adverbs, 354
  of equality, 342–343, 354

comparisons (*continued*)
  of equivalence, 288–290
  of inequality, 343–345, 354
  of nouns, 342–343
  of pronouns, 342–343
compound tenses
  conditional perfect tense, 226–227, 232
  future perfect tense, 226, 231
  past perfect indicative, 201
  present perfect indicative, 200
  past perfect subjunctive, 298, 303
  present perfect subjunctive, 297–298, 303
con
  meanings of, 309, 312–313
conditional tense
  irregular forms, 225–226
  regular forms, 225
  uses of, 229–230
confianza vs. **confidencia**, 97
conocer and **encontrar (a)**, 130
conocer vs. **saber**, 62
con tal de que, 300
contar, 15
continuar + **-ndo** form, 173
convertirse, 205
costar and **valer**, 64
criar, 235
¿**cuál(es)**? (interrogative), 12
¿**cuál(es)**? vs. ¿**qué**?, 95–96
cualidad vs. **calidad**, 63
¿**cuándo**? (interrogative), 11
cuando (relative pronoun), 323, 324, 325
¿**cuánto**? (interrogative), 11, 12, 13
cuanto (relative pronoun), 323, 324, 325
cultivar, 235
cumplir ... **años**, 99
cuyo, 322

D

dar con, 130
dar + noun, 290–291
darse cuenta vs. **realizar**, 163
darse prisa, 254
de
  meanings of, 42–43
  set phrases with, 47
debajo de, 310
decir, 64
definite article
  forms of the, 40
  instead of the possessive, 57
  uses of the, 40–42
  with time expressions, 56–57

dejar de, 218
delante de, 310
de modo que, 299
demonstratives
  forms of, 124
  neuter forms of, 125
  as nominalizers, 125
  as noun substitutes, 125
Uses of, 124
desde
  meanings of, 46, 56, 308–309, 312
descubrir, 129
despedir and **despedirse**, 217–218
desperdiciar, 255
después (de) que, 282
devolver and **volver (a)**, 190
direct object pronouns
  forms of, 72
  position of, 78–79, 189–190
  position with direct commands, 245–246
  uses of, 72–73
disfrutar (de) and **gozar (de)**, 178
divertirse, 177
-do form. *See* past participle
¿**dónde**? (interrogative), 11
donde (relative pronoun), 323, 325

E

educar, 235
el/la cual, 322, 323, 325
el/la que, 322, 325
en
  meanings of, 44
en caso de que, 300
encima de, 310
encontrar (a) and **conocer**, 130
encontrar (a) and **hallar (a)**, 129
en cuanto, 282
en realidad vs. **actualmente**, 63
enseñar, 14
en vista de que, 299
estar
  contrasted with **haber** and **ser** + adverbials of place, 23–24
  equivalent to English *to act, to be* in the progressive + adjective, 26
  equivalent to English *to look, to seem, to feel, to become, to taste*, 25–26
  idiomatic expressions with, 31
  in progressive constructions, 171
  vs. **ser**. *See* **ser** vs. **estar**
  with adjectives, 25–26

Index

estar (continued)
   with adverbials of manner to express condition, 22–23
   with adverbials of place to express location/position, 22
   with past participle for resultant conditions, 202–203
   with past participle vs. **ser** with past participle, 217
exclamative words, 329

F

faltar, 98
faltar a, 218
fracasar, 218
future tense
   irregular forms, 224–225
   regular forms, 223
   uses of, 228–229

G

ganar, 14
gastar and **pasar**, 191
gozar (de) and **disfrutar (de)**, 178
gustar class verbs, 93–95

H

haber
   contrasted with **ser** and **estar** + adverbials of place, 23–24
   with past participle, 198–199
hacer
   as a substitute verb, 45
   as equivalent of *to do* and *to make*, 45
   idiomatic expressions with, 330–332
   in temporal expressions, 45–46, 113–114
   with nouns to express climate/weather conditions, 45
hacerse, 205
hacerse de, 205
hallar (a) and **encontrar (a)**, 129
hasta
   meanings of, 308–309, 312
hasta que, 282, 283

I

if clauses
   subjunctive vs. indicative in *if* clauses, 303
   with the indicative, 230–231

igual que, 289–290
imperfect indicative
   of **ir**, 106
   of regular verbs, 105–106
   of **ser**, 106
   of **ver**, 106
   uses of the, 106–107
   vs the English tenses, 110–112
   vs. the preterit, 108–110
   vs. the preterit and meaning change, 112–113
imperfect subjunctive
   of regular verbs, 279–280
   of stem changing and irregular verbs, 280–281
   temporal dimension and perspective, 284–285
   tense sequence and agreement, 286
importar, 98
incendiarse, 219
indefinite article
   forms of, 119
   uses of, 120–121
indefinites
   describing distribution, 155
   expressing quantity, 153–155
   expressing selection, 156
   referring to persons and things, 126
   referring to time and choice, 127
indicative vs. subjunctive. *See* subjunctive vs. indicative
indirect commands
   position of object pronouns and reflexives with, 245–246
indirect object pronouns
   forms, 74
   position of, 78, 189–190
   uses of, 74–75
   with nouns and pronouns as indirect objects, 76–77
infinitive
   as modifier, 185–186
   as object of a verb, 183–185
   as subject of a sentence, 186–187
   in predicate noun position, 187
   in verb + inf. constructions, 184
interrogative words
   as adjectives, 12
   as adverbs, 11–12
   as pronouns, 12–13
   introduced by prepositions, 28–29
   to inquire about possession, 97
introducir and **presentar**, 79–80
ir + **-ndo** form, 174
irse and **marcharse**, 273

J

jugar and **tocar**, 14

L

levantar, 235
lo
    as a neuter pronoun, 77–78
    as nominalizer, 248–250
    idiomatic expressions with **lo**, 255
    with adverbials, 356
lo de..., 249
lograr, 235
lo que..., 249–250
luego que, 282

LL

llegar a, 235
llegar a ser, 205
llevar and **tomar**, 79

M

mantener and **sostener**, 191
más de, 345, 346
más que, 346, 347
menos de, 345, 346
menos que, 346, 347
mientras, 282, 283
mientras que, 300
millón and **billón**, 60
mismo, 246–247, 288

N

-ndo form. *See* present participle
negatives
    negative words, 125–129
    use of double negatives, 127–128
neuter
    lo as a neuter pronoun, 77–78
    lo as nominalizer, 248–250
    lo with adverbials, 356
    neuter demonstratives, 125
    neuter relative pronouns, 325–326
nominalization
    of adjectival clauses, 141
    of demonstratives, 125
    of descriptive adjectives, 141
    with neuter **lo**, 248–250
nosotros and **vosotros**, 6
nouns
    adjectives as, 141
    change of meaning according to gender, 10
    demonstratives as, 125
    gender of, 8–10
    plural of, 10–11
numbers
    as noun substitutes, 61–62
    cardinal numbers, 58–60
    ordinal numbers, 60–62
    telling time, 357–358
    useful expressions with, 358–359

O

ojalá, 342

P

para
    meanings of, 253–254
para que, 284
pasar and **gastar**, 191
pasarlo bien, 178
passive voice, 212
    restriction of **ser** passives, 213–215
    tense restrictions, 216
    with human subjects, 213
    with inanimate subjects, 213
past participle (**-do** form)
    as adverbials, 203
    as nouns, 204
    irregular forms of, 198
    regular forms of, 197–198
    with **estar** for resultant condition, 202–203
    with **ser** for passive voice, 212–213
past perfect indicative, 201
past perfect subjunctive
    temporal dimension and perspective, 305
    tense sequence and agreement, 306
pedir and **preguntar**, 13–14
perder, 15
perder, desperdiciar and **echarse a perder**, 255
pero and **sino**, 356
ponerse + adjective, 204
ponerse a + inf. and **volver a** + inf., 191
por
    in set phrases, 256
    meanings of, 250–253
por lo tanto, 299
por más que, 301
porque, 299, 330
possessives
    ambiguous forms, 123
    as noun substitutes, 124

Index

possessives *(continued)*
  stressed possessives, 122–123
  unstressed possessives, 121–122
preguntar and **pedir**, 13–14
prepositions, 309–310
prepositional pronouns
  forms of, 91
  uses of, 91–92
  with prepositions other than **a**, 92–93
prepositional reflexive pronouns
  forms of, 246
  uses of, 246
present indicative
  for past actions, 56
  of **adquirir**, 4
  of **caber**, 55
  of **dar**, 38
  of **decir**, 38
  of **dormir**, 3
  of **estar**, 21
  of **haber**, 22
  of **hacer**, 37
  of **ir**, 38
  of **jugar**, 4
  of **oír**, 55
  of **pedir**, 4
  of **pensar**, 3
  of **poder**, 3
  of **poner**, 37
  of **querer**, 3
  of **recordar**, 3
  of regular verbs, 1
  of **reír**, 55
  of **saber**, 55
  of **salir**, 37
  of **seguir**, 4
  of **sentir**, 3
  of **ser**, 21
  of **tener**, 38
  of **traer**, 37
  of **valer**, 37
  of **venir**, 38
  of **ver**, 55
  of verbs ending in **-cer, -cir**, 53–54
  of verbs ending in **-ger, -gir**, 54
  of verbs ending in **-uir**, 55
  uses of the, 7–8
  with future meaning, 39
present participle (**-ndo** form)
  as an adverbial, 175–176
  irregular forms, 170
  regular **-ndo** forms, 169
  restrictions in usage of, 176–177
present perfect indicative, 200
present perfect subjunctive

  temporal dimension and perspective, 303–305
  tense sequence and agreement, 304–305
present subjunctive
  of regular verbs, 261–262
  of verbs with special stem forms, 264
  of verbs with spelling changes, 263
  of verbs with stem consonant changes, 263–264
  of verbs with stem-vowel changes, 262, 263
  temporal dimension and perspective, 270–271
  tense sequence and agreement, 272
presentar and **introducir**, 79–80
preterit indicative
  of **dar**, 87
  of **decir**, 89
  of **dormir**, 88
  of **-ducir** verbs, 89
  of **estar**, 88
  of **hacer**, 89
  of **ir**, 87
  of **pedir**, 88
  of **poder**, 88
  of **poner**, 88
  of **querer**, 89
  of regular verbs, 69–70
  of **saber**, 88
  of **ser**, 87
  of **tener**, 88
  of **traer**, 89
  of **venir**, 89
  of verbs ending in **-car, -gar, -zar**, 70
  of verbs ending in **-guar**, 71
  of verbs whose stem end in a vowel, 71
  uses of the, 90–91, 108–112
  with a **j** in the stem, 89
prisa
  idioms with **tener, estar de,** and **andar de**, 254
progressive constructions
  compound tense progressives, 199
  conditional progressives, 171, 227, 233–234
  future progressives, 171, 227, 233–234
  imperfect progressive of the indicative, 171–172
  imperfect progressive of the subjunctive, 282, 287
  past perfect progressive of the indicative, 199, 201
  past perfect progressive of the subjunctive, 199, 299, 306

progressive constructions (*continued*)
  present perfect progressive of the indicative, 199, 201
  present perfect progressive of the subjunctive, 199, 298, 306
  present progressive of the indicative, 171–172
  present progressive of the subjunctive, 281, 287
  preterit progressive, 171–173
  with **estar**, 171
  with **ir, venir** and **andar**, 174
  with **seguir** and **continuar**, 173
puesto que, 299

Q

¿qué? (interrogative), 12
que (relative pronoun), 321, 323, 325
¿qué? vs. ¿cuál(es)?, 95–96
quedar, 98
quemar and quemarse, 218
querer, 14
¿quién(es)? (interrogative), 12
quien(es) (relative pronoun), 321, 323, 324
quitar + noun, 290–291
quizás, 342

R

realizar and darse cuenta, 163
reflexives
  position of, 189–190
  position with direct commands, 245–246
reflexive constructions
  for unplanned events, 188
  inherent reflexives, 157–159
  of inner processes, 157
  passive reflexives, 211–212
  se as indefinite subject, 188–189, 215–216
  true reflexive constructions, 142
  vs. non-reflexives with verbs of inner processes, 159–161
  with verbs of movement, 161–162
reflexive pronouns
  as direct objects, 143
  as indirect objects, 143–144
  as reciprocal pronouns, 145
  forms of, 142
relative clauses, 317–319

relative pronouns, 319–326
  neuter forms, 325–326

S

saber
  and **aprender**, 162
  meaning *to taste*, 64
  vs. **conocer**, 62
salir, 63
salir de, salir para and salir a, 272–273
salvar and ahorrar, 190
se as indefinite subject, 188–189
seguir + -ndo form, 173
ser
  contrasted with **estar** and **haber** + adverbials of place, 23–24
  other Spanish equivalents for, 30
  with adjectives to define characteristic features, 26
  with adjectives vs. **estar** + adjectives, 27–28
  with adverbials of place for existence, 24–25
  with noun phrases, 23
  with past participle, 212
  with past participle vs. **estar** + past participle, 217
ser de, 205
sin
  meanings of, 309, 313
sin que, 284
sino and pero, 356
sobre, 310
soltar and aflojar, 310
soportar, 191
sostener and mantener, 191
subir, 235, 273
subject pronouns, 5
subjunctive
  in clauses expressing concession, 301–303
  in independent clauses, 342
  in sentences expressing attitudinal reaction, 266–268
  in sentences expressing conjecture, doubt, denial, 268–269
  with indirect commands, 265–266
subjunctive vs. indicative
  in adverbial clauses of time and purpose, 282–284
  in clauses expressing concession, 301–303
  in condition-result sentences, 299–301
  in *if* clauses, 303

Index

subjunctive vs. indicative (*continued*)
  in noun clauses, 265–270
  in relative clauses, 326–328
  to express doubt/conjecture and conviction/certainty, 268–270
  with verbs of communication, 266
suceder and **tener éxito**, 97
superlative
  absolute superlative of adjectives, 348
  absolute superlative of adverbs, 355
  of adjectives, 347
  of adverbs, 355
suponiendo que, 300

T

tal vez, 342
tan pronto como, 282
tener éxito and **suceder**, 97
tener
  idiomatic expressions with, 47
tener prisa, **estar de prisa** and **andar de prisa**, 254

tense sequence and agreement, 272, 286, 304–305
tocar, 98
tocar and **jugar**, 14
todo, 154–155
todo
  idiomatic expressions with, 155
tomar and **llevar**, 79
tú and **usted**, 6–7

V

valer and **costar**, 64
venir + **-ndo** form, 174
verb + inf. vs. clauses, 264–265
volver (a) and **devolver**, 190
volver a + inf. and **ponerse a** + inf., 191

Y

ya que, 299